公共事务与国家治理研究丛书

# 先秦政治文化

## ——中国政治原初形态研究

王建华◎著

南京大学出版社

**图书在版编目(CIP)数据**

先秦政治文化 ：中国政治原初形态研究 / 王建华著
. 一 南京 ：南京大学出版社，2020.6
(公共事务与国家治理研究丛书)
ISBN 978－7－305－23224－4

Ⅰ. ①先… Ⅱ. ①王… Ⅲ. ①政治文化一研究一中国
一先秦时代 Ⅳ. ①D691

中国版本图书馆 CIP 数据核字(2020)第 070333 号

出版发行 南京大学出版社
社　　址 南京市汉口路 22 号　　　邮　编 210093
出 版 人 金鑫荣

丛 书 名 公共事务与国家治理研究
**书　　名 先秦政治文化——中国政治原初形态研究**
著　　者 王建华
责任编辑 施　敏
助理编辑 汪思诗

照　　排 南京南琳图文制作有限公司
印　　刷 南京玉河印刷厂
开　　本 718×1000　1/16　印张 18.75　字数 294 千
版　　次 2020 年 6 月第 1 版　2020 年 6 月第 1 次印刷
ISBN 978－7－305－23224－4
定　　价 88.00 元

网址：http://www.njupco.com
官方微博：http://weibo.com/njupco
官方微信号：njupress
销售咨询热线：(025) 83594756

---

# 目　录

# 导　论

## 第一节　本书缘起与研究状况

### 一、本书缘起

选择《先秦政治文化——中国政治原初形态研究》作为我的研究题目，首先是出于自己的兴趣爱好。俗话说，兴趣是最好的老师。由于对中国古典文化的浓厚兴趣，我便产生了对祖国的传统文化，特别是先秦时期的文化遗产做一系统梳理的想法。先秦时期中国经历了一次剧烈的社会转型，给后世留下了无数宝藏。我对先秦的研究也有如数家珍的感觉。

其次，因为本人担任《中国政治文化》《中外政治文化比较》《中国政治思想史》等课程的讲授，促使我对政治文化、政治思想进行更深入、更详尽的了解和研究。尽管政治文化作为一个学术术语，是由外国人首先提出来的，但它一经问世，便被广泛运用于政治科学、社会科学，以及文化研究领域。它的定义也不断被拓展，最宽泛的政治文化的含义被认为是“关于政治的文化”和“关于文化的政治”。而政治文化作为一种社会现象和文化实存与人类历史相始终，在中国早期的历史发展中同样充塞着政治文化，它潜移默化地影响着中国人的政治心理、政治意识、政治行为、政治哲学等各个方面，乃至对制度的构建、思想的积淀、意识形态的形成，也起着决定性的作用。所以，我选取了政治文化作为一个切入点，对中国政治的原初形态进行一次文化发生学的尝试性研究，以期揭开中国政治的本来面貌和中国礼乐制度形成的基本机理。

第三个缘由，是本人读了国学大师南怀瑾先生许多关于中国文化的著述，如《论语别裁》《孟子旁通》《老子他说》《原本大学微言》《中国文化泛言》等之后，进一步激发了自己对传统文化，特别是古典文化再认识的激情。尤其是南先生提出的"共产主义理想，社会主义福利，资本主义管理，中华文化精神"四项原则，促使我把自己的兴趣爱好和学术研究落实在"中华文化精神"这一领域，以期通过对古代文化的研究，发掘出中华文化中具有普世价值的东西，使之对现实生活和未来世界具有指明方向的作用。

## 二、研究现状

历来对先秦的研究主要是史学方面，如吕思勉的《先秦史》，童书业的《春秋史》，杨宽的《战国史》《先秦史十讲》，夏曾佑的《中国古代史》，胡厚宣的《甲骨学商史论丛初集》，钱穆的《国史大纲》《先秦诸子系年》，顾颉刚的《中国上古史研究讲义》《古史辨》，郭沫若的《中国古代社会研究》《十批判书》，范文澜的《中国通史简编》，吕振羽的《简明中国通史》等。

其次，是思想史、制度史、文化史、哲学史方面的著述，如韦政通的《中国思想史》，吕思勉的《中国制度史》《先秦学术概论》，柳诒徵的《中国文化史》，冯友兰的《中国哲学史》，胡适的《中国古代哲学史》，任继愈的《中国哲学史》，白钢主编的《中国政治制度通史》，萧公权的《中国政治思想史》，梁启超的《先秦政治思想史》，刘泽华的《先秦政治思想史》《中国古代政治思想史》等。

再次，就是专题研究，如庞朴的《先秦儒家研究》，沈从文的《中国古代服饰研究》，瞿同祖的《中国封建社会》，王亚南的《中国官僚政治研究》，钱穆的《中国文化史导论》，王田葵、何洪斌的《舜文化传统与现代精神》，潘富恩等人主编的《孔子思想研究》，林存光的《儒教中国的形成：早期儒学与中国政治文化的演进》，蒋庆的《政治儒学》，许兆昌的《先秦史官的制度与文化》，阎步克的《乐师与史官：传统政治文化与政治制度论集》，葛荃的《春秋时代君主专制主义初探》，孙广德的《先秦两汉阴阳五行说的政治思想》，匡亚明的《孔子评传》，杨泽波的《孟子评传》，杨善群的《孙子评传》，邢兆良的《墨子评传》，陈鼓应、白奚的《老子评传》，颜世安的《庄子评传》等。

政治文化方面的研究近些年来硕果累累。一些是学术论文，如朱日耀的《中国传统政治文化的结构及其特点》，李传柱的《政治文化概念的界定及研究意义》，冯钢的《政治文化与西方政治发展理论》，金太军的《论中国传统政治文化的政治社会化机制》，戚珩的《政治文化结构剖析》，马庆钰的《中国传统政治文化的发展逻辑》，马文辉的《论政治文化的实质与属性》，孙西克的《政治文化与政策选择》，王运生的《中国转型时期政治文化对政治稳定的二重作用》，张浚的《政治文化研究兴起的背景及其思想渊源》，王卓君的《政治文化研究的缘起、概念和意义评价》，郑敬高的《从三个层面看中国传统政治文化的特质》，赵军的《如何认识政治文化及其研究的社会意义》，万高的《简论政治文化》，刘彤、柏维春的《论政治文化的内涵和结构——兼议我国政治文化的研究取向》，孙季萍的《先秦儒家政治文化中的权力制约思想》，胡锐军的《法家政治文化的基线及其现代观照——兼论政治冲突、政治整合思想》，江荣海、任远、郭战伟的《刍议先秦法家政治文化中的合理因子及其现代启示》，吴国源的《论韩非法治主义的政治文化内涵》，袁德良的《中国古代士大夫政治文化传统的两重性分析》等。

另一些则是中青年学者的专著。如闵琦的《中国政治文化：民主政治难产的社会心理因素》，姜涌的《政治文化沉思录》，胡献忠的《当代中国政治文化与执政党政策选择》，张立群的《中国新诗与政治文化》，戴玉琴的《村民自治中的政治文化资源开发》，李艳丽的《政治亚文化：影响当代中国政治发展的特殊因素分析》，袁莉莉的《1949—1978年中国革命型政治文化研究》，代吉成的《传统政治文化与中国当代政党体制的发展》，沈传亮的《当代中国公务员群体政治文化》，孙凡荣的《经济全球化与中国传统政治文化的意义》，杨金刚的《社会转型时期我国传统政治文化的变迁》，李少咏的《现代语境中的乡村政治文化言说》，姚仁权的《中国政治文化与腐败的相关分析》，贲道鹏的《当代中国公民参与型政治文化建设研究》，李春明的《全球化背景下当代中国政治文化发展研究》，唐靖的《影响"文革"的政治文化因素探析》，徐宗华的《政治文化与现代化》，孙兰英的《论当代政治文化的演变及其意义》，陈旭的《清官：研究传统中国政治文化的一个独特视角》，彭庆军的《当代中国农村政治文化变迁的三维透视》，赵志刚的《中国传统政治文化的现代转换》，龚蓉蓉的

《政治文化视野中的中国政治人格现代化的思考》，宁玉民的《转型期的中国政治文化变迁及建设研究》，刘学军的《超越传统：中国现代化进程中的政治文化走向》，李刚的《道治主义政治文化及实践》，朱晓进的《中国三十年代文学与政治文化之关系研究》，曹双印的《唐代政治文化研究论稿》，韩星的《儒法整合：秦汉政治文化论》等。

还有的涉及国际领域的政治文化研究，如高毅的《法兰西风格：大革命的政治文化》，王庆洲的《东亚奇迹的政治文化分析》，江炳伦的《亚洲政治文化个案研究》，李振广的《当代台湾政治文化转型探源》，杨泽宇的《政治文化视野下的留苏教育研究》，熊巍的《政治文化差异对中美关系的影响》，王开明的《英美关系的政治文化分析》，王昱的《论政治文化视域中的欧洲一体化》等。

有关政治文化理论研究的有：那彩霞著《感受的政治文化学》，江炳伦著《政治文化研究导论》，王乐理著《政治文化导论》，还有外国学者对中国政治文化的研究，如美国 Lucian W. Pye(白鲁恂)与维尔巴主编《政治文化与政治发展》，克拉克著《新政治文化》，白鲁恂著《官僚与干部：中国的政治文化》，韩国的李贤浩著《中国传统政治文化与现代化》等等。

政治文化研究某种意义上还是文化研究的一部分，这里就涉及“文化”的概念。古人云，“文化内辑，武功外悠”，这里的文化就是与武功相对应的一个概念。再有把“文化”当作“文治与教化”。而在先秦，“文化”一词几乎与“文明”混同，《易经》中有“文明以止，人文也。观乎天文，以察时变；观乎人文，以化成天下”，“内文明而外柔顺”，“见龙在田，天下文明”等说法。所以，本文的“文化”有综合上述有关文化定义的意思，它既是一个名词，又是一个动词。

先秦政治文化的研究与著述还不多见，尤其是从先秦政治文化的角度，对中国政治原初形态加以研究更是鲜有。所以，作者希望能够通过本书的阐述，对中国政治的原初形态研究起到抛砖引玉的作用；通过对先秦政治文化的研究，为国民与世人拓展更为广阔的人类精神时空，从古典礼乐文化中寻找到适合每个人的安身立命之道。

## 三、概念界定

政治文化是政治与文化的结合。政治(politics)在西语中原为“城邦”的意思。文化(culture)原为“农耕”的意思。城邦与农耕便是政治文化的本义。在古代中国,政者,正也;治者,治理也;政治是指安邦定国的人类高级的实践活动。同时政治又是一动词,“道洽政治”,意思是符合道理,政事就得以治理。文化,则有“文以载道、化及万方”之义,它有两方面的含义:一方面是指型态学意义上的文化,类同于文明,是人类自古以来一切文明成果的结晶,又分两层意思,一是物质文明或物质文化,一是精神文明或精神文化。另一方面是指发生学意义上的文化,从一种文明形态跃进到另一种文明形态,由一种文化与另一种文化交融、汇合、碰撞、冲突而形成另一新的文化形态。在这发生型态质的变革的过程中,文化的模式、人们思想的习惯、原有的传统,乃至于族人的心理状态等等都发生了革命性转变。对个人而言,这种发生学意义上的文化革命是脱胎换骨的变化,“朝闻道,夕死可矣”,对社会而言,那这种发生就意味着整个社会的转型,当代中国就正面临着这样一个巨大的转型,而在两千多年前的先秦时代,也曾有过这样一次革命性的社会大转型。所以,对先秦政治文化除了要进行型态学意义上的研究,更需要进行发生学意义上的研究,以期了解中国历史上曾经发生过的社会转型到底是怎么回事,它对后来的历史、文化的发展起到了什么样的作用。

政治文化作为一个术语,是由美国政治学家 G. A. 阿尔蒙德首先提出来的。1963 年,阿尔蒙德与维尔巴主编了《公民文化——五国的政治态度和民主》(中译本 1989 年由浙江人民出版社出版);1966 年,阿尔蒙德与鲍威尔合著《比较政治学:体系、过程和政策》(中译本 1987 年由上海译文出版社出版)。在这些专著中,阿尔蒙德阐述了政治文化的基本含义,即国民对政治系统的认知、情感和评价;政治系统的基本倾向,即它的心理方面;每个政治系统包含着特定模式的政治行为取向。阿尔蒙德将政治文化解释为政治系统成员的行为取向或心理因素,即政治制度的内化。政治文化可以概括为政治认知、情感与评价,也可以表述为政治态度、信仰、感情、价值观与技能。对于个人来说,政治文化控制和指导着有效的政治行为;对于集体来说,政治文化又提供了系统的价值结构和系统的理性思维结构,这些保证了机构和组织行为的延续性。在政治学家那儿，政治文化与政治系统、政治发展等是并列的概念。

把政治文化引入对先秦的研究，这是笔者的一个大胆尝试，成功与否由读者明鉴。先秦政治文化，旨在说明先人对先秦这一特殊时期的政治制度、政治结构、政治意识、政治哲学等方面的认知、情感、态度和信仰。其中政治意识、政治思想、政治哲学、政治心理、政治信仰等是政治文化柔性的一面，即现代人所说的“软件”；而政治制度、政治结构、职官系统、法律框架、国家机器等，则是政治文化的刚性的一面，即“硬件”。二者的有机结合、相辅相成，方才使政治文明成为可能，使政治运作良性循环。而如果二者背道而驰，社会就会发生剧变，王朝就会发生更迭，革命和战争就会成为社会转型的方式与手段。必须申明的是，本文所用的政治文化的概念相对宽泛。包括“关于政治的文化”和“关于文化的政治”，政治与文化的相互关系，从政治的角度看文化，从文化的角度看政治，从政治与文化的角度看先秦等。

## 四、本书框架

本书分为《导论》、第一章《先秦政治文化的历史分期与思想渊源》、第二章《上古时代政治文化》、第三章《夏商时期政治文化》、第四章《西周王朝政治文化》、第五章《春秋战国政治文化》《结语》等几个部分。

《导论》部分着重说明“本书缘起”“研究现状”“概念界定”“本书框架”等问题，方便读者大致了解本书结构。

第一章主要说明“先秦政治文化的历史分期与思想渊源”。历史分期为五：大同时代、小康时代、封建时代、春秋时代、战国时代。思想渊源也分为五个方面：道化思想、德育思想、仁政思想、义教思想、礼制思想。

第二章到第五章以时间线索分别说明先秦各个历史时期的政治文化。第二章讲的是上古时代政治文化，分三部分：一、三皇传说；二、五帝系统；三、尧舜时代。说明中华古典文明是如何创生的，中国政治原初形态是如何架构的。

第三章概述夏商时期政治文化。第一部分“大禹时期”，叙述大禹治水和《书经·禹贡》的精义。第二部分“夏王朝”，辨析“公天下”与“家天下”这一历史课题，叙述夏朝的文化建设成就和王朝崩溃的历史原因。第三部分“商王朝”，旨在说明商朝兴、亡的缘由，用《尚书·洪范》来说明当时的王道政治与文化价值观，用《史记·伯夷列传》来说明“礼让立国”的精神，用《论语·微子》来说明隐士文化的历史作用。

第四章说的是西周王朝政治文化。分三个问题来讲：一、文武革命；二、封王建国；三、制礼作乐。用《诗经》所载周代人的生活与《易经·大象》中的“君子学”来说明“文武革命”的前因后果；用武王伐纣、分封诸侯、建立宗法社会的事实来说明西周王朝兴盛的历史；用周公摄政、“六艺”“六经”的教化作用和《周礼》《仪礼》《礼记》与中国礼乐制度的创立，来说明“制礼作乐”的意义。

第五章意在说明春秋战国政治文化。其中叙述了“春秋五霸”“春秋五子”与《春秋》经传大义，阐明了“原儒：孔孟之道”与“原道：老庄之学”的主要思想理论以及对后世的影响与实践上的指导作用。对《论语》《孟子》《老子》《庄子》等儒道经典做了深入浅出的解析，以期具有实用的价值。

结语部分概要叙述先秦之后的政治走向，即秦汉帝国的建立，暗合了先秦思想家关于“平天下”，即建立“世界政府”的思想。提出了思想文化要不要统一，如何统一的问题。对先秦遗产的评价与文化复兴的展望，引申开一系列本文以外的话题。

## 第二节 政治文化的研究方法

除了一般的历史研究、理论研究的方法之外，先秦政治文化的研究还有其独特的方法，概括起来有五种：历史还原法，阶级分析法，逻辑实证法，经史合参法，型态发生法。

### 一、历史还原法

把历史人物、历史事件、古代思想理论，还原到原来的历史情境中去，这就是历史还原法。把他们放入特定的社会、历史条件下去研究，从而在总体上把握历史人物、思想家、政治家、教育家在社会历史发展中的贡献、地位、作用及其历史局限性。历史是一个流变的过程，“齐一变至于鲁，鲁一变至于道”，“殷因于夏礼，所损益可知也；周因于殷礼，所损益可知也。其或继周者，虽百世可知也”。所以，我们不能要求历史人物具有超前的思想观念、理论见解甚至道德标准，我们不能要求孔夫子站在马克思主义的立场，也不能要求秦始皇拥有全球化的视野，更不能因此而批评指责他们。

在历史研究中，就曾经出现过这样的失误，把中国的封王建侯的封建论与西方以采邑制为特征的封建主义相提并论，尽管都是“封建”，可二者风马牛不相及，并不是一回事。历史主义的研究，要求研究者能洞悉历史发展的因果关系，从而做出客观公正的评价，孔子编定《春秋》，就是这方面的典型。司马迁在《史记》中，把刘邦和项羽都放进本纪当中加以记述，可见他并未落入“胜则王侯败则寇”的窠臼，只站在胜利者一边。

中国自古以来就有史鱼、董狐那样刚直不阿、秉笔直书的史官，正因为他们的公正、客观，后世学者才可以有一部“信史”来加以研究，而不至于陷入历史的泥潭之中。

在中国五千年的历史中，真正能“知其进退而不失其身正者”的人物只是凤毛麟角。难怪孔子把这种人称之为“圣人”，老子把这种“功成身退”的人称之为合乎天道的人物。这些历史人物的事迹，给后人以启发、激励和学习、效仿的作用。让我们在历史的学习、研究中，体会道德的存在和自身安身立命的方法。

## 二、阶级分析法

列宁说，政治就是各阶级之间的斗争。① 马克思说，到目前为止的一切社会的历史（指有文字记载的历史）都是阶级斗争的历史。② 这些观点充分反映了他们对历史中的阶级革命、阶级斗争的深刻洞察力。毋庸置疑，阶级斗争贯穿于中国社会的整个历史变化过程，王朝更迭就是一个阶级打倒另一个阶级，一个阶级取代另一个阶级的过程，就是“剥夺剥夺者”的斗争。政治节律有长波与短波，改朝就是政治节律的长波，换代就是政治节律的短波。这在历史时空上也同样有长短、大小之别。中国有史以来经历了几十个王朝，而王朝之中，短则几代，长则几十代，又不断

① 《列宁选集》第四卷，人民出版社 2012 年版，第 370 页。

② 《共产党宣言》，人民出版社 1997 年版。

地在“换代”。可以说“改朝换代”就是中国历史在发生学意义上最重要的事情。

随之而来的就是中国社会阶级的不断分化与重组。最宽泛的阶级划分就是把它一分为二，一个是掌权的统治者阶级，一个是没权的被统治者阶级。这两者往往过几百年就要变一变。另一种分法，就是中国历史上的“士、农、工、商”的划分，既可以把这四者看作四个阶级，也可以把它们当作四个阶层。在这当中，士之阶级是占统治者地位的，而农、工、商阶层虽然有一小部分可以升入士之阶级，但大多数时候他们都是被统治者。古代封建社会的阶级划分是：天子、诸侯、卿、士大夫、百工、庶民，后来的“九品中正制”则把人分为九等，即“上上、上中、上下、中上、中中、中下、下上、下中、下下”。后来佛教传入中国，则又有“三教九流”之说，儒、道、佛是三教，“九流”的含义说法不一，莫衷一是，其中一种是“一流举子二流医，三流地理四流推，五流丹青六流相，七僧八道九琴棋”。从经济地位分，可分为有产阶级与无产阶级，孟子说：“无恒产而有恒心者，唯士为能。若民则无恒产因无恒心。苟无恒心，放辟邪侈，无不为已。……是故明君制民之产，必使仰足以事父母，俯足以畜妻子，乐岁终身饱，凶年免于死亡。”(《孟子·梁惠王(上)》)给老百姓丰衣足食的生活，他们就容易走上从善的道路，否则相反。

每一个阶级都有其本位立场。所以，阶级分析法是洞察阶级矛盾、改朝换代的一把钥匙。离开这一方法，我们就很难把握历史人物的阶级立场及其思想观念，从而看不清各自的本来面目。但是，我们也不能简单地把中国历史仅看作地主阶级与农民阶级的斗争，看作儒法两家的矛盾。

## 三、逻辑实证法

政治文化的发展历史，是整个人类社会历史的一部分。恩格斯说：“历史从哪里开始，思想进程也应当从哪里开始，而思想进程的进一步发展不过是历史过程在抽象的、理论上前后一贯的形式上的反映。这种反映是经过修正的，然而是按照现实的历史过程本身的规律修正的，这时，每一个要素可以在它完全成熟而具有典范形式的发展点上加以考察。”[①]这就是逻辑与历史的一致。

---

① 《马克思恩格斯选集》第二卷，人民出版社1972年版，第122页。

政治文化的发展有其内在的逻辑性，把握了这种逻辑性也就发现了其规律，找到历史文化发展的规律是历史文化研究的最终归宿。在注重逻辑性的同时，也要注重历史文化研究的实证性，即用史料、实物、文献等实证材料对其研究加以认证，而不是主观臆想、片面武断地下结论。注重历史研究的实证性已成为一种学术传统，在不断出现的文物、遗址、考据、史实的佐证下，学术研究才得以向更深、更广的领域发展。

逻辑性与实证性的结合，已经成为一般的理论研究的方法。一种理论，首先得有逻辑性，有其自己的理论建构，自圆其说而不是支离破碎、杂乱无章；另外加以实证性的说明、求证，给理论增添实证材料，使其理论更丰富、更实在、更有说服力。现代学术研究，无论在逻辑性要求方面，还是实证性要求方面，水平都越来越高，而二者的有机结合也越来越为人所重视。

逻辑实证法在对文章本身的要求方面，就是要达到古人所说的"辞达意而已"，再进一步则是"修辞立其诚"，只有以这两个层面为基础，才能做到"文以载道"。古人说话、写文章讲究简明、通达、严谨、实际，《论语》中有一段话就说明了这一点。"子曰：为命，裨谌草创之，世叔讨论之，行人子羽修饰之，东里子产润色之。"(《论语・宪问》)孔子说，郑国外交辞令的创制，裨谌拟稿，世叔提意见，外交官子羽修改，子产做文辞上的加工。只有这样，文献才经得起推敲，得以传世。我们所熟知的那些经典著述，无不如此。

## 四、经史合参法

中国的典籍粗分可分为"经"与"史"。经，就是我们时常要翻阅、诵读的经典，如儒家的《书》《诗》《易》《礼》《乐》[①]、《春秋》《论语》《孟子》等；这些为世人公认的经典，阐述的是天经地义的大道理，是人人应遵循的天道思想和人道思想，千百年来不可变更。史，就是指记述历朝历代、古今中外所发生的大事的史书。这当中又有正史与野史之分，中国的正史，自《史记》《汉书》《后汉书》《三国志》，一直到《明史》《清史稿》，概称二十五史。历代都有专门的史官来完成对前朝历史的编撰工作。

① 孔子之后佚失。——作者注

可以说，中国的史官系统和史书编撰是世界上最完整、最优秀的。在正史之外，还有大量的杂史、别史、传记、档案、实录等材料作为历史研究的辅助。正是由于有这翔实的历史记载，我们才知道错综复杂的历史兴衰。以铜为鉴可以正衣冠，以人为鉴可以知得失，以史为鉴可以知兴替。

经史合参，就是在熟读经义的同时，把它与历史相结合，加以参详，从而明白历史的发展规律和个人的安身立命之道。只读经，不读史，可能会陷入空说大道理而不切实际的泥淖；只读史，不读经，则又可能在历史的迷雾中找不到发展的规律，为纷繁的历史事件所困。只有既读经又读史才能纲举目张、通权达变。历朝历代的大学者们，无不都是经史合参的大家。这些大家还给我们提供了经史合参的诸多方法，如“刚日读经，柔日读史”，正好应合了经的阳刚和史的阴柔之特性，刚柔相济，方能成材。

读经读史是为用，只有经史合参，方能知晓经与权，即不变与变的道理，才能做到通权达变。现代人所谓的“与时俱进”，就是通权达变的现实说明。达摩大师在传法给二祖慧可大师后，还给了他一套《楞伽经》，嘱咐二祖以此印心，把实际的修证与佛法的义理相结合。可见，只有把先人的成功经验与个人的具体修证结合起来，我们才知道自己当下所处的境地和仍然存在的问题。

## 五、型态发生法

型态学研究法着重的是型态研究，是一种静态的、分析的方法。比如把中国历史按朝代序列加以分别的研究，如秦汉时期、隋唐时期、明清时期等。而发生学研究法则侧重于发生研究，是一种动态的追踪研究，它主要关注历史演变的关节点，文化转型的拐点，是什么促成了历史的大拐弯，是什么导致了文化由一种固着型态转向为另一种交变状态。落实到个人，则是要弄清是什么促使他有了质的转变，或觉悟成仁，或离经叛道。

文化研究既要有型态学的研究，也要有发生学的研究。型态学的研究目前已经基本成熟，在断代史、国别史、地方史、专门史的研究上，都已取得长足的进步。而发生学的研究，特别是文化发生学的研究，还在探索当中。关于政治原初型态的形成，政治制度初步的建设，文化思想对政治建构的影响，文化自身型态的转型，历史人物在历史的关键时期的特殊作为，文化流派的形成，民族文化对外来文化的交融、拒纳等等，都是文化发生学要加以研究的课题。

发生学研究在对个人的综合分析上已有端倪，如孔子的“吾十有五而志于学，三十而立，四十而不惑，五十而知天命，六十而耳顺，七十而从心所欲，不逾矩”（《论语·为政》）。就是最好的说明。夫子的经验也成了后世学道者比附的标准。然而，夫子如何“三十而立”，如何“四十而不惑”，如何“五十而知天命”，如何七十而达到“从心所欲不逾矩”的境界，仍然是个问题。解决了这些问题，也就解决了“如何发生”的问题，人们自然就可以因循圣人之路而达圣贤之境了。所以，发生学研究的重要意义就在于人们由此可以找到一条通往理想的康庄大道。反之，则会遇到种种困难而事倍功半，甚至穷其毕生之力也未必能窥其门径。可见发生学研究的实在性和功用性。

而对一个民族、一个国家、一种文化而言，发生学的研究可以用试错法条分缕析地把失败的经验总结出来，从而找到成功的经验和道路。总体上避免犯错和少犯错，是一个民族、一个社会、一种文化成功完成转型的重要保证。一个人犯了错或许影响还不大，但一个组织，一个民族，一个国家整体上发生了错误，那后果是不堪设想的，中国历史上那些被推翻的王朝，被消灭的国家，被同化的文化，无不向我们警示着这一点。如果我们不能从发生学的研究中避免历史的失误，那么，我们民族，我们的文化尽管已经延续了几千年，仍有可能在一项或多项的错误选择中造成历史的倒退。这是中华民族每一个成员都必须面对和必须负起的责任。在这个意义上，“天下兴亡，匹夫有责”不仅仅是一句口号，更是每一个人的使命。

可以肯定的是，每一个人都在找自己的安身立命之道，每一个民族、每一个国家、每一种文化也都在找自身成功转型、成功发展之路。集所有成功经验之大成，我们才能延续祖先所开创的文化，使我们民族立于不败之地，从而进入我们的理想境界。在这个意义上，型态发生法已不仅仅是一个方法论的问题，更是一个本体论的问题。未来世界文化的理想境界，只属于选对路的民族，只属于认清其发展规律的人。

# 第一章　先秦政治文化的历史分期与思想渊源

## 第一节　先秦政治文化的历史分期

秦始皇统一中国之前的那段历史我们称之为先秦。秦统一中国的确切年代是公元前221年。在秦帝国形成之前的中国是怎样的形态，一直是学界讨论的重要课题。一般认为，先秦大致经历了上古神话传说时期，三皇五帝时期，夏、商、周时期，其中周代又分为西周、东周两个阶段，而东周时期，从平王东迁，即公元前770年算起，由于当时国家形势的变化，又可分为春秋时期和战国时期。战国的结束，也就是先秦时期的结束，继之是统一的秦、汉帝国。本节旨在探讨先秦这段中华民族的早期历史是怎样的历史形态，应做怎样的历史分期。

以往学者对历史的分期大致有两种划分标准，一种是沿革王朝的自然更迭，以王朝为其历史的自然段落而进行历史分期，如夏、商、周、秦、汉等；另一种则是以所谓的历史形态的阶级性、社会性质来加以划分，如把夏、商、周等朝代定为奴隶社会，把秦、汉以后一直到明、清定为封建社会。前者一直是正史修订的主要编排标准，把一部中国史断代而分，而后一种的划分则一直存在较多的争议，特别是对一些专用术语的理解，如“封建”“封建主义”“封建社会”等，有较大的分歧。

笔者认为，历史的分期一方面要尊重其已成历史的自然分期，如王朝的自然更迭；另一方面也要考虑到某些历史阶段的社会性质，以便于后人对同属于那些社会性质的历史时期有较为准确和透彻的把握。问题的关键在于，对某些历史阶段的社会性质的定位要客观、实在而且准确，要能通过对这种社会性质的描述，较为客观公正地解释那些历史现象，形成较强的解释力和说服力。实际上在中国历史中就有一个非常好的成例，那就是孔子定《春秋》。孔子在其晚年将鲁史《春秋》加以整理修订，这部修订后的史书贯彻了孔子的历史哲学，同时也让后人领略了所谓“笔则笔，削则削，子夏之徒不能赞一辞”的“春秋笔法”。微言大义中，渗透着以孔子为代表的儒家学派渊深博大的历史精神。以孔子的春秋思想为经义，结合对已有先秦王朝的历史研究，我们可以把先秦的政治文化做如下五阶段的历史分期。

## 一、大同时代

我们将从上古到尧、舜时期这一段历史划定为“大同时代”。必须解释的是，中国的上古历史是开放的，甚至可以说没有上限的、多元的历史。关于中华历史文明的开端，学界众说纷纭，有一二百万年之说，有十几万年之说，有几万年之说，我们现在大多采信的五千年历史之说，主要根据已有的信史记录，如《史记》《尚书》《易经》《诗经》等历史文献。而史学界更有以商及商代中后期为信史开端的观点，主要原因在于有甲骨文、青铜器等实物的考古发现，符合历史研究的双重吻合，即既有史书的文字记载，又有考古发掘的实物印证。然而，随着考古的新发现，五千年以上的文明证据已是比比皆是，而且必将会有几万年，十几万年，乃至一二百万年前的实物出土，证明中华文明的源远流长。

另一方面，从考古材料的发掘中我们可以看到，中华文明也不是单源头的，而是多元的、有多个文明源的复合文明，就像现在的中华民族是一个多民族融合的共同体一般。所以，笔者在此不想做这样一种努力，即非要考据出中华文明的某个确定的、单一的来源，确定一个确切的时间上的起始点，因为这种努力有可能是徒劳的，甚至是没有意义的。但这并不等于说，中华文化就只局限于五千年的历史中，她的悠久和深远并不因为还没有发现比甲骨文、青铜器等更古老的文字物证而让人怀疑。

我们之所以把上古时期的政治文化界定为“大同时代”，是根据以下的文字记载。《礼记·礼运》篇中说：

大道之行也，天下为公。选贤与能，讲信修睦。故人不独亲其亲，不独子其子，使老有所终，壮有所用，幼有所长，矜寡孤独废疾者皆有所养。男有分，女有归，货恶其弃于地也，不必藏于己，力恶其不出于身也，不必为己。是故谋闭而不兴，盗窃乱贼而不作，故外户而不闭，是谓大同。

这一时期，大概指的是上古及尧、舜时期，因为《礼记·礼运》篇中说到的“小康”，专指禹、汤、文、武、成王、周公时期。这一时期的一个重要的制度特征就是“禅让制度”，与小康时期的“王朝传统”相对应。禅让，就是“选贤与能”，公天下；而王朝传统则是“父死子继，兄终弟及”的家天下。

《史记》中明文记载了帝尧禅位给帝舜，帝舜又禅位给大禹的故事。而帝舜受禅则又经过了帝尧重臣们的推荐和帝尧对他的专门考验。“功用既兴，然后授政。”帝舜以修身齐家治国的仁德而受到帝尧与大臣们的赏识，践天子位，担当天下的共主。从上述故事我们可以发现，三皇五帝时期的中国，已有较为明晰的帝系，天文历法、王官制度、宫观服饰、牛马舟车、道路交通乃至于城邦国家等已经创立。当然这种文明的规模非一日之功，而是由多年、多代累积创造而成。这个时期被后世学者称为黄金时代，主要因为人与人的关系是如此和睦，从上到下都生活在一种和平、富足而心安理得的大环境中，人们所期许的就是这种宁静自在的、生活无压迫感的悠然自得的生存状态。或许这时候的物质财富并不丰沛，然而自足安适的生活已经是较为满意的状态了。政治上的“礼让立国”充分体现了原始的民主精神，禅让传统则保证了社会公平、正义、“公天下”的政治运作。无怪乎后世的人们在饱受倾轧、盗乱、战争等灾难之后，要到这黄金时代寻求“大同”的理想。后世的理想主义无不以这种“大同”为追求的目标，可见人类的理想追求并不完全是子虚乌有的乌托邦，而是有其实在的模板、曾经存在过的真实的形态。

## 二、小康时代

禹之后的夏、商、西周早期是王朝传统的时期。《礼记·礼运》中说：

今大道既隐，天下为家。各亲其亲，各子其子。货力为己，大人世及

> 以为礼，城郭沟池以为固，礼义以为纪。以正君臣，以笃父子，以睦兄弟，以和夫妇，以设制度，以立田里，以贤勇知，以功为己。故谋用是作，而兵由此起。禹、汤、文、武、成王、周公，由此其选也。此六君子者，未有不谨于礼者也。以著其义，以考其信，著有过，刑仁讲让，示民有常。如有不由此者，在执者去，众以为殃，是谓小康。

这一时期是有别于“大同”的“小康时代”，其时间跨度为夏、商、西周早期约一千多年的三个王朝，其政治生活的核心就在于从“公天下”转入了“家天下”。家族扩展为城邦式的国家，家国同构，血统传承，传子不传贤成为当然；而围绕家天下的核心，一切制度的设置，城池的构筑，及当时人的心理状态都有了质的变化。社会的普遍和善成为过去，而道德和治世的功业集中于几个旷世的圣贤身上，并由他们开创了相传几十代、几百年的王朝；夏王朝如此，商王朝如此，周王朝亦如此。

大禹时期，中华文明经历了大洪水的考验，禹以其勤劳和智慧率领我们的先人治理了洪灾，疏理了江河，划定了九州，这些业绩在《尚书·禹贡》《尚书·洪范》中都有记述。今天中国的疆域及行政区划，其渊源就在这个时期，同时以水利为主的农业立国模式也大致在这时形成。禹的儿子启在这之后开始了“传子”的王权统治，夏王朝也就成了中国第一个“家天下”的王朝。到了夏朝末代，君王桀暴虐无道，这种残酷统治被以汤为首的商人所打破，汤由此开启了商王朝，到盘庚迁都至殷，商又称殷商，商王朝多次迁都，其统治范围大致在中原及周边地区。商朝五六百年的统治到了商纣王时期已腐败至极，所以有西伯侯的兴起，文王、武王革命，推翻了商纣的统治，中国历史进入了西周时期。西周早期，成王年幼，周公旦辅政，巩固了姬周王朝的统治，这一统治一直延续了八百多年，它的结束也就是先秦时期的终止。

三代的王统在同一朝中是顺继，即换代，父死子继或兄终弟及，而在改朝时则是逆续，即革命，“汤武革命，顺乎天应乎人”，是换了姓氏的王朝。尽管当中改朝是革命性的，出现了战争和流血，但总体上三代的王权统治是统一的、一元的、稳定的，而大禹、商汤、文王、武王、成王、周公这些人是孔子眼中的圣贤。由于君子当道，圣人见世，所以史家在称述三代政治的时候，常以王道政治相称。虽然其中也偶尔出现像夏桀、商纣那样短期的暴政，但总体来说，这时期的制度建设和文化创制仍然有对后世产生了积极的影响，所以古人称这一时期为“小康时代”。小康与大同有着明显的落差，但她的礼治和统一、均富和稳定、制度和文化，对于长期生活于离乱、贫困中的人们来说，仍然有着巨大的吸引力，这就是为什么现在的中国人把“小康生活”当作现实目标加以追求。

## 三、封建时代

封建时代指的是从武王立周到犬戎攻周这两百多年的历史时期，史称西周时期，它的下限是幽王失国、平王东迁，即公元前770年。之所以称这一时期为“封建时代”，是由于在这一时期，中国政治真正完成了“封王建国”的制度建设。

“封建”一词的本义就是“封王建国”，而封王建国的目的一方面是对参加革命的功臣的封赏，另一方面则是以这种分封诸侯的方式，加强对天子即天下共主的中央政权的屏卫。这种制度或许在很久以前就有雏形，但它的真正完成是在西周初期。

西周分封的对象，既有同姓的王室贵族，也有异姓的如姜太公等功臣贵族，当时到底分封了多少诸侯，到现在都无人能说清。最宽泛的说法，“先王建万国、亲诸侯”，诸侯国达及万数，那些列国大致相当于现在的乡镇甚至乡村的规模大小；另一种说法是，分封了加盟姬周革命营垒的八百诸侯；还有一种说法认为分封了一百多个诸侯国，其中齐、鲁、燕、晋、郑、宋、卫、杞等是较大、较有名的诸侯国。封建的诸侯分公、侯、伯、子、男五等，其封地与人口数量的大小都有一定的规制，而一旦分封以后，列国的规模、大小是不容更改的。后来，随着西周王室的衰微，其治权范围的缩小，诸侯们也就打破了早先的规定，相互间发生了土地和人口的兼并，这是后话。

这个时期的中央是以周天子为核心的“宗周”与“成周”。宗周大约在咸阳、长安一带，成周大约在洛阳一带。周天子所辖范围要远远大于分封的列国，其所在被称为“京畿”“王都”，也就是后来的“首都”。西周王朝有规模健全的中央官制和地方官制。中央机构设三公九卿，最初的三公就是著名的太公尚、周公旦、召公奭，他们分别有自己的封地，即齐、鲁、燕。

周天子的继承制度实行嫡长子继承制，其他公侯列国也实行这一继承制，这就是所谓的“大人世及以为礼”，“立嫡以长不以贤，立子以贵不以长”。这种“立爱惟亲，立敬惟长，始于家邦，终于四海”的宗法制度为后世历代王朝所因循，家族组织和国家组织合二为一，这样就完成了家国的同构。血统与王权的结合，世袭制度的确立，是西周王朝延续数百年的重要基础。

西周的封建制度早期是相当有活力的，成王时期周公平定管、蔡、武庚之乱就说明了这一点。当时中央政府的政权与地方政府、诸侯列国的治权范围是有区分的，诸侯列国在臣服于中央政府政权的前提下，拥有对自己所在封地的最广泛的治权，如用兵打仗、司法行政、收税纳贡等，然而随着王室政权的削弱和诸侯治权的扩大，中国社会进入了一个新的历史时期。

## 四、春秋时代

从平王东迁到三家分晋，即从公元前770年到公元前476年的东周前期，我们称之为春秋时代。因孔子晚年整理修订的鲁史《春秋》中，所记之事的时间跨度自鲁隐公元年(前722年)到鲁哀公十四年(前481年)，共计242年，与上述历史大致吻合，故把这一时期定名为“春秋时代”。春分、秋分是中国二十四节气中两个昼夜相当的节气，取均衡、平分之义；又因为当时鲁国的历史记述名为《春秋》，晋的史书名为《乘》，楚国的史书则称为《梼杌》，而孔子修定这一时期的历史是以鲁《春秋》为蓝本，所以后人称这二百多年的历史为“春秋”。

春秋时代的最大特点是周王室的衰落，诸侯列国的强大。在诸侯之间、华夏与蛮夷之间发生了许多次战争，这些战争有的是大小兼并，有的是相互攻伐，而一部《春秋》经书中记载了“弑君三十六、亡国五十二”，种种战争和屠杀，让人们认识到“春秋无义战”。

这一时期尽管国与国的战争不断，但一些以大国为盟主的诸侯联盟由此形成，先后出现了齐桓公、晋文公、秦穆公、楚庄王、宋襄公等春秋霸主，各领风骚数十年，纵横捭阖国际间。同时也出现了管仲、子产、百里奚、晏婴、范蠡、季札、叔向等杰出人物。最值得称道的是这时期形成了以孔子为领袖的儒家和以老子为代表的道家，以及尊奉孔、老的诸多后学，构筑了春秋时期灿烂的文化。这些杰出人物的思想和言行、道德和事功，为中华文明的延续和发展做出了巨大的贡献。

诞生在公元前551年的孔子，是中国文化史上不得不提的重要历史人物。孔子以“述而不作，信而好古”的态度整理了自上古到他所生活年代的传统文化，以“祖述尧舜、宪章文武”为标榜，把古代的思想文化、历史哲学，加以系统整理和阐述，为后世留下了丰富的文化宝库。《诗》《书》《礼》《乐》《易》《春秋》六经包涵了中国传统文化的基本精神和玄妙精髓，更因此成为当时及以后儒家必须习诵研究的基本文献，无怪乎后人称孔子是集大成者，先孔子非孔子无以圣，后孔子非孔子无以明。加上孔子在当时“弟子三千，贤人七十二”，教育培养了大批优秀人才，为我们民族文化的延续与发展做了人才上的储备，使得中华文化得以发扬光大、绵延不绝。孔子对中华文化的贡献，乃至于对世界文明的影响是空前绝后、无与伦比的。他所创立的儒家、儒学至今仍有着蓬勃的生命力，已成为我们民族精神不可或缺的一部分。

与孔子齐名、生活在同一时代的老子则以其深邃的思想，开启了中国道家文化的源流。一部五千言的《道德经》影响中国两千多年。虽然老子在世时没有孔子那么多徒弟，但传说孔子曾问道于老子，可见老子在思想文化史上的地位。道家思想和道家人物在历史上一直可以看作是儒家思想和儒家人物的互补，在后世更是衍生出我国的本土宗教道教，可见其对中国文化的影响。

春秋时代一方面是政治混乱、战争不断的年月，另一方面又是百家争鸣、文化昌明的时期，诸多学说和思想汇流，形成了中华民族特定转型期的特别风貌。

## 五、战国时代

从公元前475年到公元前221年，由晋分为三，赵、魏、韩立国称侯，到秦国最终扫灭六国，一统天下，这二百多年我们称之为战国时代。大小诸侯的兼并战争愈演愈烈，各国的君侯卿相谋伐攻战达到极致，最终形成齐、楚、燕、韩、赵、魏、秦，战国七雄并立的局面。这期间，一些小的诸侯分别被七雄兼并，而大国之间又相互攻伐，此消彼长，战争的灾难深深压在华夏民族身上。

这时候的战争，除了一些小规模的诸夏与蛮夷戎狄的战争外，大多是中原及南方诸侯之间的国与国的战争，这些战争也几乎分不出正义与非正义。七雄之中，秦富国强兵、一统天下的意志最坚决，具体的改革变法也最实际。从秦襄公拓边、秦穆公称霸，到秦孝公重用商鞅，一直延续到秦王嬴政的统一战争，秦国差不多用了五百多年时间，由小变大，由弱变强，最终完成了统一大业。

在战国时代，除了齐国以外，赵、魏、韩是由小变大，又由盛变衰，最终被灭；燕虽是古老的封国，但它一直未能成为国际间的核心，似乎始终游离于中原逐鹿的外围。楚国则是一个特例，它早早地就称王，而当时诸雄则还在为自己的公、侯爵位不至于被名义上或实际上贬称而相互争斗，盛衰强弱此起彼落，尊王攘夷和诸夏传统的观念深深地影响着他们。楚国又有开放的南方中国的辽阔疆域，加上道家文化的影响，楚国实际上成为秦国统一中国的最有实力的抗衡者。

齐国之所以成为最后灭亡的国家，除了齐、秦相隔甚远，一东一西外，更因为齐国曾经是最先崛起的大国，管仲相齐之时，“九合诸侯，一匡天下，不以兵车”；后来又有齐威王、晏婴、孙膑等明君、贤相、名将，齐国的国际地位一直名列前茅，难怪秦王曾想与齐王（这时候的齐国已经不是姜齐而是田齐了）分称西帝与东帝，虽然这未成事实，但也可以看出齐国在秦国人眼里的实力与地位。

战国时代尽管有苏秦、张仪的合纵连横，谋得国际间短暂的几十年的和平，但春秋时代的诸侯联盟格局已被打破，国际间的形势必然是以一国独大、最后胜出为结局。况且自春秋以来几百年战乱不断，下层民众期盼和平、梦想统一已成为大势所趋。所以战国时代的最终结果，必然是走向统一，尽管实现这一目标的代价是残酷的战争、土地的兼并、人口的减少和百姓的苦难。

战国时代政治黑暗、民不聊生，但诸子百家却应运而生，淑世救民的圣贤也不乏其人。儒家出现了以孟子为代表的领袖人物；道家则有庄子、列子等超然物外的风流俊士；以邹衍为代表的阴阳家也风行一时；以苏秦、张仪为主角的纵横家活跃政坛；以公孙龙、惠施为代表的名家声名鹊起；以许行为代表的农家错列其间；还有团结下层工商、刑墨之人的墨家与儒家同时成为显学；更有法家人物用世其间、推行法治；当然还有为列国公侯倚重的兵家耀武扬威；加上医家、杂家、小说家等等，诸子百家可以说是星光灿烂、百舸争流，他们的思想学说、道德言行，如涓涓细流汇入大海，融合成中华民族活泼泼的精神汪洋，是我们取之不尽、用之不竭的文化宝藏。

先秦政治文化的五个分期，也相应有五种传统与制度。按照钱穆先生在《中国文化史导论》一书中分析中华民族的融合与国家的形成时所做的结论，这五种制度或传统分别是：大同时代的“禅让制度”；小康时代的“王朝传统”；封建时代的“封建制度”；春秋时代的“诸侯联盟”；战国时代到秦汉的“郡县制度”。秦帝国的统一，彻底瓦解了以前的各种制度，在一个高度集权的中央政府之下实行了“郡县制度”，这在制度层面是进步还是退化暂且不论，但这是历史所趋、势所必然，似乎是一个不争的事实。宋代思想家邵雍在分析中国历史时也提出了四分说，即皇、帝、王、伯(霸)，相对应的分别是三皇之世，“以道化民”，行无为之治；五帝时期，“以德教民”，行“禅让”之治；三王时期(指夏、商、周三代)，“以功劝民”，人民崇尚正直；“五伯”(霸)之世(指春秋战国)，“以力率民”，崇尚智力。[①] 他的四分说对应先秦历史分期，还是有一定道理的，但邵雍的这种历史观，明显认为国家在制度层面或道德意义上是走下坡路的，皇高于帝，帝明于王，王贤于伯，有点像老子所说“道失而有德，德失而有仁，仁失而有义，义失而有礼”。究竟先秦的历史走向在政治文化的层面是进步还是退步，容待后述。

## 第二节 先秦政治文化的思想渊源

中国文化的源头是单一的还是多元的，历来是个问题。与基督教文明、犹太文明认为自己是由造物主所造、由一个祖先传承不同，中国人普遍认为自己是炎、黄二帝的子孙，这就是二元的，而司马迁又把炎帝、黄帝说成是少典之子，又把他们归于一了。再往上推，这一而二、二而一的溯源的确很难定论。本节旨在说明先秦政治文化的思想渊源，暂不涉及血缘、地域、自然分野、民俗习惯和制度等方面，而单从思想层面对先秦政治文化的源头做一简要梳理，与此旁通的是中国政治制度的思想渊源也可从中找到脉络，放大了看，中国文化的思想脉络也是一贯的。

中国文化的思想渊源有天道思想与人道思想两方面，而天道思想包括道化、德育、天人合一等思想，人道思想中又涵盖了仁政、义教、礼制、法治、兵刑、统一等思想。这当中有的是主流，如道德思想，天人合一等，有的是支脉，如法治、兵刑等；一

---

① 参见唐明邦：《邵雍评传》，南京大学出版社 1998 年版，第 190—197 页。

般来说兵刑、统一、法治等是从义教、礼制等思想中衍生出来的，只是这些支脉后来在一些时代成为制度层面的主要理论，并深刻地影响了中国政治，特别是秦汉以后的国家政治，暂且不论。这里主要截取的是先秦文化中主要的思想脉络，如道化思想、德育思想、仁政思想、义教思想、礼制思想等，用以说明先秦政治文化的思想渊源。

## 一、道化思想

在中国人心中认可着这样一个天经地义的道理：万物本乎天。天包含着地，覆盖着万物。直观地说，这世界上的所有生命、所有动植物、所有山川河流，都为天所包，乃至于孕育万物的地球也不过是为天所包的一个蓝汪汪的星球。与地球相似的其他任何星球，太阳、月亮、金、水、木、火、土等都为天所包，在天际运行，构成地月系、太阳系、银河系、河外星系等璀璨的宇宙。所以，天是一个无所不在、无所不覆、无所不有、无所不包的东西。“天不变，道亦不变”，“天行健，君子以自强不息”（《易经·象传·乾卦》），“天道无亲，常与善人”（《道德经》七十九章），由此引申出中国人一系列的天道思想。“天之道损有余而补不足，人之道则不然，损不足以奉有余。”（《道德经》七十七章）天又是从何而来，如何生灭的，老子给出了一个答案：天是由道化生而来，世上的万物包括人在内，都是由道化生而来的。“道生一，一生二，二生三，三生万物。万物负阴而抱阳，冲气以为和。”（《道德经》四十二章）“有物混成，先天地生，寂兮寥兮，独立而不改，周行而不殆，可以为天地母。吾不知其名，字之曰道，强为之名曰大。大曰逝，逝曰远，远曰反。故道大，天大，地大，王亦大，域中有四大，而人居一焉。人法地，地法天，天法道，道法自然。”（《道德经》二十五章）由此构成了和谐的世界。

关于道和天的关系，有时被认为是合一的，有时又被认为是分离的。若把天看作是形而上的，那它就是与道合一的，“形而上者谓之道”。（《易经·系辞（上）》）若从化生、变易上说，那天就是由道化生的，它是一，是自然，是后人所说的由气变化而来的，清气上升为天，浊气下降为地。太极生两仪，两仪生四象，四象生八卦。这里的太极好比是道，好比是一，而两仪则是指天和地，或阴和阳，四象则是由此阴阳化生出的天、地、日、月，也有称之为太阳、太阴、少阴、少阳。由天、地、日、月变化生成这世界中的八个大象,《易经》中称为八卦,乾(天)、坤(地)、坎(水)、离(火)、震(雷)、巽(风)、艮(山)、兑(泽)。再由此八卦分化成宇宙万象,分化的过程就是一而二、二而四、四而八、八而十六、十六而三十二、三十二而六十四……,这就是我们常说的"一分为二"的原则,乃至于生生不息、千变万化。

世界是变化的,而一切的变化、生灭之道最终都归结为道的化生、变易。道本身是无所谓生灭的,它先天地而生,后天地而存。就人而言,天长地久,天地似乎已经是永恒的存在了,然而就道而言,天地还是有生灭的,还是处在变易的过程之中。道对于天地的实存状态是更为亘古的,既在其先,又在其后,所以,真正永恒的是具有这种生化作用的道,而不是其他任何有生灭现象的存在。现代人已经认识到太阳、地球都是有生灭的,可见,中国古人的道化思想本身就具有开天辟地的永恒的光辉。在这个意义上,道化思想已超越了唯心、唯物的对立,而深刻地洞察到世界的根本。

道化思想又分为大道、小道。"大道之行,天下为公","大道之隐,天下为家"。而小道则包含了许多方面,如大家所知道的医道、兵道、棋道、茶道、花道等等,不一而足。孔子弟子子夏说,"虽小道必有可观者焉,致远恐泥,是以君子不为也"(《论语·子张》)。可见,每一种文化、每一种学术,甚至每一项运动、每一种游戏,里面都包含着道,人们都可以从中体悟出道来,无论是夫子所传的《诗》《书》《礼》《乐》《易》《春秋》六道,还是后人把玩的琴棋书画诗酒花,都让人在可观之中,体会道的存在和道的奥妙而增添生活的乐趣。所以说,道是万物之奥。是为道化思想。

## 二、德育思想

天无所不覆,地无所不载。由道化思想引申出德育思想。德者,得也。人出生于世,便受恩于天地,受育于父母,受惠于众生。所以人要像大地一样,承载一切,回报恩惠。"地势坤,君子以厚德载物。"(《易经·象传·坤卦》)就德性而言,大地是我们所有人、所有生命的母亲,她托载着我们、养育着我们,而没有任何抱怨。所以人要以德报德。德育,一方面是指天地给我们的自然养育,另一方面是指父母、师尊、国家、社会给我们的哺育与教养。人受此依养就应无私地回报。中国人有"上报四重恩,下济三途苦"的思想。就社会的每一个人而言,德育思想要求我们具有上天一样的公道，大地一样的胸怀。具有天地般道德的人，我们称之为“大德”，这些人多半具有无私的品德，全心全意回报社会、牺牲小我。平常我们所说的德育，就是要培养受教育者的这种品德。一个人身体或许并不强壮，家庭或许并不优裕，然而，他的品德却不能低下，整个社会道德水平的高低，取决于每个人的品行的高低。社会整体道德水平上去了，每个个人的道德境界也就提高了。

“富有之谓大业，日新之谓盛德”(《易经·系辞(上)》)，“德薄而位尊，知小而谋大，力小而任重，鲜不及矣”(《易经·系辞(下)》)，“天地之大德曰生，圣人之大宝曰位，何以守位，曰仁，何以聚人，曰财。理财正辞，禁民为非曰义”(《易经·系辞(下)》)。《易经》中关于什么是德，有较为详细的说明。“《易》之兴也，其于中古乎？作《易》者，其有忧患乎？是故履，德之基也；谦，德之柄也；复，德之本也；恒，德之固也；损，德之修也；益，德之裕也；困，德之辨也；井，德之地也；巽，德之制也。”(《易经·系辞(下)》)《易经·文言》曰：“元者，善之长也；亨者，嘉之会也；利者，义之和也；贞者，事之干也。君子体仁足以长人，嘉会足以合礼，利物足以和义，贞固足以干事。君子行此四德者，故曰，乾：元、亨、利、贞。”君子进德修业，以成大人之道。“夫大人者，与天地合其德，与日月合其明，与四时合其序，与鬼神合其吉凶。先天而天弗违，后天而奉天时。天且弗违而况于人乎？况于鬼神乎？”

道德落实于人，则形成了伦理和社会规范。“克明峻德，以亲九族，九族既睦，平章百姓，百姓昭明，协和万邦。”(《尚书·尧典》)德日新，万邦为怀，志自满，九族乃离。“是故君子先慎乎德。有德此有人，有人此有土，有土此有财，有财此有用。德者，本也；财者，末也。”(《大学》)“君子尊德性而道问学，致广大而尽精微，极高明而道中庸，温故而知新，敦厚以崇礼。是故居上不骄，为下不倍。国有道，其言足以兴，国无道，其默足以容。《诗》曰，‘既明且哲，以保其身’，其此之谓与。”(《中庸》)子曰：“舜其大孝也与，德为圣人尊为天子，富有四海，宗庙飨之，子孙保之。故大德必得其位，必得其禄，必得其名，必得其寿。”(《中庸》)

先秦儒家更是开宗明义，强调德育之重要。“大学之道，在明明德，在亲民，在止于至善。”(《大学》)并且还为后学者设定了“明明德”的具体次第，“古之欲明明德于天下者，先治其国；欲治其国者，先齐其家；欲齐其家者，先修其身；欲修其身者，先正其心；欲正其心者，先诚其意；欲诚其意者，先致其知，致知在格物。物格而后知至，知至而后意诚，意诚而后心正，心正而后身修，身修而后家齐，家齐而后国治，国治而后天下平。”（《大学》）孔子弟子有“四科十哲”，其中第一档次的就是“德行：颜渊、闵子骞、冉伯牛、仲弓”。（《论语·先进》）可见夫子对德行之重视。“大德不逾闲，小德出入可也。”（《论语·子张》）“不恒其德，或承之羞。”（《论语·子路》）

德育思想落实到政治上就是为政以德的理念。“子曰：‘为政以德，譬如北辰，居其所而众星共之。’”（《论语·为政》）“道之以政，齐之以刑，民免而无耻。道之以德，齐之以礼，有耻且格。”（《论语·为政》）意思是说，用道德来治国，就像北极星一样，在一定的位置上，别的星辰都围绕着你。用政法来诱导，用刑法来整顿，人民只是暂时免于罪过，却没有羞耻心。而若用道德来引导，用礼教来约束，人民有所得，不但有廉耻之心，而且人心都归服。可见，“为政以德”是孔子心目中的理想政治，由此，引出了他的一系列“仁政”思想。

## 三、仁政思想

仁政思想古已有之，孔子集其大成。仁者，人也，爱人也。它是道德思想在人身上的体现。孔子因材施教，对机说法，教育弟子以仁为目标，“颜渊问仁，子曰：克己复礼为仁。一日克己复礼，天下归仁焉。为仁由己，而由人乎哉？颜渊曰：请问其目。子曰：非礼勿视，非礼勿听，非礼勿言，非礼勿动。颜渊曰：回虽不敏，请事斯语矣。仲弓问仁，子曰：出门如见大宾，使民如承大祭。己所不欲，勿施于人。在邦无怨，在家无怨。仲弓曰：雍虽不敏，请事斯语矣。司马牛问仁，子曰：仁者其言也讱。曰：其言也讱，斯谓之仁已乎？子曰：为之难，言之得无讱乎？”（《论语·颜渊》）“樊迟问仁。子曰：居处恭，执事敬，与人忠。虽之夷狄，不可弃也。”“子曰：刚、毅、木、讷近仁。”（《论语·子路》）“宪问耻。子曰：邦有道，谷；邦无道，谷，耻也。克、伐、怨、欲不行焉，可以为仁矣？子曰：可以为难矣，仁则吾不知也。”“子曰：君子而不仁者有矣夫，未有小人而仁者也。”（《论语·宪问》）“子贡问为仁。子曰：工欲善其事，必先利其器。居是邦也，事其大夫之贤者，友其士之仁者。”“子曰：志士仁人，无求生以害仁，有杀身以成仁。”“子曰：当仁，不让于师。”（《论语·卫灵公》）“子张问仁于孔子。孔子曰：能行五者于天下为仁矣。请问之。曰：恭、宽、信、敏、惠。恭则不侮，宽则得众，信则人任焉，敏则有功，惠则足以使人。”（《论语·阳货》）

仁，在孔子那儿是道德标准。“子曰：志于道，据于德，依于仁，游于艺。”“求仁而得仁，又何怨？”（《论语·述而》）“子曰：不仁者不可以久处约，不可以长处乐。仁者安仁，知者利仁。”“子曰：唯仁者能好人，能恶人。”“子曰：苟志于仁矣，无恶也。”“君子无终食之间违仁，造次必于是，颠沛必于是。”“子曰：我未见好仁者，恶不仁者。好仁者，无以尚之；恶不仁者，其为仁矣，不使不仁者加乎其身。有能一日用其力于仁矣乎？我未见力不足者。盖有之矣，我未之见也。”（《论语·里仁》）

达到这一道德标准的，孔子称之为仁者。“微子去之，箕子为之奴，比干谏而死。孔子曰：殷有三仁焉。”（《论语·微子》）“子曰：桓公九合诸侯，不以兵车，管仲之力也。如其仁，如其仁。”（《论语·宪问》）而仁同时又是一种美妙的境界。“子曰：里仁为美。择不处仁，焉得知？”（《论语·里仁》）孔子很少给予他人“仁者”的称誉，对他弟子更是严格要求，极少称弟子为仁者，就连他自己也谦称未达到这种境界。“子曰：若圣与仁，则吾岂敢？抑为之不厌，诲人不倦，则可谓云尔已矣。公西华曰：正唯弟子不能学也。”（《论语·述而》）

然而孔子并不认为仁的境界是虚无缥缈、不可企及的。作为人努力的一个方向，仁的境界既高远又实在，很多时候切切实实地在我们身边。只要我们从自己做起、从现在做起，就能达此境界。“子曰：仁远乎哉？我欲仁，斯仁至矣。”（《论语·述而》）“子曰：民之于仁也，甚于水火。水火吾见蹈而死者矣，未见蹈仁而死者也。”“人能弘道，非道弘人。”（《论语·卫灵公》）这是孔子的一个最基本的人道思想，实际上孔子仁的思想就是道化、德育思想在人身上的落实，实现了仁道也就达到了“天人合一”。

后来的孟子本着人性善说，进一步发掘了孔子仁的思想的心理学根源，提出“恻隐之心，仁之端也。”（《孟子·公孙丑（上）》）而恻隐之心又是人性善的根芽，只要人心向善，每个人都可以达到仁的境界。

仁的思想见诸政治，那就是仁政思想，就是孔子所说的“为政以德”的施政纲领。孔子阐述了他四个层面的政治理论。第一，以仁得之，以仁守之。这是最好的、最长久的治国理念。第二，以仁得之，以不仁守之。第三，以不仁得之，以仁守之。这是有好有坏的政治。第四，以不仁得之，以不仁守之。这是最糟糕的政治。“孔子曰：天下有道，则礼乐征伐自天子出；天下无道，则礼乐征伐自诸侯出。自诸侯出，盖十世希不失矣。自大夫出，五世希不失矣。陪臣执国命，三世希不失矣。天下有道，则政不在大夫。天下有道，则庶人不议。”（《论语・季氏》）孔子在这里为我们总结了一个历史规律，它透彻地分析了上古到孔子所处的春秋时代的政治形式，强调了“天下有道”的重要性。

仁政思想若得以贯彻，就为政者而言，那就是己身正不令而行；就老百姓而言，那就是导之以德，使之有耻且格，足食、足兵，民信之。富之、教之，安居乐业。孟子把这种“养生丧死无憾，王道之始也”（《孟子・梁惠王（上）》）的仁政说得更具体。“五亩之宅，树之以桑，五十者可以衣帛矣。鸡豚狗彘之畜，无失其时，七十者可以食肉矣。百亩之田，勿夺其时，数口之家可以无饥矣。谨庠序之教，申之以孝悌之义，颁白者不负戴于道路矣。七十者衣帛食肉，黎民不饥不寒，然而不王者，未之有也。”（《孟子・梁惠王（上）》）百姓对于生养死葬都没有任何遗憾，这样的政治不是仁政又是什么呢？这样的生活，自然是王道的开端了。

## 四、义教思想

义是中国人特有的概念。义者，宜也。“理财正辞、禁民为非为义。”“羞恶之心，义之端也。”（《孟子・公孙丑（上）》）管子认为，礼、义、廉、耻是国家赖以存在的四根支柱，四维不张，国乃灭亡。孟子认为，义，人路也。我们常说的“天经地义”指的就是这个。中国古代社会的伦理中有“五伦”之说，其中一伦就是“朋友有信”。朋友一伦维系的纽带就是我们这儿所说的“义”。朋友之间讲义气，四海之内皆兄弟。这里的朋友，实际上是家庭人伦在社会上的放大，朋友之间也像家庭内部一样，以兄弟姊妹相称。中国古时候就有歃血为盟、结义为兄弟的故事，有人甚至为了报答君臣之间的恩德、朋友之间的义气而舍生忘死、赴汤蹈火。

孟子重义。在他生活的那个时代，人们重利而忘义，上至国君，下至平民都在逐利之中，忘却了自我，忘却了道义。《孟子》一书开篇就记述了这么一段话：

> 孟子见梁惠王。王曰：“叟不远千里而来，亦将有利吾国乎？”孟子对曰：“王何必曰利？亦有仁义而已矣。王曰，何以利吾国？大夫曰，何以利吾家？士庶人曰，何以利吾身？上下交征利而国危矣。万乘之国，

弑其君者必千乘之家；千乘之国，弑其君者必百乘之家。万取千焉，千取百焉，不为不多矣。苟为后义而先利，不夺不餍。未有仁而遗其亲者也，未有义而后其君者也。王亦曰仁义而已矣，何必曰利？”(《孟子·梁惠王(上)》)

孟子认为，一个国家若轻公义、重私利，就会出现篡臣，上有所好，下必从之。从来没有讲“仁”却遗弃自己父母的，也从来没有讲“义”却对他的君主怠慢不敬的。作为王者、国君，只要讲仁义就行了，何必非要讲利益呢？孔子实际上也早就认识到这一点，“有国有家者，不患寡而患不均，不患贫而患不安”(《论语·季氏》)“放于利而行，多怨”，“君子喻以义，小人喻以利”(《论语·里仁》)，“上好礼则民莫敢不敬，上好义则民莫敢不服，上好信则民莫敢不用情”(《论语·子路》)，“君子义以为质，礼以行之，孙以出之，信以成之，君子哉”(《论语·卫灵公》)，“君子义以为上，君子有勇而无义为乱，小人有勇而无义为盗”(《论语·阳货》)。这里所说的“义”，都是合乎道德，顺乎伦理的意思。

孟子把义的思想引到君臣关系上，明确指出，“君之视臣如手足，则臣视君如腹心；君之视臣如犬马，则臣视君如国人；君之视臣如土芥，则臣视君如寇仇”，“君仁，莫不仁，君义，莫不义，君正，莫不正。一正君而国定矣”(《孟子·离娄(下)》)。所以，义不光存在于平等的关系间，同时也包含在上下不平等的关系之中，如孔子所说，君君、臣臣、父父、子子。若君不君，则可能臣不臣，若父不父，则可能子不子。义更多地是存在于朋友之间。朋友为义而聚，为义而往，为义而千里走单骑，为义而杀身成仁，义无反顾。是“义”让人有视死如归的气概。

中国古代的义教思想可谓深入人心。特别是在离乱之世，人们已不能安居于家庭而非得出外讨生活，这时候的人们就是靠这义教重新整合成一种社会力量，大则推动社会进步，保家卫国，小则明哲保身，自我保全。若没有这样一种被人们视作“人之正路也”的义教思想，那社会的离乱和倾轧是难以想象的。所以义教思想可以看作一种安邦定国的积极的整合力量，它不仅适合于中华本土，同时也被深受其影响的中华民族带到了世界各地，它是我们民族独有的精神财富，乃至于历来的学者、史官也正是秉承这种正义、公义、仁义的精神来书写纷繁复杂的历史，来对历史人物做出客观、公正的评价。现代世界上国际主义精神，正是我们自古以来的道义精神的体现与延续。

## 五、礼制思想

所谓“礼制”就是指“礼乐”与“制度”。用礼乐制度来界定人与天的关系，人与自然的关系，人与人的关系；按照礼乐制度，来处理国与国的政治、军事，处理国内各阶级之间的矛盾，甚至由此来安排人包括生、老、病、死的一切。

中国被认为是“礼仪之邦”。言下之意，在礼乐制度的建设方面，中国处于绝对领先的地位。“是故夫礼，必本于天，殽于地，列于鬼神，达于丧、祭、射、御、冠、婚、朝、聘，故圣人以礼示之，故天下国家可得而正也。”“夫礼，先王以承天之道，以治人之情，故失之者死，得之者生。”也就是说，礼是先代圣王以顺承自然之道来治理人情的。所以礼，一定是根据天、效法地，与鬼神并列，贯彻在丧礼、祭礼、射礼、御礼、冠礼、婚礼、朝礼、聘礼各种活动之中。圣人先王把礼明示给人民，天下国家才能够得以正确治理。

礼者，履也，所以事神致福也。“知崇礼卑，崇效天，卑法地。天地设位，而《易》行乎其中矣。成性存存，道义之门。”礼，行门也。与义相对，一个是“人路”，一个是“行门”，人若出行，必从“行门”，必履“人路”，所以古人又常常把“礼义”并提。礼最初的意思是指祭祀尊亲，由此而使活着的人致福吉祥，所以它的原意就是祭祖祀神，使生者由此获得生活的荫庇和福报。

礼有“三礼”，天事、地事、人事之礼。“夫礼，天之经也，地之义也，民之行也。”(《左传·昭公二十五年》)又有“五礼”，是指“吉礼、嘉礼、军礼、宾礼、凶礼”，再细化为人们生活的各个方面的“礼制”，丧、祭、射、御、冠、婚、朝、聘等，如祭礼，则又可分为祭天、祭地、祭神、祭祖等，这些礼制，一直为后人所遵循、传承。“言而可履，礼也；行而可乐，乐也。”关于礼义的产生，《易经·序卦》有一段说明，“有天地然后有万物，有万物然后有男女，有男女然后有夫妇，有夫妇然后有父子，有父子然后有君臣，有君臣然后有上下，有上下然后礼义有所错”。(《易经·序卦》)《礼记》中有“凡三王教世子，必以礼乐。乐所以修内也，礼所以修外也。礼乐交错于中，发形于外，是故其成也怿，恭敬而温文”(《礼记·文王世子》)，“忠信，礼之本也；义理，礼之文也。无本不立,无文不行。礼也者,合于天时,设于地财,顺于鬼神,合于人心,理万物者也"(《礼记·礼器》)。在这个意义上,礼与理是相通的。安上治民,莫大于礼;礼也者,理之不可易者也。后世的理学、理教,究其来源,是与古代的礼学、礼教分不开的。

"礼之用,和为贵。先王之道斯为美;小大由之,有所不行,知和而和,不以礼节之,亦不可行也。有子曰:信近于义,言可复也。恭近于礼,远耻辱也。因不失其亲,亦可宗也。"(《论语·学而》)管夷吾的那句名言,更为后人所熟知,"仓廪实而知礼节,衣食足而知荣辱"。君子非礼弗履,孔子更是在视、听、言、动多方面要求其弟子遵循礼制。而且孔子洞察当时的政况与民情,提出了以礼治国、以礼安邦的思想,上好礼则民易使也,后世儒家实际上把"礼治"当作可以实践的政治理想,把"礼制"充实到他们的王道仁政中去。

必须加以说明的是,后世法家所倡导的"法治",即以法律、法令治理国家、治理百姓的思想,实际上是礼制思想的延伸,把法,特别是明文规定的法律、法规,当作礼乐制度中最重要的"关键词"加以推崇。而兵刑思想同样也是礼制思想的衍生,礼导于先,刑治于后,各自侧重点不同而已。

综上所述,先秦的思想家们由"道化思想"→"德育思想"→"仁政思想"→"义教思想"→"礼制思想"完成了其思想建构,使得先秦文化,特别是先秦政治文化有了一个坚实的思想基础,从这些思想渊源中,后人可以找到中国政治文化发展中活的源头。我们也可以从这些思想渊源中,找到各家、各派、各种思想主张的出处和依据。老子在其《道德经》中是这样来概括这些思想渊源的:"上德不德是以有德,下德不失德是以无德。上德无为而无以为,下德无为而有以为。上仁为之而无以为,上义为之而有以为。上礼为之而莫之应,则攘臂而扔之。故失道而后德,失德而后仁,失仁而后义,失义而后礼。夫礼者忠信之簿而乱之首也。"(《道德经》三十八章)

# 第二章　上古时代政治文化

这里说的“上古时代”就是指“三皇五帝”时期，就是前面所说的《礼记·礼运》篇中提到的“大道之行，天下为公”的“大同时代”。因为“信史”中关于这一时期的历史说法不一，故在此统称为“上古时代”。各民族的历史研究都有一个倾向，那就是尽力开拓本民族的历史时空，中华民族也不例外。中国历史到底有多长，从黄帝到现在五千多年应是没什么问题的，加上五帝前的“三皇时期”，中国历史超过万年大概也是没有问题的。我们现在的“纪年”有两种说法，一种是从帝尧即位开始纪年；一种是周召共和，即公元前 841 年开始。现有的《中国历史纪年表》大多以后者为据，这算起来就两千多年；若以前一种为根据，那就有四千多年，要完成这一工作还需史学界的努力。我们希望能有朝一日看到中华民族的通天谱。实际上，中华民族的历史是一个开放的上限，也就是没有确切上限的上限，非要定一个确切年代的起源似乎并不妥当。如前所述，不多赘言。①

## 第一节　三皇传说

“盘古开天地，伏羲画八卦，神农尝百草，三皇创中华”，这就是最精炼的三皇传说的表述。若把它具体展开，却又是那样丰富，绚烂夺目。相传“天开于子，地辟于丑，人生于寅”(邵雍《皇极经世》)，而盘古就是开天辟地的第一位始祖。据说盘古有一把大斧，把最初如鸡卵的混沌世界一劈为二，清阳上升为天，浊阴下降为地，而

① 见第一章《先秦政治文化的历史分期》。

盘古随着天升地降日复一日地生长，天日高一丈，地日厚一丈，盘古也日长一丈。如此万八千岁，天数极高，地数极厚，盘古极长。[①] 盘古死后，他的眼睛化为日、月，他的骨肉化为山脉、大地，他的毛发化为草木、森林，他的精血化为江、河、海、洋，盘古之后乃有三皇，曰天皇、地皇、人皇，或曰天皇、地皇、泰皇。

盘古之后有伏羲氏，厘定天地山川的方位而用阳(—)、阴(- -)二爻画定天、地、水、火、山、泽、雷、风八个大象，是为八卦。“天地定位，山泽通气，雷风相薄，水火不相射。”易道的确立，是中国文化的开端，由此，中华民族“人猿相揖别”，开始了自己的文明史。

> 《易》与天地准，故能弥纶天地之道。仰以观于天文，俯以察于地理，是故知幽明之故；原始反终，故知死生之说；精气为物，游魂为变，是故知鬼神之情状。与天地相似故不违，知周乎万物而道济天下，故不过。旁行而不流，乐天知命故不忧。安土敦乎仁，故能爱。范围天地之化而不过，曲成万物而不遗，通乎昼夜之道而知，故神无方而《易》无体。

“《易》有圣人之道四焉：以言者尚其辞，以动者尚其变，以制器者尚其象，以卜筮者尚其占。”“圣人立象以尽意，设卦以尽情伪，系辞焉以尽其言，变而通之以尽利，鼓之舞之以尽神。乾坤其《易》之缊耶？乾坤成列而《易》立乎其中矣。乾坤毁，则无以见《易》；《易》不可见，则乾坤或几乎息矣。是故形而上者谓之道，形而下者谓之器，化而裁之谓之变，推而行之谓之通，举而错之天下之民谓之事业。”

《易经》被儒、道两家都推崇为“经”，被当作中国文化的“经中之经”。易道的创立、形成、完善、普及，经过了四位圣人的努力，方形成现在这样的规模。首先是伏羲画卦。先天卦图以定天地山川的位置，“故《易》有太极，是生两仪，两仪生四象，四象生八卦，八卦定吉凶，吉凶生大业。是故法象莫大乎天地；变通莫大乎四时；悬象著明莫大乎日月；崇高莫大乎富贵；备物致用，立成器以为天下利，莫大乎圣人；探赜索隐、钩深致远，以定天下之吉凶、成天下之亹亹者，莫大乎蓍龟。是故天生神

① 转引自夏曾佑：《中国古代史》，河北教育出版社 2000 年版，第 14 页。

物，圣人则之；天地变化，圣人效之；天垂象、见吉凶，圣人象之。河出图，洛出书，圣人则之”。其次是文王演《易》。八卦相重成六十四卦。相传文王姬昌被商纣王拘于羑里，在囚禁期间，文王深研《易经》之道，发明了六十四卦，以此说明天地万象的演变和人类万事的生化之道。我们现在所知的《周易》就是在此基础上形成的。第三是周公作辞。相传《易经》的卦辞、爻辞为文王的儿子周公旦所作。另一说为文王作卦名、卦辞，周公作爻辞。有了卦辞、爻辞，人们就可以以此来断吉凶。第四是孔子作“十翼”。“十翼”包括《彖》(上、下)、《象》(大、小)、《系辞》(上、下)、《文言》《序卦》《说卦》《杂卦》十篇文献，从而完善了《易》的象、数、理整套系统。夫子“晚年喜《易》，韦编三绝”，“子曰：加我数年，五十而学《易》，可以无大过矣”。《易经·系辞》中有一段话，简明地叙述了自伏羲以后中国文化的创制过程。

古者包犠氏之王天下也，仰则观象于天，俯则观法于地，观鸟兽之文，与地之宜，近取诸身，远取诸物，于是始作八卦，以通神明之德，以类万物之情。作结绳而为网罟，以佃以渔，盖取诸〈离〉。包犠氏没，神农氏作，斫木为耜，揉木为耒，耒耨之利以教天下，盖取诸〈益〉。日中为市，致天下之民，聚天下之货，交易而退，各得其所，盖取诸〈噬嗑〉。神农氏没，黄帝、尧、舜氏作，通其变，使民不倦。神而化之，使民宜之。《易》，穷则变，变则通，通则久，是以“自天佑之，吉无不利”。黄帝、尧、舜垂衣裳而天下治，盖取诸〈乾〉、〈坤〉。刳木为舟，剡木为楫，舟楫之利，以济不通，致远以利天下，盖取诸〈涣〉。服牛乘马，引重致远，以利天下，盖取诸〈随〉。重门击柝，以待暴客，盖取诸〈豫〉。断木为杵，掘地为臼，臼杵之利，万民以济，盖取诸〈小过〉。弦木为弧，剡木为矢，弧矢之利，以威天下，盖取诸〈睽〉。上古穴居而野处，后世圣人易之以宫室，上栋下宇，以待风雨，盖取诸〈大壮〉。古之葬者，厚衣之以薪，葬之中野，不封不树，丧期无数，后世圣人易之棺椁，盖取诸〈大过〉。上古结绳而治，后世圣人易之以书契，百官以治，万民以察，盖取诸〈夬〉。

可以看出伏羲时代已经进入了佃渔狩猎时期。据《汉书·古今人表》记载，在羲皇时代，人们作罔罟田渔以备牺牲。与他同时代的还有女娲氏、共工氏、容成氏、大廷氏、柏皇氏、中央氏、栗陆氏、骊连氏、赫胥氏、尊庐氏、沌浑氏、昊英氏、有巢氏、朱襄氏、葛天氏、阴康氏、亡怀氏、东扈氏、帝鸿氏等部落首领。其中，有巢氏、女娲氏、燧人氏等较为著名的领袖人物，因为他们对中华文化有杰出的贡献，被后来人尊奉为中华民族的人文始祖。

譬如有巢氏，据说他解决了先民的住宿问题，使古代先民不再穴居，而住上了房屋，得以安居。就是到现在高楼林立的时代，我们仍然可以看到各式各样的颇富民族特色和地理特征的建筑，所以，我们在今天住上好房子的时候，不应该忘记最先让我们祖先住上房子的建筑师的鼻祖——有巢氏。

再说燧人氏，据说他钻木取火，把火种带到人间，从此教会了先民吃熟食。用火把食物烧熟了吃，不仅脱离了原始的茹毛饮血，使人完全有别于动物，而且熟食较之生食更卫生、更容易消化，对人类的进化可以说起到了不可估量的作用。同时，人们由此还学会了用火来御寒，用火来抵御野兽的侵袭，用火来烧荒肥田。火的使用可以说是人类脱离野蛮进入文明的标志性事件，难怪马克思也要自比是为人类盗取火种而受难的普罗米修斯。

有了火，有了房子，先民们该安居乐业了。可偏偏有不安分的人，这时候出了一个共工氏，据说他率族人与祝融氏打仗，失败后一头撞上顶天的不周山，结果把盘古开辟的天地撞了个天倾西北、地陷东南。后女娲炼五色石补天，恢复了天地的原貌。女娲不光完成了补天的伟业，还抟黄土造人，并让人类自行婚配，繁衍后代。因此女娲被后人称之为“大地之母”。

事实上伏羲时代是一个渔猎的时代，一直到了神农时代，中国人才正式进入耕稼的时代，社会也由最初的渔猎游牧社会进入了农业社会。这个相对稳定的农业社会，一稳定就是几千年，直到近现代工业社会的车轮滚滚而来，才打破了农业社会的安详和宁静，人类社会由此走上了快速多变的发展轨道。

神农氏是三皇中的最后一位，从名号我们就可以看出他的历史贡献。相传他发明了最初的农耕器具，如耒、耜、犁、锄等，发现了可供人食用的农作物，并把握这些作物随季节生长的规律，教会了远古先民耕稼技术。我们现在所食用的五谷杂粮、瓜果蔬菜等就是由神农氏教授其种植技术的。因此，中国社会进入了一个靠天吃饭、随季而变的农耕社会。这个社会的一大特点就是对气候的四季变化要有充分的认识，对土地旱涝燥湿、肥瘦腴瘠要十分了解，顺应天时，因地制宜。“耒耨之利，以教天下”，作物的丰收、物资的盈余，使得在田地上耕作的先民有了剩余产品可供相互交换，所以就有了“日中为市，致天下之民，聚天下之货，交易而退，各得其所”。就是在商品经济发达的今天，也依然遵循着这样的商品交易模式，只是今天的物流和商贸已不是以乡村为单位了，而是以国家和地区为单位，跨海越洋的大规模双边或多边贸易。

神农氏的另一个贡献是他曾经亲自遍尝百草，辨识草木的药性，从而确定苍茫大地上的花草树木哪些是可以食用的，哪些是可以药用的。由此，首创了中医中药。古书《神农本草经》据说就是由神农所作。（或许是后人所作，借神农以命名。明代医学家李时珍，曾像神农那样遍尝百草，写下了一本医药奇书《本草纲目》。）神农在尝百草的时候，几度中毒，因神力相助得以解脱。我们由此可以看到科学的首创精神是何其了得。

神农氏在一些史籍中又被称作炎帝，因以火德王，故号炎帝。而太史公则把炎帝和黄帝都当作少典之子。[①] 神农和炎帝到底是不是一个人，历来众说纷纭。笔者认为，所谓“神农氏衰，轩辕氏兴”中的神农指的不是一个人而是一个氏族。如前面所述，盘古氏、伏羲氏和这里的神农氏，可能都不是单指一个人，而是指一个氏族部落，也指这些部落所生息的年代。所以，三皇不是单指三个人，同时也指三个氏族传承发展的历史时期，这个历史时期老百姓过的是这样一种生活：“日出而作，日入而息，凿井而饮，耕田而食，帝力于我何有哉？”[②]至于每一个氏族部落统领多少年，三个氏族部落统治时期总共有多长，至今不得而知。

---

① 《史记・五帝本纪》，中华书局 1982 年版，第 1—2 页。

② （清）沈德潜：《古诗源》，中华书局 2006 年版，第 1 页。

## 第二节 五帝系统

三皇五帝之说由来已久。《周礼·春官·外史》中记载:“外史掌书外令,掌四方之志,掌三皇五帝之书。”有人把《三坟》《五典》《八索》《九丘》(《左传·昭公十二年》)当作三皇五帝之书,难以考据。三皇以降,五帝迭兴。关于“五帝”的说法有很多,一种是指伏羲、神农、黄帝、尧、舜(《易经·系辞(上)》);一种是说炎帝、黄帝、少昊、颛顼、高辛;还有一种配五人神的五帝谱系,太昊配句芒、炎帝配祝融、黄帝配后土、少昊配蓐收、颛顼配玄冥(《礼记·月令》);另一种说法是五帝为五感所生,青帝灵威仰,赤帝赤熛怒,黄帝含枢纽,白帝白招拒,黑帝汁光纪[①];太史公的《五帝本纪》则以黄帝轩辕氏、颛顼帝高阳氏、帝喾高辛氏、帝尧陶唐氏、帝舜有虞氏为五帝系统。本文采信太史公的说法。关于各帝的兴衰历来有五行生克说,黄帝有土德之瑞故号黄帝,他继承的是以火德王天下的炎帝,火生土,故为顺继。黄帝之后颛顼,颛顼之后帝喾,帝喾之后帝尧,帝尧之后帝舜皆为顺继。这种顺继关系,直到秦代周才完全打破,周为火德,尚赤,而秦为水德,尚黑,水克火,故由周至秦为五行相克的逆续,与上古五帝时期完全不同。

黄帝为华夏民族的人文始祖。太史公《史记·五帝本纪》中是这样记载的:

> 黄帝者少典之子,姓公孙,名曰轩辕。生而神灵,弱而能言,幼而徇齐,长而敦敏,成而聪明。
>
> 轩辕之时,神农氏世衰。诸侯相侵伐,暴虐百姓,而神农氏弗能征。于是轩辕乃习用干戈,以征不享,诸侯咸来宾从。而蚩尤最为暴,莫能伐。炎帝欲侵陵诸侯,诸侯咸归轩辕。轩辕乃修德振兵,治五气,艺五种,抚万民,度四方,教熊罴貔貅貙虎,以与炎帝战于阪泉之野。三战,然后得其志。蚩尤作乱,不用帝命。于是黄帝乃征师诸侯,与蚩尤战于涿鹿之野,遂禽杀蚩尤。而诸侯咸尊轩辕为天子,代神农氏,是为黄帝。天下有不顺

① 转引自夏曾佑:《中国古代史》,河北教育出版社2000年版,第14页。

者，黄帝从而征之，平者去之，披山通道，未尝宁居。

东至于海，登丸山及岱宗。西至于空桐，登鸡头。南至于江，登熊、湘。北逐獯鬻，合符釜山，而邑于涿鹿之阿。迁徙往来无常处，以师兵为营卫。官名皆以云命，为云师。置左右大监，监于万国。万国和，而鬼神山川封禅与为多焉。获宝鼎，迎日推筴。举风后、力牧、常先、大鸿以治民。顺天地之纪，幽明之占，死生之说，存亡之难。时播百谷草木，淳化鸟兽虫蛾，旁罗日月星辰水波土石金玉，劳动心力耳目，节用水火材物。有土德之瑞，故号黄帝。黄帝二十五子，其得姓者十四人。

这十四儿子共得到十二个姓，分别是姬、酉、祁、己、滕、葴、任、荀、僖、姞、儇、衣，其中青阳一支与夷鼓一支同己姓。[①] 黄帝正妃嫘祖生二子，其后皆有天下，一曰玄嚣，二曰昌意。黄帝崩，葬桥山。昌意之子高阳立，是为颛顼。

中国信史从黄帝说起是有一定道理的。黄帝被当作中华民族的祖先是因为他为我们民族的生存和发展做出了不可磨灭的贡献。在此罗列传说中黄帝对中华文化乃至世界文明的十大贡献。

**1. 天文**

黄帝使羲和占日，常仪占月，鬼臾区占星气，确定了二十八星宿的方位。东方七宿，角、亢、氐、房、心、尾、箕；南方七宿，井、鬼、柳、星、张、翼、轸；西方七宿，奎、娄、胃、昴、毕、觜、参；北方七宿，斗、牛、女、虚、危、室、壁。天上的星空区域与地上的州国分别对应，这就是分野之说。古人根据天象推测人事就依此。

**2. 地理**

黄帝时代天下尚未分九州，然井田制却开始实行，黄帝始经土设井，以塞争端，立步制亩，以防不足，开始了农业社会最初的经界划分。孟子曰："夫仁政必自经界始。经界不正，井地不均，谷禄不平，是故暴君污吏必慢其经界。经界既正，分田制禄可坐而定也。"[②]到了西周这套制度已基本健全。"九夫为井，四井为邑，四邑为

① 《史记·五帝本纪》，中华书局1982年版，第9页。

② 转引自（唐）杜佑：《通典》，中华书局1988年版，第6页。

丘，四丘为甸，四甸为县，四县为都。”①周文王时规定，“六尺为步，步百为亩，亩百为夫，夫三为屋，屋三为井，井十为通，通十为成，成十为终，终十为同，同方百里，同十为封，封十为畿，畿方千里”②，这套制度一直沿用到春秋晚期才被打破。井田制的瓦解，为后来的封建制奠定了基础。

### 3. 文字

伏羲时期只有卦画符号，尚未形成文字，神农时代犹结绳记事，尚未有书契。黄帝命其史官仓颉造字。仓颉依据“近取诸身，远取诸物”的原则创造了最初的象形文字。据说仓颉造字，“天雨粟，鬼夜哭”，是一件惊天动地的大事。“上古结绳而治，后世圣人易之以书契，百官以治，万民以察。”说的就是这事。中国的文字经历了上古文字、甲骨文、金文、篆书、隶书、楷书、行书、草书等形式的演变，至今仍是世界上最具活力、最为优美的文字之一。

### 4. 历法

史载黄帝大臣容成作历，大挠作甲子。甲子法就是十天干(甲、乙、丙、丁、戊、己、庚、辛、壬、癸)与十二地支(子、丑、寅、卯、辰、巳、午、未、申、酉、戌、亥)两两相配，构成六十甲子(见下页)。黄帝时已用甲子纪日，六十日一轮，既方便又实用，这就是中国《万年历》的开端。比较西历的无限序列历法，中国历法的轮回累进法带给使用者更多的实用信息，特别是对农业社会按季候耕作有很大的帮助。之后三代的历法，夏历以寅月为正月，商历以丑月为正月，周历则以子月为正月，其中夏历最适用于农耕，故孔子说“用夏之时”。

**六十甲子表**

| | | | | | |
|---|---|---|---|---|---|
| 1. 甲子 | 2. 乙丑 | 3. 丙寅 | 4. 丁卯 | 5. 戊辰 | 6. 己巳 |
| 7. 庚午 | 8. 辛未 | 9. 壬申 | 10. 癸酉 | 11. 甲戌 | 12. 乙亥 |
| 13. 丙子 | 14. 丁丑 | 15. 戊寅 | 16. 己卯 | 17. 庚辰 | 18. 辛巳 |
| 19. 壬午 | 20. 癸未 | 21. 甲申 | 22. 乙酉 | 23. 丙戌 | 24. 丁亥 |

① (唐)杜佑:《通典》，中华书局1988年版，第4页。

② 同上。

| | | | | | |
|---|---|---|---|---|---|
| 25. 戊子 | 26. 己丑 | 27. 庚寅 | 28. 辛卯 | 29. 壬辰 | 30. 癸巳 |
| 31. 甲午 | 32. 乙未 | 33. 丙申 | 34. 丁酉 | 35. 戊戌 | 36. 己亥 |
| 37. 庚子 | 38. 辛丑 | 39. 壬寅 | 40. 癸卯 | 41. 甲辰 | 42. 乙巳 |
| 43. 丙午 | 44. 丁未 | 45. 戊申 | 46. 己酉 | 47. 庚戌 | 48. 辛亥 |
| 49. 壬子 | 50. 癸丑 | 51. 甲寅 | 52. 乙卯 | 53. 丙辰 | 54. 丁巳 |
| 55. 戊午 | 56. 己未 | 57. 庚申 | 58. 辛酉 | 59. 壬戌 | 60. 癸亥 |

### 5. 音律

黄帝命乐官伶伦作十二律。阳六为律，阴六为吕。律以统气类物，一曰黄钟，二曰太簇，三曰姑洗，四曰蕤宾，五曰夷则，六曰无射。吕以旅阳宣气，一曰林钟，二曰南吕，三曰应钟，四曰大吕，五曰夹钟，六曰中吕。后世所说“黄钟大吕”即指此。同时确定宫、商、角、徵、羽五音（五音相当于西乐中的 do、re、mi、sol、la 五声音阶）和金、石、丝、竹、匏、土、革、木八音（中国后来的乐器基本上由此八种材料制成）。

### 6. 衣裳

“黄帝、尧、舜垂衣裳而天下治。”相传黄帝制冕旒，也就是帽子，帝王戴上它，端庄文雅，威风八面，也教人目不斜视，耳不偏听。黄帝时衣是衣、裳是裳，上衣下裳，已基本遵循短不露肌，下不覆土的穿着原则。那时候的衣着已有文绣，相当考究。据说黄帝正妃嫘祖还是养蚕植桑的创始人。由于嫘祖的教导，处于农耕社会的先民形成了男耕女织的传统。

### 7. 宫室

“上古穴居而野处，后世圣人易之以宫室，上栋下宇，以待风雨。”宫、室二词在古代意义并不相同。宫是指帝王所居之建筑，后扩大到寺庙道观。室是指一般平民所居之屋，规模较小。帝王们在宫室之中面南而坐、垂拱天下。古代的都城以宫室为中心向四面延展，北京的紫禁城就是如此，以显中央皇权的地位及其绝对的至高无上的权威。“九天阊阖开宫殿，万国衣冠拜冕旒”，哪一位君王不想如此呢？

### 8. 交通

黄帝造车众所周知，这里的车有牛车、马车、指南车，还有在水上行驶的舟车。“刳木为舟，剡木为楫。舟楫之利以济不通，致远以利天下。”“服牛乘马，引重致远，以利天下。”据说“轩辕”就是古代的一种车，黄帝因发明了它故称“轩辕氏”。“指南车”相传为黄帝为使军队打仗不迷失方向而发明创造。黄帝当时跑的地方不可谓不多，“迁徙往来无常处，以师兵为营卫”，可见黄帝当时还加强了军队建设，“弦木为弧，剡木为矢，弧矢之利，以威天下”，因此能在与炎帝的阪泉之战，与蚩尤的涿鹿之战中取得完胜，确立其天下共主的“天子”地位。至于道路建设，“披山通道”，想必是非常可观的。

9. **医学**

黄帝与岐伯、素女、雷公、少师等人的对话，分别被记述在《灵枢》八十一篇和《素问》八十一篇中，两篇相合，后世称《黄帝内经》。若说神农尝百草为中医、中药提供了医学经验，那么《黄帝内经》则为中医、中药阐明了医学原理。在这部经典中，我们可以发现后世人津津乐道的气功、导引、炼丹、针灸、按摩，甚至还有房中术，都能找到其理论的根据和实际的操作方法。至于经络、气脉、骨相、阴阳、营卫等则为中医理论与实践的独特性提供了依据。可以说，中国人的“天人合一”的伟大思想，在这里找到了医学理论基础。这套医理的发明可能是中国人对世界文明的最大贡献之一。它把以往“天经地义”的抽象而玄妙的大道理，落实在每一个有血有肉的个体身上，使人从此真正能找到“自由自在”的门径。中国道家“长生不老”之说，佛家的“了脱生死”之学，在这里有了发生学意义上的理论说明。

《黄帝内经·素问·上古天真论篇第一》(节选)：

> 黄帝曰：余闻上古有真人者，提挈天地，把握阴阳，呼吸精气，独立守神，肌肉若一，故能寿敝天地，无有终时，此其道生。中古之时，有至人者，淳德全道，和于阴阳，调于四时，去世离俗，积精全神，游行天地之间，视听八达之外。此盖益其寿命而强者也，亦归于真人。其次有圣人者，处天地之和，从八风之理，适嗜欲于世俗之间，无恚嗔之心，行不欲离于世，被服章，举不欲观于俗，外不劳形于事，内无思想之患，以恬愉为务，以自得为功，形体不敝，精神不散，亦可以百数。其次有贤人者，法则天地，象似日月，辨列星辰，逆从阴阳，分别四时，将从上古，合同于道，亦可使益寿而有极时。

《黄帝内经·灵枢·营气篇第十六》：

黄帝曰：营气之道，内谷为宝。谷入于胃，乃传之肺，流溢于中，布散于外。精专者，行于经隧，常营无已，终而复始，是谓天地之纪。故气从太阴出注手阳明，上行注足阳明，下行至跗上，注大趾间，与太阴合；上行抵髀，从脾注心中；循手少阴，出腋，下臂，注小指，合手太阳；上行乘腋，出䪼内，注目内眥，上巅，下项，合足太阳；循脊，下尻，下行注小趾之端，循足心，注足少阴；上行注肾，从肾注心外，散于胸中；循心主脉，出腋，下臂，出两筋之间，入掌中，出中指之端，还注小指次指之端，合手少阳；上行注膻中，散于三焦，从三焦注胆，出胁，注足少阳；下行至跗上，复从跗注大趾间，合足厥阴，上行至肝，从肝上注肺，上循喉咙，入颃颡之窍，究于畜门。其支别者，上额，循巅，下项中，循脊入骶，是督脉也；络阴器，上过毛中，入脐中，上循腹里，入缺盆，下注肺中，复出太阴。此营气之所行也，逆顺之常也。

10. **丧葬**

"古之丧者，厚衣之以薪，葬之中野，不封不树，丧期无数，后世圣人易之以棺椁，盖取诸〈大过〉。"太史公用"黄帝崩，葬桥山"六个字交代了这位华夏始祖的结局，其实这里头还有很多传说。据说黄帝在位百年，活了110岁。黄帝生前就好神仙之术，据说广成子、容成子、素女等都是黄帝修仙的师友。黄帝生前开首山之铜以铸宝鼎，鼎成，有龙自天而降，黄帝便乘龙升天，有大臣、家眷七十多人攀龙附凤，随黄帝一起登仙。太史公所说"葬桥山"的黄帝冢实际上只是一个衣冠冢。这看起来像个神话故事，却牵涉一个大问题，那就是"三皇五帝这些半人半神的人物他们的下场如何"，对此儒家有儒家的看法，道家有道家的说法。儒家认为，这些神人尽管超乎常人，可"神龟虽寿，犹有竟时"，仍然逃不出由生到死的自然规律，无论寿命长短，最终还是要去世的。儒家把帝王去世称为"崩"，诸侯去世称为"薨"，其他的称"卒""没""不禄""不谷""仙逝""西归""殡天"等。不同身份的人丧葬规格是不同的，所谓"养生丧死无憾"，"生事之以礼，死葬之以礼、祭之以礼"。父母之丧，要服三年的丧期;天子之丧,也要服丧三年,其他的则参照递减。道家对这一问题的说法却截然不同,道家倡导修仙,认为通过修炼人能长生不死,黄帝就是他们推出的第一个榜样,所以在他们心目中,黄帝离世一定是得道升天了。老子、庄子等道家人物也都被人以"不知所终"来交代他们的"所终",给人以无限的遐想。如老子,据说他在上古时期就来过,后来又以各种化身现身于世,传道说教。所以道家的"不知所终"为隐士文化独辟了一条蹊径。

黄帝之后颛顼帝高阳继位。"静渊以有谋,疏通而知事,养材以任地,载时以象天,依鬼神以制义,治气以教化,絜诚以祭祀。北至于幽陵,南至于交阯,西至于流沙,东至于蟠木。动静之物,大小之神,日月所照,莫不砥属。"可见当时的疆域比黄帝时又要大得多。相传颛顼在位七十八年,年寿九十八。

颛顼之后,帝喾高辛氏继位,帝喾是黄帝的曾孙。"生而神灵,自言其名。普施利物,不于其身。聪以知远,明以察微。顺天之意,知民之急。仁而威,惠而信,修身而天下服。取地之材而节用之,抚教万民而利诲之,历日月而迎送之,明鬼神而敬事之。其色郁郁,其德嶷嶷。其动也时,其服也士。帝喾溉执中而遍天下,日月所照,风雨所至,莫不服从。帝喾娶陈锋氏女,生放勋。娶娵訾氏女,生挚。帝喾崩而挚代立。帝挚立,不善(崩),而弟放勋立,是为帝尧。"帝喾有四妃,元妃有邰氏女曰姜嫄,生后稷(周朝始祖),次妃有娀氏女曰简狄,生契(商朝始祖),次妃陈锋氏女曰庆都,生放勋(帝尧),次妃娵訾氏女曰常仪,生帝挚。帝喾在位七十年,寿一〇五岁。

五帝系统:① 黄帝→② 颛顼→③ 帝喾→④ 帝尧→⑤ 帝舜。黄帝之后的嫡系血统分为两支,即正妃嫘祖所生二子,昌意与玄嚣。① 黄帝→昌意→颛顼→穷蝉→敬康→句望→桥牛→瞽叟→帝舜→商均…② 黄帝→昌意→颛顼→鲧→禹→启(夏朝)…③ 黄帝→玄嚣→蟜极→帝喾→帝挚。④ 黄帝→玄嚣→蟜极→帝喾→帝尧→丹朱…⑤ 黄帝→玄嚣→蟜极→帝喾→契(商之始祖)→…⑥ 黄帝→玄嚣→蟜极→帝喾→弃(后稷,周之始祖)→…

《汉书·古今人表》中记载黄帝四妃,方雷氏生玄嚣,是为青阳,嫘祖生昌意,彤鱼氏生夷鼓,嫫母生苍林。而黄帝本身又为炎帝妃少典所生。黄帝子二十五人,得其姓者十四,这就是我们自称炎黄子孙的缘故,中华民族若要溯其血缘、家谱,都得从炎黄那儿找出处。一部通天谱,上下五千年,百姓又千家,万民同一缘。

## 第三节　尧舜时代

仲尼祖述尧舜，宪章文武，上律天时，下袭水土。辟如天地之无不持载，无不覆帱。辟如四时之错行，如日月之代明。万物并育而不相害，道并行而不相悖。小德川流，大德敦化，此天地之所以为大也。

唯天下至圣，为能聪明睿知足以有临也，宽裕温柔足以有容也，发强刚毅足以有执也，齐庄中正足以有敬也，文理密察足以有别也。溥博渊泉而时出之，溥博如天，渊泉如渊。见而民莫不敬，言而民莫不信，行而民莫不说。是以声名洋溢乎中国，施及蛮貊。舟车所至，人力所通，天之所覆，地之所载，日月所照，霜露所坠，凡有血气者莫不尊亲，故曰配天。（《礼记·中庸》）

孔子为什么要远承并称述唐尧、虞舜的传统，近效并彰明文王、武王的法度？后来的儒家也都秉承孔子的这一做法。主要是因为孔子把尧舜、文武当作圣人，当作可以为万世所则的道德形象，他们上顺天时变化的规律，下依水土沿袭之所宜，其道德好比天地那样，无不承载，无不覆盖，好比四季的交替，日月的更迭。万物共同发育而不互相妨害，道理一并施行而不互相违背，小德像河水长流，不息不止，大德敦实化育，无穷无尽，这便是天地之所以伟大的缘故。天底下只有像尧、舜、文、武那样最圣明的人，才能做到聪明智慧，足以监临下民；宽裕温柔，足以包容天下；精神奋发，刚强坚毅，足以操持决断国政；仪态端庄，秉心中正，足以敬业乐群；文字条理缜密明察，足以辨别是非曲直。圣人之德广博深沉而随时表现于外，广博得如同天空，深沉得如同潭水。出现在大众面前，人民无不崇敬；说话，人民无不信服；行事，人民无不欣悦。因此，他们的声名洋溢于中原，并远播到南蛮北狄。凡是车船能到的地方，人力能通的地方，天所覆盖的地方，地所承载的地方，日月所照临的地方，霜露所降落的地方，凡是有血气的人，没有不尊崇他、不爱戴他的。这是因为圣人之德可以与天相配。[①]

那尧到底是怎样的人物？太史公给我们做了交代。

> 帝尧者，放勋。其仁如天，其知如神。就之如日，望之如云。富而不骄，贵而不舒。黄收纯衣，彤车乘白马，能明驯德，以亲九族。九族既睦，便章百姓。百姓昭明，合和万国。乃命羲、和，敬顺昊天，数法日月星辰，敬授民时。分命羲仲，居郁夷，曰旸谷。敬道日出，便程东作。日中，星鸟，以殷中春。其民析，鸟兽字微。申命羲叔，居南交。便程南为，敬致。日永，星火，以正中夏。其民因，鸟兽希革。申命和仲，居西土，曰昧谷。敬道日入，便程西成。夜中，星虚，以正中秋。其民夷易，鸟兽毛毨。申命和叔，居北方，曰幽都。便在伏物。日短，星昴，以正中冬。其民燠，鸟兽氄毛。岁三百六十六日，以闰月正四时。信饬百官，众功皆兴。[②]

上述可知，帝尧是一个善于治理天下政务，谋虑明达、温文尔雅、恭谨职守、推贤尚善的明君，他从自身做起，使自己的民族亲善和睦，由此推广到天下百姓，使天下的百姓也都崇尚道德，由此达到万国和合的境地。这里的“百姓”不是现代人所理解的平民大众，而是指获得一定土地和封爵的氏族部落，有点像后世的贵族，有别于无姓、无氏的庶民和奴隶。这里的“万国”是指遍及万方的地方封国；国，在古代是地方政治单位，有大国、小国之分，有华夏、夷狄之别，华夏之邦称“中国”，称“诸夏”，而蛮夷戎狄是华夏郊野、四方之外的落后部族，容后详述。

帝尧命羲氏、和氏，谨慎地顺应上帝，观察日月星辰运行规律，推算岁时，制定历法，便于民众使用。确定一年为 366 日，和春、夏、秋、冬四季，“以闰月正四时”。我国古代历法的一年为十二个朔望月，大月三十天，小月二十九天，总计三百五十四天，比一年的实际天数少十一又四分之一天，三年的累计相当于一个月，所以置

---

① 王文锦译解：《礼记译解》，中华书局 2001 年版，第 797—798 页。

② 《史记·五帝本纪》，中华书局 1982 年版，第 15—17 页。

闰以解决。[①] 现代太阳历的周年约为 $365\frac{1}{4}$ 日，故四年一闰，为 366 日，可见帝尧时期历法的精确性已相当之高。

帝尧统治时期，有两件事困扰着他，一是当时“汤汤洪水滔天，浩浩怀山襄陵”，老百姓生活在水深火热之中，希望出现一个能够治理洪水的人；另一件事就是他年老之时选接班人的问题，如何选一位德高望重，才能卓越的人来践帝位，确实是一件令帝尧头痛的事。在讨论由谁来治水时，大家推举鲧，而尧认为“鲧负命毁族，不可”，四岳则主张可以试试，于是尧就重用鲧去担此大任，结果鲧治水九年，功用不成，最终失败。据说，鲧盗用上帝的“息壤”，用“堵”的方法来治水，越治越糟糕，因此被帝尧处死。而鲧的儿子禹又为大家所推荐，重新担此大任，用“疏”的方法治水成功，平定水患，禹也因此成为尧舜时期功勋卓著的人物而被帝舜选为禅位的第一人选。

关于洪水的故事西方神话传说中也有，不同的是，上帝命诺亚造方舟，在洪水来临之际，诺亚一家人及其可携带的动植物在方舟中躲过劫难，后来由鸽子衔回橄榄枝方知大水已退，平安地返回家园。而在古代中国的洪水故事中，面临如此的天灾，我们祖先积极地进行抗争，终于用勤劳和智慧战胜了自然灾害，大禹治水的故事正体现了古代中国“人定胜天”的精神。

选接班人的问题也颇费周折。起初大臣们推举尧的儿子丹朱，认为丹朱开明，帝尧却认为丹朱言语悖谬，又好争辩，不可。后来大家又推荐共工，帝尧认为共工这个人花言巧语，做事多有违逆，表面恭敬，实际傲慢，“静言庸违，象恭滔天”（《尚书·尧典》），不可。当尧在位七十年的时候，他再一次召集大臣们讨论选接班人的事。这时，岳牧们举荐了一个人，那就是“瞽子，父顽，母嚚，象傲，克谐以孝烝烝，乂不格奸”（《尚书·尧典》）的虞舜，帝尧听后说：“我其试哉！”便把自己的两个女儿嫁给了虞舜，“以观其内”，又把九男赐予虞舜，“以观其外”。结果“舜饬下二女于妫汭，如妇礼。尧善之，乃使舜慎和五典，五典能从。乃遍入百官，百官时序。宾于四门，四门穆穆，诸侯远方宾客皆敬。尧使舜入山林川泽，暴风雷雨，舜行不迷。尧以

① 参见李民、王健撰：《尚书译注》，上海古籍出版社 2000 年版，第 6 页。

为圣，召舜曰：'女(同"汝")谋事至而言可绩，三年矣。女登帝位。'舜让于德不怿。正月上日，舜受终于文祖。文祖者，尧大祖也"(《史记·五帝本纪》)。这就是古代传诵的尧舜禅让。

> 尧立七十年得舜，二十年而老，令舜摄行天子之政，荐之于天。尧辟位凡二十八年而崩。百姓悲哀，如丧父母。三年，四方莫举乐，以思尧。尧知子丹朱之不肖，不足授天下，于是乃权授舜。授舜，则天下得其利而丹朱病；授丹朱，则天下病而丹朱得其利。尧曰"终不以天下之病而利一人"，而卒授舜以天下。尧崩，三年之丧毕，舜让避丹朱于南河之南。诸侯朝觐者不之丹朱而之舜，狱讼者不之丹朱而之舜，讴歌者不讴歌丹朱而讴歌舜。舜曰"天也"，夫而后之中国，践天子位焉，是为帝舜。(《史记·五帝本纪》)

帝尧以甲申岁生，甲辰即帝位，甲午征舜，甲寅舜代行天子事，辛巳崩，年百一十八，在位九十八年(《史记·五帝本纪》)。

帝舜，名重华，父瞽叟姓妫，是个盲人，母名曰握登，见大虹意感而生舜于姚墟，故舜又姓姚。目重瞳子，故名重华。他是黄帝的九世孙，颛顼的七世孙，祖上皆微为庶人。舜为冀州之人，耕历山，渔雷泽，陶河滨，作什器于寿丘，就时于负夏。舜父瞽叟顽，后母嚚，后母弟象傲，皆欲杀舜，而舜却顺适不失子道，兄弟孝慈。欲杀，不可得；即求，尝在侧。舜耕历山，历山之人皆让畔；渔雷泽，雷泽上人皆让居；陶河滨，河滨器皆不苦窳。一年而所居成聚，二年成邑，三年成都。[①] 瞽叟使舜上涂廪，却在下纵火焚廪，舜乃以两笠自扞而下，去，得不死；瞽叟又使舜穿井，却与象下土填井想把舜活埋，好在舜穿井为匿空，旁出得以免。尽管这样，舜复事瞽叟，爱弟弥谨。二十岁即以孝闻名乡里，三十岁得到帝尧的举用，五十岁代尧摄行天子事，五十八岁尧崩，六十一岁代尧践帝位。践帝位三十九年，南巡守，崩于苍梧之野。葬于江南九嶷，是为零陵。

① 《史记·五帝本纪》，中华书局1982年版，第31—34页。

昔帝颛顼之后高阳氏生有才子八人，世得其利，谓之“八恺”。帝喾之后高辛氏有才子八人世谓之“八元”，这十六族世济其美，不陨其名，而帝尧未能举用。到帝舜时举八恺，使主后土，以揆百事，莫不时序；举八元，使布五教于四方，父义，母慈，兄友，弟恭，子孝，内平外成。昔帝鸿氏有不才子，掩义隐贼，好行凶慝，天下之谓混沌。少暤氏有不才子，毁信恶忠，崇饰恶言，天下谓之穷奇。颛顼氏有不才子，不可教训，不知话言，天下谓之梼杌。缙云氏有不才子，贪于饮食，冒于货贿，天下谓之饕餮。帝舜宾于四门，乃流四凶族，迁于四裔，以御螭魅，于是四境安宁。尽管帝舜践天子位，却仍然孝其父、爱其弟，封其弟象为诸侯。舜子商均亦不肖，舜乃豫荐禹于天。十七年而崩。三年丧毕，禹亦乃让舜子，如舜让尧子。诸侯归之，然后禹践天子位。这就是尧禅舜、舜禅禹的禅让传统。故太史公盛赞曰：“天下明德皆自虞帝始。”(《史记·五帝本纪》)

《尚书·舜典》是这样描绘帝舜的：

曰若稽古，帝舜曰重华，协于帝，濬哲文明，温恭允塞，玄德升闻，乃命以位。慎徽五典，五典克从，纳于百揆，百揆时叙。宾于四门，四门穆穆。纳于大麓，烈风雷雨弗迷。帝曰，格汝舜，询事考言，乃言厎可绩，三载，汝陟帝位。舜让于德，弗嗣。正月上日，受终于文祖。在璇玑玉衡，以齐七政。肆类于上帝，禋于六宗，望于山川，遍于群神。辑五瑞，既月乃日，觐四岳群牧，班瑞于群后。岁二月，东巡守，至于岱宗，柴。望秩于山川，肆觐东后，协时月正日，同律度量衡①。修五礼、五玉、三帛、二生、一死、贽，如五器，卒乃复。五月南巡守，至于南岳，如岱礼。八月西巡守，至于西岳，如初。十有一月朔巡守，至于北岳，如西礼，归，格于艺祖，用特。五载一巡守，群后四朝，敷奏以言，明试以功，车服以庸。肇十有二州，封十有二山，浚川。象以典刑，流宥五刑，鞭作官刑，扑作教刑，金作赎刑。眚灾肆赦，怙终贼刑，钦哉、钦哉，惟刑之恤哉。流共工于幽洲，放驩兜于崇山，

① 同，统一。律，音律。度，长度；测长度之器物，如丈、尺等。量，容器，斗、升等。衡，称重量的器具，秤、天平等。——作者注

窜三苗于三危,殛鲧于羽山,四罪而天下咸服。

二十有八载,帝乃殂落,百姓如丧考妣,三载,四海遏密八音。月正元日,舜格于文祖。询于四岳,辟四门、明四目、达四聪。"咨!十有二牧!"曰:"食哉惟时,柔远能迩,惇德允元,而难任人,蛮夷率服。"舜曰:"咨,四岳,有能奋庸熙帝之载,使宅百揆,亮采惠畴?"佥曰:"伯禹作司空。"帝曰:"俞,咨!禹,汝平水土,惟时懋哉!"禹拜稽首,让于稷、契暨皋陶,帝曰:"俞,汝往哉!"帝曰:"弃,黎民阻饥,汝后稷,播时百谷。"帝曰:"契,百姓不亲,五品不逊。汝作司徒,敬敷五教,在宽。"帝曰:"皋陶,蛮夷猾夏,寇贼奸宄。汝作士,五刑有服,五服三就,五流有宅,五宅三居,惟明克允!"帝曰:"畴若予工?"佥曰:"垂哉。"帝曰:"俞,咨!垂,汝共工。"垂拜稽首,让于殳斨暨伯与。帝曰:"俞,往哉!汝谐。"帝曰:"畴若予上下草木鸟兽?"佥曰:"益哉。"帝曰:"俞,咨!益,汝作朕虞。"益拜稽首,让于朱虎、熊罴。帝曰:"俞,往哉!汝谐。"帝曰:"咨!四岳,有能典朕三礼?"佥曰:"伯夷。"帝曰:"俞,咨!伯,汝作秩宗,夙夜惟寅,直哉惟清。"伯拜稽首,让于夔、龙。帝曰:"俞,往钦哉。"帝曰:"夔,命汝典乐,教胄子,直而温,宽而栗,刚而无虐,简而无傲。诗言志,歌永言,声依永,律和声。八音克谐,无相夺伦,神人以和。"夔曰:"于!予击石拊石,百兽率舞。"帝曰:"龙,朕堲谗说殄行,震惊朕师,命汝作纳言,夙夜出纳朕命,惟允。"帝曰:"咨!汝二十有二人,钦哉!惟时亮天功。"三载考绩,三考,黜陟幽明,庶绩咸熙,分北三苗。舜生三十征庸,三十在位,五十载,陟方乃死。

考察古代的历史,帝舜名叫重华,圣明与帝尧相合。他智慧深邃,温和谦逊的美德充满天地之间,他潜心道德名声远扬,于是他被尧重用。舜孝顺父母,友于兄弟,并使人们也都遵循这种道德规范。尧又命舜总理一切政务,各种政务都处理得井井有条。又命舜在明堂门口欢迎觐见的四方部落首领,来朝的宾客都肃然起敬。又让舜深入大山丛林,在暴风雷雨中他也不迷失方向。帝尧说:"来吧,舜,三年来我询问了你的政事活动,考察了你的言论,我认为你可以取得功业,可以继承帝位了。"舜谦让于有德之人,不肯继位。

正月上旬的吉日，舜在太庙里接受了尧的禅位。舜用璇玑玉衡等天文仪器观察了北斗七星，测定了日月与金、木、水、火、土五星的运行规律。然后举行祭天仪式，遍祭天地四方，名山大川之神及各种神祇。聚合四方首领的五种信符圭玉[①]，选择吉月吉日，接受四方诸侯的朝见，然后把圭玉颁还给他们。

二月，舜到东方巡守，到达泰山，举行柴祭祭祀岱宗。又按等级祭祀山川诸神，然后接受了东方诸侯的朝见。舜安排确立了时令月日，统一音律和度、量、衡。制定了诸侯朝见时的五等礼仪，规定诸侯朝见时所持献的五种圭玉，红、白、黑三种颜色的丝帛，卿大夫所持献的活的羊羔、雁二牲，士所持献的一只死的雉。至于五种圭玉，待合符后颁还诸侯。五月，到南方巡视，到达南岳，像祭祀岱宗一样祭祀南岳神。八月，巡察西方，到达西岳，祭祀典礼如前。十一月，到北方巡抚，到达北岳，像祭祀西岳一样祭祀北岳。返回后，到尧的太庙祭祀，用一头公牛做祭品。

五年到四方巡守一次，既考察诸侯、大臣、地方官员，又播惠于百姓、庶民。四方诸侯分别朝见天子，向天子述职，天子考察他们的政绩，给有功绩的诸侯赐予车马衣服。划天下为十二州，在十二座大山上封土为坛，作祭祀之用，又疏通了河道。

在器物上刻画五刑的形状警示世人，用流放的办法代替五刑，以示宽大，用鞭打之刑惩罚犯罪的庶人、官吏，用木条抽打不服从教化的学生，还有用铜金赎罪的赎刑。赦免过失犯罪的人，对犯了罪却不思悔改的人严加惩罚。使用刑罚时十分慎重。把共工流放到幽州，把驩兜流放到崇山，把三苗驱逐到三危，把鲧殛于羽山，四个罪人受到惩罚，天下百姓心悦诚服。

帝尧禅位于舜二十八年后逝世了，天下百姓像失去了亲生父亲、母亲一样悲痛无比，三年中全国上下断绝所有乐音，一片寂静。三年后正月吉日，舜前往尧的太庙，和四方诸侯谋划政事，大开明堂四门宣布政教，使四方之人看得明白，听得清楚。

“啊，十二州的君长！”帝舜说：“谨慎啊，只有这样才能使远近民众安抚顺从，亲厚有德之人，信任善良之人，疏远佞幸之人，只有这样四边的蛮夷才都会服从

① 五瑞，《周礼·典瑞》云：“公执桓圭九寸；侯执信圭七寸；伯执躬圭五寸；子执谷璧；男执蒲璧，皆五寸。”转引自《尚书译注》，上海古籍出版社2004年版，第15页。

你们。”

帝舜说:“啊,四方诸侯君长,有谁能努力发扬光大帝尧的事业,担任统帅百官的重任,辅佐政务呢?”众人都说:“伯禹可以担任司空。”帝舜说:“好啊! 禹啊,你去平治水土,这件事要勤奋努力啊!”禹叩头跪拜,谦让于稷、契和皋陶。帝舜说:“就这样,还是你去吧。”

帝舜说:“弃,百姓仍然为饥饿所困,你担任主管农事的官,教百姓种植谷物。”

帝舜说:“契,百官不亲睦,五品不和顺,你担任司徒之官,恭敬地传教父子有亲、君臣有义、夫妇有别、长幼有序、朋友有信这五种伦理道德,要以宽厚为本。”

帝舜说:“皋陶,四边的蛮夷侵扰我们中国,抢劫杀人,造成内乱外患。你担任刑狱之官,施用五刑,罪行大的便到原野上行刑,罪行轻的分别带到市、朝内处置。这样公开执行,使人们有所儆戒。五种流放之刑各有处所,分别流放到三处远近不同的地方。只要明察案情,处理公允,百姓就会信服。”

帝舜说:“谁适合担任百工这一职位?”大家说:“垂啊!”帝舜说:“好吧,垂,你就担任掌管百工的官吧!”垂跪拜叩头,谦让于殳斨和伯与,帝舜说:“就这样吧,你任百工之长,让殳斨和伯与随你一起去。”

帝舜说:“谁适合替我担任掌管山林川泽鸟兽的官职呢?”大家都说:“益啊!”帝舜说:“好啊,益,你就担任我的虞官吧。”益跪拜叩头,谦让给朱虎、熊罴。帝舜说:“就这样吧,你担任虞官,他们随你一起去。”

帝舜说:“啊! 四方诸侯首领,有谁能为我主持祭祀天神、地祇、人鬼三礼呀?”大家都说:“伯夷!”帝舜说:“好啊,伯夷,你就担任秩宗吧。从早到晚都要恭敬、正直、清洁地主持祭礼。”伯夷跪拜叩头,谦让于夔、龙,帝舜说:“好吧,恭敬小心地去干吧!”

帝舜说:“夔! 命令你去主管音乐,教导贵族子弟们,使他们为人正直而温和,处事宽厚而明辨,性情刚毅而不暴戾,态度简敬而不傲慢。诗是用来表达思想感情的,歌是把这种思想感情咏唱出来。唱出的歌要与思想感情一致,也要合乎音律。八类乐器能够演奏出和谐的声音,相互间不能弄乱了次序,这样,神与人听了都感到快乐与和谐。”夔说:“是啊,我敲击各种石磬乐器时,人们扮成各种野兽伴着音乐而起舞。”

帝舜说："龙！我憎恶谗言恶行，因为它们使我的民众惊吓不安，命令你担任纳言，随时传达我的敕命，上传下面的意见要诚信不伪。"

帝舜说："你们二十二个人，要恭敬尽职啊！承受上天旨意，辅助成就功业。"三年考察一次，考察三次，罢黜昏庸的，提升贤明的，这样各项事业都兴旺发达起来。又对三苗鉴别后做了处理。帝舜三十岁时为尧征召任用，三十年后接替了尧的帝位，五十年后逝世于巡狩南方的途中。

孔子是这样来称道尧舜的："大哉尧之为君也，巍巍乎唯天为大，唯尧则之。荡荡乎，民无能名焉。巍巍乎其有成功也，焕乎其有文章。""无为而治者其舜也与？夫何为哉？恭己正南面而已矣。""子谓韶，尽美矣，又尽善也。谓武，尽美矣，未尽善也。"相传韶乐就是大禹为歌颂帝舜而作的"九招"，箫韶九成，凤凰来仪。

尧舜时代的政治文化概括起来有这么几点：

第一，**禅让传统**。构建了人类历史上最完美的权力交接形式，虞舜可以说是他那个时代"海选"上来的最具有君德的明君。而唐尧秉承"终不以天下之病而利一人"的原则，打破父死子继的权位交接的常道，而开辟了选贤与能，天下为公的权道，为大同时代做了最好的注解。无怪乎孔子把尧、舜、禹的禅位和继任记录在《论语》最后一篇之中。"尧曰：'咨！尔舜！天之历数在尔躬，允执其中。四海困穷，天禄永终。'舜亦以命禹。曰：'予小子履敢用玄牡，敢昭告于皇皇后帝，有罪不敢赦。帝臣不蔽，简在帝心。朕躬有罪，无以万方，万方有罪，罪在朕躬。'周有大赉，善人是富，虽有周亲，不如仁人。百姓有过，在予一人。谨权量，审法度，修废官，四方之政行焉。兴灭国，继绝世，举逸民，天下之民归心焉。"帝舜后来选举大禹也是秉承了帝尧的传统，同时继位者也都经历了"试之以位，功用既兴，然后授政"的曲折过程。这样的君权，上合天意，下符民心，难怪孔子认为"尽善尽美"。后来传子不传贤的世袭制与这种"公天下"相比，有着天壤之别。

第二，**设官分职**。尧舜时期已经把中央与地方的官职加以分别。地方上有四岳、十二牧、百姓、千品、万官，而中央则有摄政（舜担任过此职）、司空（相当于冢宰，大禹担任过此职，总领百官，治理水土）、后稷（最高农官，周朝始祖弃曾任此职）、司徒（教化百姓、敦化人伦之官，商朝始祖契曾任此官）、士（大法官，处理狱讼，惩戒犯罪，皋陶任此职）、共工（掌管百工的官，由垂出任）、虞（管理山林川泽之官，由益担任)、秩宗(中央礼官,伯夷担任,管天事、地事、人事之礼)、典乐(主管音乐、教化之官,由夔任此职)、纳言(言官,上宣下达,沟通君民,由龙任此职),这实际上就是后来三公九卿中央官制的最早模板。西周的中央职官设有太公、太师、太保,少师、少傅、少保和天官冢宰、地官司徒、春官宗伯、夏官司马、秋官司寇、冬官考工,官制逐渐健全,秦汉以后遂确定为三公九卿制。这可以说是中国政治组织的最早建构,由此形成后来的政府组织机构,中央政府控制政权,地方机构控制治权,而政权与治权的统一,则是在秦统一中国时逐步完成的,后来虽有变化,但分分合合,万变不离其宗。

第三,**开疆辟壤**。从黄帝开始,中国日益壮大,土地和人民也日益增加。帝尧时就有"万国","百姓昭明,合和万国";到了帝舜时期,大禹完成治理水土的伟业,"披九山,通九泽,决九河,定九州,各以其职来贡,不失厥宜。方五千里,至于荒服。南抚交趾、北发,西戎、析枝、渠廋、氐、羌,北山戎、发、息慎,东长、岛夷,四海之内咸戴帝舜之功"(《史记·五帝本纪》)。帝舜又把九州分为十二州,分置十二州牧,完成了人类历史上第一个封贡体系,为中国后来的封建制度奠定了基础。由此种下了中国人心目中牢不可破的"统一"理念。当时中国的疆界还是开放的,后来随着东夷、南蛮、西戎、北狄的分化才形成现有的边界。在与华夏的交流乃至征战中,当时的少数民族、野蛮部落有的同化到诸夏体系中,有的则还保持自身的特点,有的则向更西、更北、更南、更东的地区开进,把中华文明带到了世界各地。但华夏文明始终以一种开放的胸怀接纳他们,并帮助他们脱离野蛮,进入文明。这就是后人津津乐道的"夷狄之有君,不如诸夏之亡也"的华夏文明的同化力、融合力、生命力,正是这种生命力,使得中华文明自古绵延至今,生机勃勃。在此,我们把这种活力定名为"文化力"。一个民族、一个国家可能衰弱、可能沦陷,但只要有文化力在,她就可能重新复兴,重新强大;反之,则会沦落到万劫不复的深渊,世界历史告诉我们这一点。人类历史上有多少民族、多少国家消亡了,就因为她们的文化为异族所取代,所以她们真的消亡了,不复存在,而中华文明历经磨难却依然延续、依然生长,就因为我们的文化力是历久弥新的,这是我们今天倡导文化复兴的一个最实际的理由。

第四,**道德伦理**。这也是三皇五帝给我们留下的最宝贵的精神遗产。中国是一个最先用人伦规范来规范社会、规范个人的国度，五伦之教源于尧舜，而教育的核心在于明人伦，儒家甚至把“明人伦”当作王道的基始。的确，人伦一旦确立，社会自然和谐，礼仪自然形成，中国之所以成为礼仪之邦，就因为她的伦理道德。遵循了伦理，崇尚了道德，人才能达到和谐自足、自由自在的境地。而淡化道德、破坏伦理恰恰是人从文明向野蛮的倒退，哪还谈得上自由，尧舜正是在这意义上为我们树立了道德伦理的典范。我们只要诵尧之言，服尧之服，行尧之行，就能成为像尧舜一样的人。古代的圣人如禹、汤、文、武、成王、周公都是这样，“此六君子者，未有不谨于礼者也。以著其义，以考其信，著有过，刑仁讲让，示民有常。如有不由此者，在执者去，众以为殃”。

第五，**礼仪刑法**。礼分天事、地事、人事三礼，具体细分，有祭祀之礼、朝聘之礼，有吉、凶、军、宾、嘉“五礼”。尧舜时公侯伯子男的朝聘之礼是否完善，不能定论，但《舜典》中明确记述，“同律度量衡，修五礼、五玉、三帛、二生、一死、贽”。可见当时的礼数已具规模，诸侯朝觐、贡献之礼已有等差，而祭祀之礼则成为后来的准则，祭天、祭地、祭神、祭鬼甚至对山川江河也有祭祀活动，无怪乎先民有“国之大事，惟祀与戎”的观念。这是由中国古代祖先即神人、即皇天的思想而来的。祖灵合一，皇族一体。而祭祀的目的除了表示对神灵、祖先的崇敬之外，还希望被供奉的祖灵、神鬼能保佑活着的后人。由古礼引申出一整套的礼仪制度，到了西周，这些制度才趋于完善，《周礼》《仪礼》《礼记》对此有详细的记录。讲德育、礼制的同时也讲刑罚，从古文献中我们可以得知，那时已有象刑、典刑、鞭刑、扑刑、赎刑、流宥之刑等刑律，更有墨、劓、剕、宫、大辟“五刑”之说，郑玄认为五刑加上《舜典》中提到的流宥（流放）、鞭（鞭笞）、扑（打板子）、赎刑（用金钱财产赎罪）四种，合称“九刑”，随罪行轻重决定受何惩罚，并且强调用刑律的谨慎性，“钦哉，钦哉，惟刑之恤哉！”帝舜在处理四凶、惩罚四罪时就很有分寸。刑律处置得当，老百姓就会心悦诚服地弃恶向善，国家也就会安宁。

综上所述，三皇五帝开创了中华文化，架构起中国政治的原初形态。制定了礼仪制度、天文历法，划定了九州方圆，统一了度量衡，发明了文字、医学、医药，创设了舟车、宫室、衣冠、服饰，奠定了农耕、水利、交通、商贸的基础，确立了礼刑结合的法律框架，建立了军队和国家的职官系统，由此形成了一个古典文明。可以说，上古时代的文明形态就是由三皇五帝和我们的先人创造的。较之其他国家和地区，中华上古文明已经达到一个难以超越的水平。这种文明具有原创性和不可比拟性，特别是公天下的“禅让制”，更是人类最高权力交接的完美形式，至今让人赞叹不已，无怪乎夫子说，“尽美矣，又尽善也”。

三皇五帝贡献之大，难以尽述。用《孟子·尽心(下)》中“可欲之谓善，有诸己之谓信，充实之谓美，充实而有光辉之谓大，大而化之之谓圣，圣而不可知之之谓神”来作结，三皇五帝大概就是孟子所说的“善、信、美、大、圣、神”之人吧。

# 第三章　夏商时期政治文化

大道之隐，天下为家。夏朝是中国历史上第一个“家天下”的王朝。由大禹的儿子启建立，历经了四五百年，到夏桀时灭亡。继起的是契的后裔汤建立起来的商王朝，商朝在盘庚时将都城迁至殷，故又称殷商。又经过了五六百年，到商纣王时，已经极其腐败，被兴起的西周所灭亡。夏商王朝的时间跨度大约在公元前二十一世纪到公元前十一世纪。“五帝官天下，三王家天下。家以传子，官以传贤。”自启以后，中国历史进入了“世袭制”的“家天下”，“大人世及以为礼”，父传子，兄传弟的血亲继承制取代了尧舜时期的禅让制，由此中国历史发生了一大转折。

## 第一节　大禹时期

《山海经》最后一段说：“洪水滔天。鲧窃帝之息壤以湮洪水，不待帝命，帝命祝融杀鲧于羽郊。鲧复生禹。帝乃命禹卒布土以定九州。”《孟子·滕文公（上）》说：“当尧之时，天下犹未平，洪水横流，泛滥于天下，草木畅茂，禽兽繁殖，五谷不登，禽兽逼人，兽蹄鸟迹之道交于中国。尧独忧之，举舜而敷治焉。舜使益掌火，益烈山泽而焚之，禽兽逃匿。禹疏九河，瀹济、漯而注诸海，决汝、汉，排淮、泗而注之江，然后中国可得而食也。当是时也，禹八年于外，三过其门而不入。”《孟子·滕文公（下）》中说：“当尧之时，水逆行，泛滥于中国，蛇龙居之，民无所定；下者为巢，上者为营窟。《书》曰‘洚水警余’。洚水者，洪水也。使禹治之。禹掘地而注之海，驱蛇龙而放之菹，水由地中行，江、淮、河、汉是也。险阻既远，鸟兽之害人者消，然后人得平土而居之。”大禹的出场是跟洪水相关的。

## 一、大禹治水

大禹名文命，其父为崇伯鲧，禹系黄帝的玄孙，颛顼的孙子。帝尧曾用鲧治水，"九年而水不息，功用不成"，舜巡视，"行视鲧之治水无状，乃殛鲧于羽山以死"。(《史记·夏本纪》)舜又举鲧之子禹，继续治水。鲧之所以被杀，主要是因为不熟悉水性，用堵的方法来治水，结果越治越糟糕；还有一点就是上面提到的，鲧盗用上帝的息壤。总之，治水失败，故应负其责而难逃一死。而后来禹治水，吸取了前人的教训，了解了水之性，"以四海为壑"(《孟子·告子(下)》)，用疏导的方法治好了洪水。《尚书·洪范》中记载了箕子的一段话，可以作为说明："我闻在昔，鲧湮洪水，汩陈其五行，帝乃震怒，不畀洪范九畴，彝伦攸斁，鲧则殛死，禹乃嗣兴，天乃锡禹洪范九畴，彝伦攸叙。"可见，一个是倒行逆施，一个是顺其自然；一个是失道寡助，一个是得道多助，这其中包含着成败得失的道理。

大禹父子的人品本身也是判若云泥。鲧在就任之前就被帝尧认为"负命毁族，不可"。(《史记·夏本纪》)而"禹为人敏给克勤，其德不违，其仁可亲，其言可信；声为律，身为度，称以出；亹亹穆穆，为纲为纪"。(《史记·夏本纪》)接受了尧舜治水之命之后：

> 禹乃遂与益、后稷奉帝命，命诸侯百姓兴人徒以傅土，行山表木，定高山大川。禹伤先人父鲧功之不成受诛，乃劳身焦思，居外十三年，过家门不敢入。薄衣食，致孝于鬼神。卑宫室，致费于沟淢。陆行乘车，水行乘船，泥行乘橇，山行乘檋。左准绳，右规矩，载四时，以开九州，通九道，陂九泽，度九山。令益予众庶稻，可种卑湿。命后稷予众庶难得之食。食少，调有馀相给，以均诸侯。禹乃行相地宜所有以贡，及山川之便利。(《史记·夏本纪》)

于是，众民乃定，万国为治。《国语·周语》"太子晋谏周灵王壅谷水"篇中也说到"大禹治水"。

> 其在有虞，有崇伯鲧，播其淫心，称遂共工之过，尧用殛之于羽山。其后伯禹念前之非度，厘改制量，象物天地，比类百则，仪之于民，而度之以群生，共之从孙四岳佐之。高高下下，疏川导滞，钟水丰物，封崇九山，决汩九川，陂鄣九泽，丰殖九薮，汩越九原，宅居九隩，合通四海。故天无伏阴，地无散阳，水无沉气，火无灾燀，神无闲行，民无淫心，时无逆数，物无害生。帅象禹之功，度之于轨仪，莫非嘉绩，克厌帝心。皇天嘉之，祚以天下，赐姓曰“姒”，氏曰“有夏”，谓其能以嘉祉殷富生物也。

这段文字意思是说，到了有虞氏（即帝舜）时，有崇地的诸侯鲧（即鲧），放纵其肆意妄为之心，重蹈共工氏的覆辙，被尧诛杀于羽山。他的儿子伯禹意识到过去用堵塞法治水的错误，调整修改治水的法度，效法天地的形象，比照万物的性质，以民众利益为准则，而考虑到不损害天下万物的自然本性。共工的侄孙四岳帮助他，按照地势的高低，疏通河道，排除淤塞，蓄积流水滋养生物，治理增高了九州的山岳，疏浚开通了九州的河流，筑堤保护了九州的沼泽，养殖丰茂了九州的湖泊，扩展平整了九州的原野，建宅安居了九州的民众，沟通了全国范围内的联系和交往。因此天无反常的气候，地无失时的物产，水无伏积的秽气，火无焰起的天灾，神无奸厉的祸害，民无淫滥的思想，四季寒暑正常运行，万物没有病虫害。遵循大禹的功绩，应顺自然的法则行事，没有不获得好功绩的，也能符合上帝的心愿。上天嘉奖他，赐给他天下，并赐姓为“姒”，赐氏为“有夏”，以表彰他能使人民殷富、幸福，使万物生长、繁育。[①]

作为帝舜时期最有作为的大臣，大禹有自己的为政治国的理念。“德惟善政，政在养民。水、火、金、木、土、谷惟修，正德、利用、厚生惟和，九功惟叙，九叙惟歌。戒之用休，董之用威，劝之以九歌，俾勿坏。”（《尚书・大禹谟》）因为上述的“六府三事允治”，所以帝舜在即帝位三十年后提出让禹来做摄政，继而接替自己。而大禹则谦让于皋陶。“禹曰：‘朕德罔克，民不依。皋陶迈种德，德乃降，黎民怀之。帝念哉！念兹在兹，释兹在兹，名言兹在兹，允出兹在兹。惟帝念功！’”（《尚书・大禹

① 来可泓：《国语直解》，复旦大学出版社 2000 年版，第 141—142 页。

谟》)结果,帝舜命皋陶作主管刑狱的"士",仍然坚持由禹来接班。

> 帝曰:"来,禹!泽水儆予,成允成功,惟汝贤,克勤于邦,克俭于家,不自满假,惟汝贤。汝惟不矜,天下莫与汝争能。汝惟不伐,天下莫与汝争功。予懋乃德,嘉乃丕绩。天之历数在汝躬,汝终陟元后。人心惟危,道心惟微,惟精惟一,允执厥中。无稽之言勿听,弗询之谋勿庸。可爱非君,可畏非民,众非元后,何戴?后非众,罔与守邦?钦哉!慎乃有位,敬修其可愿。四海困穷,天禄永终。惟口出好兴戎,朕言不再。"(《尚书·大禹谟》)

帝舜说:"来,禹!洪水向我们警示,你能信守诺言,取得治水的成功,只有你贤能,能辛勤地为国操劳,能节俭于个人生活,不自满自大,只有你贤能。你虽不自我夸耀,但天下没有人与你争功。我褒扬你的美德,嘉许你的功绩。上天赐命的君主大位落在了你的身上,你终究要登上君主的位置。人心自私危险,道心幽昧微明,只有精诚专一,诚信地遵循中道。没有根据的话不要听信,没有咨询过大家意见的谋略不能采用。民众拥戴的不是君主吗,君主畏惧的不是民众吗,民众没有君主还拥戴谁呢?君主离开了民众,就没有人来为他戍守国家。恭敬啊!谨慎地对待你的君位,恭敬地施行民众所希望的善美之事。如果天下的民众困苦贫穷,上天赐予的福命就会永远终结。好坏的话我都说出来了,我不再重复。"①

大禹推让不过,于是在帝尧的祖庙承受帝舜的大命,像帝舜当初受命于帝尧时一样,率领百官行禅位大礼。作为大禹得力助手的伯益称赞道:"惟德动天,无远弗届。满招损,谦受益,时乃天道。"(《尚书·大禹谟》)而另一位大臣皋陶则向大禹阐述了"九德"之义:"宽而栗,柔而立,愿而恭,乱而敬,扰而毅,直而温,简而廉,刚而塞,强而义。"(《尚书·皋陶谟》)意思是说:既宽宏大量又坚栗威严;既性情温和又坚定不移;既小心谨慎又严肃庄重;既处事干练又严谨有序;既虚心纳谏又刚毅果断;既行为耿直又态度温和;既着眼大局又注重小节;既刚正不阿又充实全面;既勇

---

① 参见李民、王健:《尚书译注》,上海古籍出版社2000年版,第33—34页。

敢顽强又善良道义。[①] 皋陶又说："天叙有典，勅我五典五惇哉！天秩有礼，自我五礼有庸哉！同寅协恭和衷哉！天命有德，五服五章哉！天讨有罪，五刑五用哉！政事懋哉！懋哉！天聪明自我民聪明，天明畏自我民明威。达于上下，敬哉有土。"（《尚书·皋陶谟》）这就是古代君权神授的最好说明，又是民本思想的最初出处。只有一切顺从天道，下合民意，才能达到天人合一的境界。

《尚书·益稷》中记述大禹"娶于涂山，辛壬癸甲，启呱呱而泣，予弗子，惟荒度土功。弼成五服，至于五千，州十有二师，外薄四海，咸建五长"。大禹说他自己，辛壬日娶涂山氏的女儿为妻，过了癸甲日便离家治水去了。到儿子启生下来呱呱大哭时，都没有照顾抚爱过，只是全力投入治水工程。辅佐天子建立五等服役区域，一直达到五千里的范围。把全国划分为十二州（最初为九州，后帝舜分九州为十二州），置定州长，十二州以外，四海之内，每五个方国确定一个大方国诸侯为长，让他们领导各方建立功业。[②] 等到大禹治水成功，帝舜作歌曰："股肱喜哉，元首起哉，百工熙哉！"而大臣们在"箫韶九成，凤凰来仪，百兽率舞，百官信谐"的欢庆中也对歌曰："元首明哉，股肱良哉，庶事康哉！"于是天下皆宗禹为山川神主。"帝舜荐禹于天为嗣。十七年而帝舜崩。三年丧毕，禹辞辟舜之子商均于阳城。天下诸侯皆去商均而朝禹。禹于是遂即天子位，南面朝天下，国号曰夏后，姓姒姓。""太史公曰：禹为姒姓，其后分封，用国为姓，故有有夏氏、有扈氏、有男氏、斟寻氏、彤城氏、褒氏、费氏、杞氏、缯氏、辛氏、冥氏、斟戈氏。"（《史记·夏本纪》）

南怀瑾先生在《论语别裁》中指出，"在中国文化史中认真讲，文化开创的功劳，首推尧舜；至于国家建设的奠基，则大禹的功劳最大，自他以后，固然政治上变成家天下了，但他个人的功绩，真是千秋万载，由他建立了以农立国的基础。"[③]大禹治水、画野分州、任土作贡之功，在《尚书·禹贡》中有较为充分的说明。

## 二、《禹贡》分解

《禹贡》是我国最早的地理著作，是研究古代中国地理区域最重要的参考文献

① 参见李民、王健：《尚书译注》，上海古籍出版社 2000 年版，第 41 页。

② 参见李民、王健：《尚书译注》，上海古籍出版社 2000 年版，第 53 页。

③ 南怀瑾：《论语别裁》（下），复旦大学出版社 1996 年版，第 902 页。

之一。这篇地理经典中，详细记载了山川、河流的名称、方位与脉络，物产的分布及土壤的性质等等。要知道大禹治水的时候，既没有详细的山川地理、地质图，又没有大型的施工机械，更没有现代人所用的GPS等，大禹所面对的，是原始蛮荒的地理状况，很多地名、水名、山名、域名都是大禹给确定的，中国因此分为九州。《禹贡》九州，以当时政治文化中心区域冀州为出发点和归结点，依次为兖、青、徐、扬、荆、豫、梁、雍九州。东到大海，西至甘、陕，南达湘、鄂、两广，北及辽东、朝鲜。《禹贡》记述了大禹治水、画野分州的丰功伟业。现在让我们逐段分解这篇文章。《尚书·禹贡》：

禹敷土，随山刊木，奠高山大川。

**［译解］** 禹划分九州疆界，平治水土，顺着山势开辟道路，砍伐树木作为标记，将高山大河定作九州的分界。

冀州。既载壶口，治梁及岐。既修太原，至于岳阳。覃怀厎绩，至于衡漳。厥土惟白壤，厥赋惟上上，错，厥田惟中中。恒、卫既从，大陆既作。岛夷皮服，夹右碣石入于河。

**［译解］** （“禹行自冀州始”，冀州大致范围是今山西全省，河北的西、北部，河南的北部，辽宁的西部。传说中的唐尧、虞舜及夏的宅都之地，大禹的治水工程从此地开始。）冀州。壶口的治水工程结束后，便开始治理梁山和岐山。太原一带修治完成后，就轮到太岳山的南面。覃怀的水利工程取得成功后，就开始治理横流的漳河。该州的土质是柔软的白壤，这里的赋税是第一等，也夹杂着第二等赋税，这里的土质是第五等。恒水、卫水的河道已经疏通，大陆泽也已治理完工。东方沿海的夷人进贡皮服时，可以从碣石附近的沿海逆河来贡。

济、河惟兖州。九河既道，雷夏既泽，澭、沮会同。桑土既蚕，是降丘宅土。厥土黑坟，厥草惟繇，厥木惟条。厥田惟中下，厥赋贞，作十有三载乃同。厥贡漆丝，厥篚织文。浮于济、漯，达于河。

**［译解］**（兖州，地约当今山东省西部，河北省东南部，河南省东北隅，春秋时为卫地。九河，指当时黄河下游的九道河：徒骇、太史、马颊、覆鬴、胡苏、简、洁、钩盘、鬲津。）济水和黄河之间一带是兖州。黄河下游众多河道已经疏导畅通，雷夏湖泽已经形成，灉水、沮水在这里汇合。土地已经能够种植桑树，饲养家蚕，人们从小土山上搬到平地上居住。该州的土质是肥沃的黑土，这里青草茂盛，树木修长。这里的耕地应该是第六等，赋税是第九等，待耕作了十三年后才能和其他州的赋税相同。该州的贡物是漆和丝，装在圆竹筐里的是染成各种花纹的丝织品。进贡的物品从济水和漯水乘船通达黄河。

海、岱惟青州。嵎夷既略，潍、淄其道。厥土白坟，海滨广斥。厥田惟上下，厥赋中上。厥贡盐絺，海物惟错，岱畎丝、枲、铅、松、怪石。莱夷作牧。厥篚檿丝。浮于汶，达于济。

**［译解］**（青州，地居东方，临海；相当于今山东省中部和东部，东北达辽宁东部，朝鲜西部，南界至泰山与徐州分界。）渤海和泰山之间一带是青州。嵎夷地区治理好了以后，疏导潍水、淄水的河道。该州的土质呈灰白色，沿海广大地区是盐碱地。这里的耕地应该是第三等，赋税是第四等。该州的贡物是盐、细葛布和种类繁多的海产品。泰山山谷地区有丝、大麻、锡、松和奇特的石头。莱夷一带可以放牧。用竹筐装上柞蚕丝。进贡的船只从汶水直入济水。

海岱及淮惟徐州。淮、沂其乂，蒙、羽其艺，大野既猪，东原厎平。厥土赤埴坟，草木渐包。厥田惟上中，厥赋中中。厥贡惟土五色，羽畎夏翟，峄阳孤桐，泗滨浮磬，淮夷蠙珠暨鱼，厥篚玄纤、缟。浮于淮、泗，达于河。

**［译解］**（徐州，北以泰山为界与青州相邻，南至淮水与扬州为界，西北邻兖州，西接豫州，东到海，相当于今山东南部，江苏、安徽北部。）大海、泰山南及淮河一带是徐州。淮河、沂水治理好了，蒙山、羽山一带就可以耕种，大野泽汇聚四方流水，东平的水患解除。该州的土质是棕色的黏

土，草木逐渐生长茂盛。这里的耕地是第二等，赋税是第五等。该州的贡物有五色土，羽山山谷地区的长尾野鸡，峄山以南的特产桐木，泗水河畔的制磬石料，淮夷地区的蚌珠和鱼，还有用筐装着的黑色的细绸、白色绢。进贡的船只从淮水经泗水通达黄河。

淮海惟扬州。彭蠡既猪，阳鸟攸居。三江既入，震泽底定。筱、簜既敷，厥草惟夭，厥木惟乔。厥土惟涂泥，厥田惟下下，厥赋下上，上错。厥贡惟金三品。瑶、琨、筱、簜、齿、革、羽、毛、惟木，岛夷卉服。厥篚织贝，厥包橘柚，锡贡。沿于江、海，达于淮、泗。

［译解］（扬州，东南距海，西以汉水与荆分界，北距淮，与豫、徐分界。地域包括今浙江、江西、福建全境，及江苏、安徽、河南南部、湖北东部、广东北部。春秋时为吴、越、蓼、六、蔡、弦、黄、舒、宋、巢、舒庸、英、桐、钟离诸国之地。）淮河与江海一带是扬州。彭蠡泽已汇聚了许多条河水。冬季，北方的候鸟来此栖息。长江下游的河流流归大海，震泽的水利工程取得了成功。到处生长着大小竹子，这里的草木生长茂盛，树木长得十分高大。该州的土质属潮湿泥地，这里的耕地是第九等，赋税是第七等。该州的贡物有黄铜、青铜、红铜、美玉、美石、小竹、大竹、象牙、兽皮、鸟羽以及木材，沿海夷人穿草编织的衣帽鞋子。用筐装着锦丝织品，把橘子、柚子包装起来，待命而贡。进贡的船只从长江、黄海直达淮河、泗水。

荆及衡阳惟荆州。江、汉朝宗于海。九江孔殷，沱潜既道，云土梦作乂。厥土惟涂泥，厥田惟下中，厥赋上下。厥贡羽、毛、齿、革、惟金三品，杶、干、栝、柏，砺、砥、砮、丹，惟箘、簵、楛。三邦底贡厥名，包匭菁茅，厥篚玄纁玑组，九江纳赐大龟。浮于江、沱、潜、汉，逾于洛，至于南河。

［译解］（荆州，北界自湖北南漳向东，至安徽之淮河上游；东界扬州，自淮河上游穿过湖北省东部，沿湘、赣而南。西界梁州，从湖北西南越四川东南，至贵州东部。南界五岭。包括今湖北中南部、湖南中北部、四川和贵州一部分，春秋为楚地。）荆山到衡山南面一带是荆州。长江和汉

水像诸侯朝见天子一样合流奔向大海。众多的长江支流汇集在洞庭湖，水势盛大，长江的支流沱江、汉水的支流潜江都已经疏通河道，云梦泽水患解除，可以耕作了。该州的土质是潮湿的泥地，这里的耕地是第八等，赋税是第三等。该州的贡物有鸟羽、旄牛尾、象牙、犀牛皮以及金、银、铜，椿树、柘木、桧树、柏树，粗细磨石、制箭镞的砮石、朱砂，还有竹笋、美竹、楛树。州内方圆进贡自己的名产，用匣子包装好菁茅，用筐装上黑色、黄红色的丝绸带子和珍珠，九江一带还待命贡献祭神用的神龟。进贡的道路是先从长江支流沱江，到达汉水支流潜江，直到汉水，然后登岸由陆路到洛水，通达于黄河。

荆河惟豫州。伊、洛、瀍、涧既入于河，荥波既猪，导菏泽，被孟猪。厥土惟壤，下土坟垆。厥田惟中上，厥赋错上中。厥贡漆、枲、絺、纻，厥篚纤、纩，锡贡磬错。浮于洛，达于河。

［译解］（豫州，在九州中央，与七个州为邻，只有青州除外，故又称“中州”。豫州南界为荆山，北边滨河，相当于今河南省黄河以南，湖北北部，山东西南隅及安徽西北部。）荆山到黄河之间一带是豫州。伊水、洛水、瀍水、涧水疏通之后流向黄河，荥泽汇聚了河水，疏通了菏泽，水大时可以满溢进入孟猪泽。该州的土质是石灰性冲积黄土，土的下层是黑色硬土。这里的耕地是第四等，赋税是第二等，杂出第一等。该州的贡物有漆、大麻、细葛布、纻麻，用筐装着细绵，还有待命进贡的石磬和治玉石。贡道是从洛水通达黄河。

华阳、黑水惟梁州。岷、嶓既艺，沱、潜既道，蔡、蒙旅平，和夷厎绩。厥土青黎，厥田惟下上，厥赋下中三错。厥贡璆、铁、银、镂、砮、磬，熊、罴、狐、狸织皮。西倾因桓是来，浮于潜，逾于沔，入于渭，乱于河。

［译解］（梁州，春秋时为巴、庸、濮、麇、褒诸国之地，相当于今四川东部和陕西、甘肃南部。）华山南面与黑水之间一带是梁州。岷山、嶓冢山一带治理后已经能够种植庄稼，沱江、潜江河道已经疏通，蔡山、蒙山一带

的河道也已平治，和夷居住地区的工程也已取得成功。该州的土质是黑色的沃土，这里的耕地是第七等，赋税是第八等，还夹杂着第七等和第九等。该州的贡物有金、铁、银、钢铁、石箭镞、磬，以及熊、马熊、狐、狸四种兽皮。西倾山一带的贡物顺着桓水前来，贡道是经潜水进入沔水，然后舍舟登陆，自陆路转入渭水，横渡直达黄河。

黑水、西河惟雍州。弱水既西，泾属渭汭。漆、沮既从，沣水攸同。荆、岐既旅，终南、惇物，至于鸟鼠。原隰厎绩，至于猪野。三危既宅，三苗丕叙。厥土惟黄壤，厥田惟上上，厥赋中下。厥贡惟球、琳、琅、玕。浮于积石，至于龙门西河，会于渭汭。织皮昆仑、析支、渠搜，西戎即叙。

**［译解］**（雍州，东至西河与冀州为界，南以秦岭与梁州为界，西至黑水界西戎，北界不明，约当今陕西中部、北部和甘肃大部。）黑水到黄河西面之间一带是雍州。弱水疏通后，向西流去，泾水疏通后流进渭水。漆水、沮水疏通河道，汇合后流入渭水，沣水也北流进渭水。荆山、岐山一带治理完毕，终南山、惇物山一直到鸟鼠山都得到治理。高平原和隰低地的治理工程也取得了成功，一直到猪野泽都得到治理。三危山治理后可以居住了，三苗安定后非常顺从。该州的土质是黄壤，这里的耕地是第一等，赋税是第六等。该州的贡物有美玉、美石和珠宝。贡道是从积石山附近的黄河，到达龙门一带的黄河，与从渭水入河的船只相会。昆仑、析支、渠搜进贡兽毛织皮，西方的戎族都安定顺服了。

导岍及岐，至于荆山，逾于河。壶口、雷首，至于太岳。厎柱、析城，至于王屋。太行、恒山，至于碣石，入于海。西倾、朱圉、鸟鼠，至于太华。熊耳、外方、桐柏，至于陪尾。导嶓冢至于荆山，内方至于大别。岷山之阳，至于衡山，过九江，至于敷浅原。

**［译解］** 治理疏通了岍山和岐山的道路，到达荆山，越过黄河。又开通了壶口山至雷首山的道路，直达太岳山。从厎柱山、析城山一直通达王屋山。自太行山、恒山一直达到碣石山的道路都开通了，从这里可以进入

渤海。从西倾山、朱圉山、鸟鼠山一直通达华山。又从熊耳山、外方山、桐柏山一直达到陪尾山的道路都开通了。从嶓冢山开通道路到达荆山，又从内方山通达大别山。从岷山的南面，通达长江北岸的衡山，越过长江北岸的河流，到达长江北岸的敷浅原，这些道路都已开通。

导弱水，至于合黎，馀波入于流沙。导黑水，至于三危，入于南海。导河积石，至于龙门，南至于华阴，东至于厎柱，又东至于盟津，东过洛汭，至于大伾，北过降水，至于大陆，又北播为九河，同为逆河，入于海。嶓冢导漾，东流为汉，又东为沧浪之水，过三澨，至于大别，南入于江。东汇泽为彭蠡，东为北江，入于海。岷山导江，东别为沱，又东至于澧，过九江，至于东陵，东迤北会于汇，东为中江，入于海。导沇水，东流为济，入于河，溢为荥，东出于陶丘北，又东至于菏，又东北会于汶，又北东入于海。导淮自桐柏，东会于泗、沂，东入于海。导渭自鸟鼠同穴，东会于沣，又东会于泾，又东过漆、沮，入于河。导洛自熊耳，东北会于涧、瀍，又东会于伊，又东北入于河。

**［译解］**　疏导弱水，通达合黎山，下游流入沙漠之中。疏导黑水，通达三危山，流入南海。疏导黄河，从积石山开始，通达于龙门山，向南流至华山的北面，向东通达厎柱山，又向东通达孟津，向东经过洛水入河口，通达大伾山，向北越过漳河，直达大陆泽，又向北流分成众多支流，这些支流河道共同承受着河水，顺利进入渤海。疏导漾水，从嶓冢山开始，向东流成为汉水，又向东流称为沧浪之水，经过三澨水，通达大别山，向南流入长江。向东回流汇聚成为彭蠡泽，彭蠡泽以东的长江称为北江，一直流入东海。疏导长江从岷山开始，向东分出的支流统称为沱江，向东通达涢水的支流澧水，向东经过长江北岸的众多长江支流，到达东陵，再由东偏北斜行汇聚于长江北岸的彭蠡泽，再向东流长江称为中江，一直通达大海。疏导沇水，向东流成为济水，流入黄河，济水在黄河南岸满溢出来形成荥泽，向东流过陶丘的北面，又向东汇于菏泽，又向东北流与汶水会合，又向北流，然后折向东流通达大海。疏导淮河从桐柏开始，向东流与泗水、沂水

会合，向东流入海洋。疏导渭水从鸟鼠山开始，向东与沣水会合，又向东流与泾水会合，又向东流经过漆水、沮水，通达黄河。疏导洛水从熊耳山开始，向东北流与涧水、瀍水会合，又向东流与伊水会合，又向东北通达于黄河。

九州攸同，四隩既宅，九山刊旅，九川涤源，九泽既陂，四海会同。六府孔修，庶土交正，厎慎财赋，咸则三壤，成赋中邦。锡土姓，祗台德先，不距朕行。

［译解］ 九州的疏导山水工程已经结束，水患全部平治，四方都已经成为可以居住的地方，九州的大山道路已经开通，九州的大河都疏通了水源、河道，九州的湖泽都修筑了堤防，海内的交通贡道都畅通无阻。掌管税收的六府都运转得很好，九州的土地都勘定了质量等级，慎重地规定了财货贡赋的多少，九州之内的赋税都是根据土壤上中下三种标准确定的。然后分土赐姓，建立诸侯方国，诸侯们应当首先尊敬我倡导的德教，不要违背我倡导的德行。

五百里甸服。百里赋纳总，二百里纳铚，三百里纳秸服，四百里粟，五百里米。

五百里侯服。百里采，二百里男邦，三百里诸侯。

五百里绥服。三百里揆文教，二百里奋武卫。

五百里要服。三百里夷，二百里蔡。

五百里荒服。三百里蛮，二百里流。

东渐于海，西被于流沙，朔、南暨声教，讫于四海。禹赐玄圭，告厥成功。

［译解］ 天子都城以外五百里范围称作甸服。相聚都城一百里范围的，将庄稼割下完整地送来缴纳赋税，相距二百里范围的，缴纳穗头作为赋税，相距四百里范围内的，缴纳粗米作为赋税，相距五百里范围的，缴纳细米作为赋税。

甸服以外五百里范围称为侯服。距侯服百里范围内的大夫采邑，人民替天子服各种差役，距二百里范围的男邦小国人民，为天子负担一定差役，距三百里范围以外诸侯的人民，为天子警戒放哨。

侯服以外五百里称为绥服。距绥服三百里范围以内设立掌管文教的官员来推行文教，另外二百里范围内的人民要武装起来，保卫天子。

绥服以外五百里范围称要服。距要服三百里范围内的人民要逐步改变风俗，另外二百里范围内的人民可以减免赋税。

要服以外五百里范围称荒服。距荒服三百里范围内的人民因俗而治，简化礼节，另外二百里范围内的人民任其自由迁徙，不管他们是否贡赋。

东面到大海，西边到沙漠，从北到南四海之内都播及了天子的德教。于是帝赐给禹玄色的祥瑞美玉，宣告治水成功，天下安宁。①

## 第二节　夏王朝

### 一、公天下与家天下

登帝位十年，“帝禹东巡守，至于会稽而崩”，当时帝禹巡守到江南，大会诸侯，防风氏后至，为禹诛杀。禹计诸侯之功，故命该地为会稽，“会稽者，会计也”（《史记·夏本纪》）。帝禹因此葬在会稽。帝禹本想禅位于伯益，“以天下授益”。

三年之丧之后，伯益让位于帝禹之子启，而避居箕山之阳。帝禹之子启贤德，受到众人的拥戴，“及禹崩，虽授益，益之佐禹日浅，天下未洽。故诸侯皆去益而朝启，曰：‘吾君帝禹之子也。’于是启遂即天子之位，是为夏后帝启”（《史记·夏本纪》）。启继位后就杀了伯益。孟子对于尧舜时代的“公天下”转入禹启时代的“家天下”有一个说明。《孟子·万章（上）》中说：

---

① 译解参照了李民、王健：《尚书译注》，上海古籍出版社2000年版。

万章曰:“尧以天下与舜,有诸?”

孟子曰:“否。天子不能以天下与人。”

“然则舜有天下也,孰与之?”

曰:“天与之。”

“天与之者,谆谆然命之乎?”

曰:“否。天不言,以行与事示之而已矣。”

曰:“以行与事示之者,如之何?”

曰:“天子能荐人于天,不能使天与之天下;诸侯能荐人于天子,不能使天子与之诸侯;大夫能荐人于诸侯,不能使诸侯与之大夫。昔者,尧荐舜于天,而天受之;暴之于民,而民受之;故曰,天不言,以行与事示之而已矣。”

曰:“敢问荐之于天,而天受之;暴之于民,而民受之,如何?”

曰:“使之主祭,而百神享之,是天受之;使之主事,而事治,百姓安之,是民受之也。天与之,人与之,故曰,天子不能以天下与人。……《太誓》曰,‘天视自我民视,天听自我民听’,此之谓也。”

万章问曰:“人有言:‘至于禹而德衰,不传于贤,而传于子。’有诸?”

孟子曰:“否,不然也;天与贤,则与贤;天与子,则与子。昔者,舜荐禹于天,十有七年,舜崩,三年之丧毕,禹避舜之子于阳城,天下之民从之,若尧崩之后不从尧之子而从舜也。禹荐益于天,七年,禹崩,三年之丧毕,益避禹之子于箕山之阴。朝觐讼狱者不之益而之启,曰:‘吾君之子也。’讴歌者不讴歌益而讴歌启,曰:‘吾君之子也。’丹朱之不肖,舜之子亦不肖。舜之相尧、禹之相舜也,历年多,施泽于民久。启贤,能敬承继禹之道。益之相禹也,历年少,施泽于民未久。舜、禹、益相去久远,其子之贤不肖,皆天也,非人之所能为也。莫之为而为者,天也;莫之致而至者,命也。匹夫而有天下者,德必若舜、禹,而又有天子荐之者,故仲尼不有天下。继世以有天下,天之所废,必若桀、纣者也,故益、伊尹、周公不有天下。……孔子曰:‘唐虞禅,夏后、殷、周继,其义一也。’”

孟子在这里告诉我们一个既简单又深奥的道理，第一，天下是天下人的天下，而不是某个人的天下，即使是天子，如尧、舜、禹，也不能把天下作为一个私人礼物一样送给某人，由他来君临天下。第二，某人为君、为天子那是上天赐予的，即“天与之”，但天又不言，如何来确定所推荐之人符合天意呢？那就要用被推荐者的行为和工作来证明，这一证明又有两方面的条件，一是“天受之”，二是“民受之”，如果天接受了，“使之主祭，而百神享之，是天受之”，百姓也接受了，“使之主事而事治，百姓安之，是民受之”，满足了这两个条件，天与之，人与之，可以说是个合格的接班人。第三，这样一个接班人，需有人推荐，最有力的推荐人莫过于原来在位的君主，若没有“天子荐之”，那就是像孔子、伊尹、周公这样的圣人也不能君临天下。第四，若是一个普通百姓想登临君位，那他“德必若舜、禹”，因为天子是天下所有人的君主，他的德行若有亏，则不能为万民的楷模，当然，这是“公天下”时代的道德要求，或者说理想政治的个人品德要求。

孟子在这里用一句“天与贤则与贤，天与子则与子”就想把“公天下”与“家天下”混为一谈了，并且还拉出其祖师爷孔子来帮腔：“唐虞禅，夏后、殷、周继，其义一也。”（《孟子·万章（上）》）其实孔子对这两种政体或者说两种最高权力的传承制度早就有明确的界定，那就是“公天下”是“大道之行”的“大同社会”，而“家天下”最多不过是“大道之隐”的“小康社会”（《礼记·礼运》），其义不一也。即使用孟子自己提出的“君天下”的上述四条，传子不传贤的世袭制最多也只能满足其三条，而更糟糕的时候连一条也满足不了，像夏桀、商纣、幽厉时代就是如此。既不是“天与”，也不是“民受”，更没有尧舜的德行，甚至连原来君主的“推荐”也值得怀疑。那么，孟子正好用他的理论做出解释，“继世以有天下，天之所废，必若桀、纣者也”。

其实，按照孟子的“天与贤则与贤，天与子则与子”的原则，在权力交接的问题上是不应该发生“革命”的。因为孟子这里说的“天”除了有神秘的、主宰的、命定的含义外，主要还是把“天”落实于“民”身上，“天视自我民视，天听自我民听”（《尚书·泰誓》），这就是古代的民本或者说民主思想，天的旨意是由民的心意、好恶、取舍来体现的。因此，作为君临天下的“天子”一定是符合民心、民意的。这也就是孟子“天与之”思想的较为实际的解释。那么，面对启以儿子的身份继承君位，孟子的

“天与贤则与贤，天与子则与子”的话可以理解为“势所必然”，乃至于后世的暴君出现，弑君僭主、寡头政治的泛滥，也都可用一句“势所必然”来解释了。但是，必须指出的是，后来中国历史上发生的“革命”，大多与“传子不传贤”的世袭制相关，而且最糟糕时代的权力传承，往往把孟子所阐述的几大原则彻底打破，这不能不说是“家天下”“世袭制”所导致的。所以，孟子在解释“汤武革命”的时候，首先把桀纣这样的暴君拉下君位，认为他们是“独夫民贼”，而不是什么“人君”，因此，代表正义、进步的势力就可以名正言顺地对其加以“革命”，以体现天意和民心，这也是“势所必然”。

## 二、夏朝早期的文化建设

“夏后帝启，禹之子，其母涂山氏之女也。”(《史记·夏本纪》)启继位不久，就遇到同姓有扈氏的挑战。“有扈氏不服，启伐之，大战于甘。将战，作《甘誓》。”(《史记·夏本纪》)

> 大战于甘，乃召六卿。王曰：“嗟！六事之人，予誓告汝：有扈氏威侮五行，怠弃三正，天用剿绝其命，今予惟恭行天之罚。左不攻于左，汝不恭命；右不攻于右，汝不恭命；御非其马之正，汝不恭命。用命，赏于祖，弗用命，戮于社，予则孥戮汝。”(《书经·甘誓》)

在夏后启拼死督战下，自然是大获全胜，“遂灭有扈氏，天下咸朝”(《史记·夏本纪》)。启崩，子太康立。由此，夏后启在其父的基础上，完成了以姒姓家族为中心的夏王朝的建立和第一次“传子不传贤”的权力交接。若把大禹也算在里头，夏王朝共经历了17王432年。[①]

① 《汉书·律历志(下)》。另有471年，483年诸说。

**夏王朝世系表**[1]

1. 禹→2. 启→3. 太康→4. 中康(太康弟)→5. 相→6. 少康→7. 予→8. 槐→9. 芒→10. 泄→11. 不降→12. 扃(不降弟)→13. 廑→14. 孔甲(不降子)→15. 皋→16. 发→17. 履癸(夏桀)

"帝太康失国,昆弟五人,须于洛汭,作《五子之歌》。"《尚书·五子之歌》这样记载:

> 太康尸位,以逸豫灭厥德,黎民咸贰。乃盘游无度,畋于有洛之表,十旬弗反。有穷后羿因民弗忍,距于河。厥弟五人御其母以从,徯于洛之汭。五子咸怨,述大禹之戒以作歌。
>
> 其一曰:皇祖有训,民可近,不可下。民惟邦本,本固邦宁。予视天下,愚夫愚妇一能胜予。一人三失,怨岂在明?不见是图。予临兆民,懔乎若朽索之驭六马。为人上者,奈何不敬?
>
> 其二曰:训有之,内作色荒,外作禽荒。甘酒嗜音,峻宇雕墙。有一于此,未或不亡。
>
> 其三曰:惟彼陶唐,有此冀方。今失厥道,乱其纪纲。乃底灭亡。
>
> 其四曰:明明我祖,万邦之君。有典有则,贻厥子孙。关石和钧,王府则有。荒坠厥绪,覆宗绝祀。
>
> 其五曰:呜呼曷归,予怀之悲。万姓仇予,予将畴依?郁陶乎予心,颜厚有忸怩。弗慎厥德,虽悔可追。

夏王太康虽身居高位却不理政事,放纵享乐而丧失德行,民众都怀有二心。太康游玩寻乐没有节制。到洛水南岸去田猎,一百天了都不返回。这时有穷国的君主后羿,就是那个射下九个太阳的神射手,乘机据守黄河岸边,阻止太康返回;并且"因夏民以代夏政",成了夏朝的实际统治者。"禹孙太康,淫放失国。夏人立其弟

[1] 据《史记·夏本纪》。

仲康,仲康亦微弱。仲康卒,子相立,羿遂代相,号曰有穷。”同时,羿又霸占了当时的国都斟鄩。

然而,后羿也很快衰败,被他的谗臣寒浞杀害。寒浞还霸占了后羿的妻室,生了二子,一个叫奡(《左传》中为浇),一个叫豷,封奡于过,封豷于戈,后被相的遗腹子少康所灭,少康由此复辟,中兴夏朝。关于“太康失国”“有穷后羿”“少康复国”,《左传》是这样记载的:

昔有夏之方衰也,后羿自鉏迁于穷石,因夏民以代夏政。恃其射也,不修民事而淫于原兽。弃武罗、伯因、熊髡、龙圉而用寒浞。寒浞,伯明氏之谗子弟也。伯明后寒弃之,夷羿收之,信而使之,以为己相。

浞行媚于内,而施赂于外,愚弄其民,而虞羿于田。树之诈慝以取其国家,外内咸服。羿犹不悛,将归自田,家众杀而亨之,以食其子,其子不忍食诸,死于穷门。靡奔有鬲氏。浞因羿室,生浇及豷,恃其谗慝诈伪而不德于民,使浇用师,灭斟灌及斟寻氏。处浇于过,处豷于戈。靡自有鬲氏,收二国之烬,以灭浞而立少康。少康灭浇于过,后杼灭豷于戈,有穷由是遂亡,失人故也。(《左传·襄公四年》)

《左传·哀公元年》中记述了“少康复国”之事:

昔有过浇杀斟灌以伐斟鄩,灭夏后相。后缗方娠,逃出自窦,归于有仍,生少康焉。为仍牧正,惎浇能戒之。浇使椒求之,逃奔有虞,为之庖正,以除其害。虞思于是妻之以二姚,而邑诸纶,有田一成,有众一旅。能布其德,而兆其谋,以收夏众,抚其官职。使女艾谍浇,使季杼诱豷。遂灭过、戈,复禹之绩,祀夏配天,不失旧物。

夏王朝自启开创的王位“传子制”,历太康失国到少康中兴,其间经过了四代人、一百多年的尖锐斗争后才得以确立。

夏朝留下来的文献不多,除了《尚书》中的《禹贡》《甘誓》《五子之歌》《胤征》几篇外[①]，还有《夏训》(《春秋左传》中提到)、《连山》(相传为夏代《易经》，起于艮卦，今失传)、《夏小正》"孔子正夏时，学者多传《夏小正》云"(《史记·夏本纪》))等等。难怪孔子说"夏礼吾能言之，杞不足征也；殷礼吾能言之，宋不足征也。文献不足故也。足，则吾能征之矣"(《论语·八佾》)。

夏朝的政治文化建设也是可观的。最值得一提的是夏朝在天文、历法方面的成就，即后世人熟知的"夏历"(农历、阴历)。夏代根据月亮盈亏的变化规律，确定了"阴历"。即把月亮连续两次呈现相同的月相所经历的时间称为朔望月，一个朔望月为 29 天或 30 天。朔日为每月的第一天，即农历每月初一，地球上看不到月亮；望日为每月的第十五天，即农历的每月十五，月相是满月。朔望日和朔望月确立后，一年的天数也就确定了。那么到底什么是"朔"、什么是"望"呢？古人经过长期的天文观测确定了朔望。朔，是指月球运行到太阳和地球之间，跟太阳同时出没，地球上看不到月光，这种月相即朔月，也叫新月，朔月出现的这一天定为朔日；望，是指地球运行到月亮和太阳之间，这天太阳从西方落下去的时候，月亮正好从东方升上来，这时在地球上看到的月亮是最圆的，这种月相叫望，这时的月亮叫望月，又叫满月，人们把出现这种月相的日子定为望日。朔望之间刚好是十五天(十五次太阳升降，每次太阳升降为一天)，所以定朔日为初一，望日为十五(有时满月实为十六或十七)。一年分为四季，即春、夏、秋、冬。其中把离太阳最近的那一天，即近地点，定为夏至(阳历的 6 月 21 或 22 日)；把太阳离地球最远的那一天，即远地点，定为冬至(阳历的 12 月 21 或 22 日)。再根据地球上一年四季不同的气象与物候，确定"二十四节气"。即立春、雨水、惊蛰、春分、清明、谷雨，为春季；立夏、小满、芒种、夏至、小暑、大暑，为夏季；立秋、处暑、白露、秋分、寒露、霜降，为秋季；立冬、小雪、大雪、冬至、小寒、大寒，为冬季。二十四节气对于农事生产有着重要的指导意义，特别是像夏朝这样的农业社会，少不了对于气象物候的时间把握，故孔子说"用夏之时"。夏历把每年的寅月定为正月，寅月的第一天为正月初一，就是我们中国人每年最隆重的节日"春节"。正月、二月、三月为春季，四月、五月、六月为夏季，七月、八月、九月为秋季，十、十一、十二月为冬季。由于十二个朔望月加起来的

---

① 也有人认为这些篇章是后世人所作。——作者注

天数(354或355)比太阳年约差十一天,所以在十九年里设置七个闰月,以协调朔望月与太阳年之间的天数。到了商朝改正朔,“以季冬为正”,即以丑月为正月,周朝又改,“以仲冬为正”,即以子月为正月,以冬至所在之月为岁首。故夏历、殷历、周历因正月的月建不同,被称为“三正”。[①]

《尚书大传》卷三载:

> 夏以孟春为正,殷以季冬为正,周以仲冬为正。夏以十三月(寅月)为正,色尚黑,以平旦为朔。殷以十二月(丑月)为正,色尚白,以鸡鸣为朔。周以十一月(子月)为正,色尚赤,以夜半为朔。

夏之时用干支法纪日、纪月、纪年,六十一轮,循环往复。这一计时法到现在人们也在使用,其中“六十甲子”的搭配又与阴阳五行的学说相结合,运用于天文、地理、医学、历法乃至政治各方面。五行是指木、火、土、金、水;木生火、火生土、土生金、金生水、水生木,是为相生;木克土、土克水、水克火、火克金、金克木,是为相克。五行在天文中体现为五星,即木星、火星、土星、金星、水星,加上日(太阳)、月(太阴)合为“七政”。“璇玑玉衡,以齐七政。”天上五星和日月的交变,直接影响到地上的人事与政治,这在司马迁《史记·天官书》中有较好的说明。

《尚书·甘誓》中说“有扈氏威侮五行,怠弃三正”,可见当时“五行”与天事、地事、人事“三正”是如此受到重视,不重视它,就被看作是一条罪状。夏朝对“天时”的重视,不亚于对“地利”的重视。“帝中康时,羲、和湎淫,废时乱日。胤往征之,作《胤征》。”(《史记·夏本纪》)羲、和前面已说到,为帝尧时掌天地四时之官,到了帝中康时,他们沉湎于酒,扰乱天时历法。说到酒,还有一个故事,当初,蛮夷部落向帝禹进贡旨酒,大禹尝了一口后,说:“嗯,好东西,甘醇可口;不过,后世一定会因喝酒而误事丧国的。”大禹的话不幸言中,羲、和“酒荒于厥邑”,酗酒失职,后来的夏桀、商纣更是“肉林酒池”,因此亡国丧身。《尚书·胤征》曰:“惟时羲、和颠覆厥德,沉乱于酒,畔官离次,俶扰天纪,遐弃厥司。乃季秋月朔,辰弗集于房。瞽奏鼓,啬

① 参考许结:《中国文化史论纲》,广西师范大学出版社2002年版,第150—151页。

夫驰，庶人走。羲、和尸厥官，罔闻知，昏迷于天象，以干先王之诛。《政典》曰：'先时者杀无赦，不及时者杀无赦。'"羲氏、和氏沉迷于酒，扰乱了天时历法，于是九月初一这一天，太阳和月亮不是相会于房宿，太阳被掩蚀，发生了日食。羲氏、和氏对此竟一无所知，使天象混乱迷惑，触犯了先王制定的诛杀刑律。其中"辰弗集于房"所记录的夏代中康年间发生的日食，是世界上最早观察日食的记录。[①]

夏朝对地利的重视前面已经述及，画野分州，任土作贡，制定了贡赋制度，以完善封贡体系；确定了五服制度，以建立中央和地方的政治、经济、军事联系。夏朝已有较完整的官职设置，《礼记・明堂位》记载："有虞氏官五十，夏后氏官百，殷二百，周三百。"君王称"后""帝"；下属有"六卿""稷"（农官）、"水官"（司空、司工）、"牧正"（管畜牧业）、"六事"（统兵武官）、"御"（驾车军官）、"大理"（治狱官）、"啬夫"（监察官）、"遒人"（宣令官）、"官占"（卜筮之官）、"太史令"（史官）、"天地之官"（掌天文、历法）、"瞽"（乐官）、"庖正"（饮食之官）、"车正"（车服大夫之长）、"御龙氏"（夏帝孔甲赐予养龙者刘累的封号，相传为汉高祖刘邦的祖先）等。

夏朝设有祖庙与社坛，"用命赏于祖，弗用命戮于社"；还设有专门教育子弟的地方"校"，"设为庠序学校以教之"，"夏曰校、殷曰序、周曰庠。学则三代共之，皆所以明人伦也"（《孟子・滕文公（上）》）。校，就是我们现在学校的最早张本。

## 三、夏朝晚期的政治解构

"夏后氏禘黄帝而祖颛顼，郊鲧而宗禹"（《国语・鲁语》），实行的是"大人世及以为礼"的世袭制。大禹"合诸侯于涂山，执玉帛者万国"（《左传・哀公七年》），这"万国"就是当时生活在华夏大地、九州四海的众多地方政治单位，也就是最初的诸侯方国。所以，夏王朝实际上是凌驾于这些地方诸侯之上的一个政治实体，不同于后世人理解的普通国家，甚至不是一个国家联盟，严格来说也不是现代人所说的邦联，她是一个范围和影响力远远大于上述政治实体，甚至大于"帝国"的"王朝"。君主帝禹、帝启乃至于帝履癸，是被称作"天子"的天下共主。他的权力到底有多大，生杀予夺吗？封王建侯吗？画野分州吗？我们不得而知。但有一点是可以肯定

---

① 王宇信、杨升南：《中国政治制度通史》第二卷，人民出版社 1996 年版，第 162 页。

的，那就是“普天之下，莫非王土；率土之滨，莫非王臣”（《诗经·小雅·北山》），他是最高权力的象征，接受所有诸侯的朝觐和人民的贡献，他是天神、地祇、皇祖、宗嗣的象征，是唯一的立法者，最高的执政者，道德的楷模和伟大的教育家。他是公道、正义、仁慈、博爱的施行者，他是贫穷、困苦、孤寡、废疾的依赖者，一句话，他是天下人的“父母”。

说到这，我们立即会想到一句现代政治学名言：权力滋生腐败，绝对权力滋生绝对腐败。就三皇五帝而言，他们的确是道德至上之人，甚至可以说是无所不能的“神人”，一切赞美与歌颂加在他们身上都不为过，因为他们本身就是人类文明的创造者，文化的缔造者，制度的制定者，他们是为后人所称道的“大人”“君子”，“与天地合其德，与日月合其明，与四季合其序，与鬼神合其凶，先天而天弗违，后天而奉天时，天且弗违，而况于人乎，况于鬼神乎？”所有的人类乃至其他生命，都生活在他们的怀抱之中，都享受着他们带来的文明成果，都照着他们的规范行动，跟着他们的脚步前进，说着他们所说的话，穿着他们所穿的衣，坐着他们所坐的车，走着他们所走的道，遵循他们颁定的律法，颂扬他们奉行的道德，总而言之，所有的人都想成为他们那样的人。所以，夫子才把这些圣人所开创的时代称作“大同时代”。

然而，中国历史进入夏王朝之后，发生了革命性的转折，上述大同气象渐渐消去，继之而来的是“谋用是作，兵由此起”的小康之景；再往后，这种“各亲其亲，各子其子”，“大人世及以为礼，城郭沟池以为固”的小康时代也式微了，出现了战争连年、灾荒不断、君主淫乱、生民涂炭等令人心寒的景象，这就是三代以降的战国时代。这是后话，暂且打住，先来看夏王朝的衰败和灭亡。

夏朝到了帝孔甲时代开始走下坡路。“帝孔甲立，好方鬼神，事淫乱。夏后氏德衰，诸侯畔之。”（《史记·夏本纪》）到帝桀之时，“桀不务德而武伤百姓，百姓弗堪。乃召汤而囚之夏台，已而释之。汤修德，诸侯皆归汤，汤遂率兵以伐夏桀。桀走鸣条，遂放而死。桀谓人曰：‘吾悔不遂杀汤于夏台，使至此。’汤乃践天子位，代夏朝天下”（《史记·夏本纪》）。

自启开始，夏王朝不断与方国部落发生战争，这是夏亡的主因之一。夏王朝先后与益、有扈氏、有穷氏（后羿、寒浞、奡、豷等）、畎夷、淮夷、风夷、黄夷、东海，以及祝融八姓之后的畷夷、豢龙、有施氏等方国部落发生战争[①]，最后一战是夏桀与商汤之战，结果桀败夏亡。

夏朝末年，自然灾害不断发生。这是夏亡的第二个原因。“伊洛竭而夏亡，河竭而商亡”(《国语·周语》)，当时发生的大旱对农业社会的夏朝而言是致命的。“至乎夏王桀，天有牿命，日月不时，寒暑杂至，五谷焦死”[②]，灾异并见，引起民众的惶恐。诸如“两日斗射，摄提移处，五星错行。伊洛竭，彗星出，鬼哭于国”，“雀山之地，一夕为大泽而深九尺”，“夏桀末年，社坼裂”。[③] 凡此种种，对于敬鬼尚忠、以农业为主的夏人来说，无疑是沉重的打击。

夏代最后一位君主桀自身的暴虐和淫乱是夏朝灭亡的第三个原因。夏桀穷奢极欲，倒行逆施。“作倾宫、瑶台，殚百姓之财”，并“多求美女，以充后宫。为琼室瑶台，金柱三千。始以为瓦屋，以望云雨。大进侏儒倡优，为烂漫之乐，设奇伟之戏，纵靡靡之声，日夜与妺喜及宫女饮酒，常置妺喜于膝上。妺喜好闻裂缯之声，桀为裂缯，顺适其义。以人驾车，肉山脯林。以酒为池，一鼓而牛饮者三千，醉而溺水。以虎入市，而观其惊”。而夏桀一方面重用坏人，一方面又迫害良臣。“桀有谀臣，名曰赵梁，教为无道，劝以贪狼。”“夏王桀贵为天子，富有天下，有勇力之推哆大戏，生裂兕虎，指画杀人。”而“左师曹触龙，谄谀不正，贤良郁怨”。而忠直之臣“关龙逄引皇图而谏，桀杀之”。太史令终古“出其图法，执而泣之。夏桀迷惑，暴乱愈甚。太史令终古乃出奔如商”。夏桀涂炭国人，民众发出“时日曷丧，予及汝皆亡”的哀号。[④]

与此同时，东方商汤兴起，这是夏亡的第四个原因。“汤修德，诸侯咸归汤，汤遂率兵以伐夏桀。”《孟子·滕文公(下)》记载：“汤始征，自葛载，十一征而无敌于天下。东面而征，西夷怨；南面而征，北狄怨，曰：‘奚为后我?’民之望之，若大旱之望雨也。归市者弗止，芸者不变。诛其君，吊其民，如时雨降，民大悦。”夏桀尽管当时还有葛、韦、顾、昆吾等国的支持，又“兴九夷之师”与汤抗衡，结果还是“败迹鸣条，奔死南巢”。夏王朝因此而土崩瓦解。

---

① 参考《中国政治制度通史》第二卷，人民出版社 1996 年版，第 114 页。

② 转引自《中国政治制度通史》第二卷，人民出版社 1996 年版，第 117—118 页。

③ 同上。

④ 此段文多引自《中国政治制度通史》第二卷，人民出版社 1996 年版，第 116—117 页。

# 第三节　商王朝

## 一、商朝兴亡

商朝的始祖是契，契母简狄，有娀氏之女，为帝喾次妃。三人行浴，见玄鸟堕其卵，简狄取而吞之，因孕生契。契长而佐禹治水有功。帝舜乃命契曰："百姓不亲，五品不训，汝为司徒而敬敷五教，五教在宽。"封于商，赐姓子姓。代代相传，到天乙即成汤已十四代。自契至汤凡八迁，汤始居亳。成汤建商朝灭夏桀，至商纣王灭亡，经十七代三十一王，历时五百多年。这五百多年又可分为前期、中期和晚期。

商朝前期为成汤率军队经过多年战争而建立继夏朝之后的第二个世袭王朝这一时间段。汤"十一征而无敌于天下"，将夏朝最后一位君王桀放逐到南巢而灭夏。跟随汤伐桀的诸侯有"三千"之多，都集聚于亳，拥戴汤为"天子"。其中伊尹最为著名，成为汤的相，佐汤成就王业，是商朝的五朝元老。汤"即位十七年践天子位，为天子十三年，年百岁而崩"，汤的长子太丁先汤死去，故伊尹立汤的长孙、太丁的长子太甲为国君。太甲上台后行为不正，不遵汤法，被伊尹囚禁于桐宫，三年，悔过自责返善，伊尹又将他迎回作国君。太甲死后被尊为"太宗"。太甲之子沃丁即位时，老臣伊尹死去，国力一度中衰。汤的第四世孙太戊即位，任用伊尹后人伊陟为相，臣扈为辅佐，巫咸管理内务，商朝又复兴起来。太戊执政 75 年，政绩卓著，死后被尊为"中宗"。[①] 商朝中期，第十一位国王仲丁以后，到第十九位国王阳甲之间，发生了内部争夺王位的斗争，史称"九世之乱"。

从盘庚到商纣王为商朝晚期。盘庚是阳甲的弟弟，是一位有远见、有作为的人。他把商都迁到殷这个地方，史称"盘庚迁殷"，自汤至盘庚凡五迁，这之后二百七十三年更不徙都，故这时候的商朝又被称为"殷商"。甲骨文的发现，使商朝成为我国最早的有文字可考的信史朝代。[②] 商代的甲骨至今已发掘十多万片，发现单

---

① 参见《中国政治制度通史》第二卷，第 170—171 页。

② 《中国政治制度通史》第二卷，第 171—173 页。

字近5 000个。商朝的青铜器也举世闻名，其中安阳殷墟出土的“司母戊”大铜鼎，重达875公斤，为世界之最。武丁朝时，因得傅说而殷国大治，“武丁修政行德，天下咸欢，殷道复兴”(《史记·殷本纪》)，故武丁被谥为“高宗”。然帝武乙无道，为雷震死，殷复衰。到帝乙、帝辛时，殷商进入末期。“帝乙长子曰微子启，启母贱，不得嗣。少子辛，辛母正后，辛为嗣。帝乙崩，子辛立，是为帝辛，天下谓之纣。”(《史记·殷本纪》)

> 帝纣资辨捷疾，闻见甚敏；材力过人，手格猛兽；知足以距谏，言足以饰非；矜人臣以能，高天下以声，以为皆出己之下。好酒淫乐，嬖于妇人。爱妲己，妲己之言是从。于是使师涓作新淫声，北里之舞，靡靡之乐。厚税赋以实鹿台之钱，而盈钜桥之粟。益收狗马奇物，充仞宫室。益广沙丘苑台，多取野兽蜚鸟置其中。慢于鬼神。大冣乐戏于沙丘，以酒为池，悬肉为林，使男女裸相逐其间，为长夜之饮。

当时百姓怨声载道，诸侯多叛殷。于是商纣乃重刑辟，设炮烙之法。西伯昌、九侯、鄂侯为三公，分别被囚、被醢、被脯。“纣囚西伯羑里，西伯之臣闳夭之徒，求美女奇物善马以献纣，纣乃赦西伯。”“西伯归，乃阴修德行善，诸侯多叛纣而往归西伯。”西伯征伐黎国，祖伊恐，奔告于纣，作《西伯戡黎》：

> 西伯既戡黎，祖伊恐，奔告于王。曰：“天子，天既讫我殷命。格人元龟，罔敢知吉。非先王不相我后人，惟王淫戏用自绝，故天弃我，不有康食。不虞天性，不迪率典。今我民罔弗欲丧，曰：‘天曷不降威！’大命不挚，今王其如台？”
>
> 王曰：“呜呼！我生不有命在天！”
>
> 祖伊反，曰：“呜呼！乃罪多，参在上，乃能责命于天。殷之即丧，指乃功，不无戮于尔邦。”

西伯既卒，武王东伐，与八百诸侯会于盟津。第二年，“纣愈淫乱不止。微子数谏不听，乃与大师、少师谋，遂去。比干曰：'为人臣者，不得不以死争。'乃强谏纣。纣怒曰：'吾闻圣人心有七窍。'剖比干，观其心。箕子惧，乃佯狂为奴，纣又囚之。殷之大师、少师乃持其祭乐器奔周。周武王于是遂率诸侯伐纣。纣亦发兵距之牧野。甲子日，纣兵败。纣走，入登鹿台，衣其宝玉衣，赴火而死。周武王遂斩纣头，悬之白旗。杀妲己。释箕子之囚，封比干之墓，表商容之闾。封纣子武庚禄父，以续殷祀，令修行盘庚之政。殷民大说。于是周武王为天子。其后世贬帝号，号为王。而封殷后为诸侯，属周。周武王崩，武庚与管叔、蔡叔作乱，成王命周公诛之，而立微子于宋，以续殷后焉。""契为子姓，其后分封，以国为姓，有殷氏、来氏、宋氏、空桐氏、稚氏、北殷氏、目夷氏。"(《史记·殷本纪》)

《诗经》中收录五篇《商颂》，即《那》《烈祖》《长发》《玄鸟》《殷武》。现录《玄鸟》一篇，以观商德：

天命玄鸟，降而生商。
宅殷土芒芒。
古帝命武汤，正域彼四方。
方命厥后，奄有九有。
商之先后，受命不殆，在武丁孙子。
武丁孙子，武王靡不胜。
龙旂十乘，大糦是承。
邦畿千里，维民所止。
肇域彼四海。
四海来假，来假祁祁。
景员维河。
殷受命咸宜，百禄是何！

因玄鸟生商，故商以鸟为图腾，官职以鸟命名，如黄帝以云纪，以云师命职官。

商朝是一个流动的王朝。自契至汤凡八迁，自汤至盘庚又五迁，其统治范围不小于夏朝，"邦畿千里，维民所止"。殷商已有封建之制，或分封诸帚，如武丁时之封帚好、帚羊、帚庞、帚楚者是也；或分封诸子，如武丁时之封子画、子宋、子奠、子渔者是也；或封建功臣，如武丁时封雀、亘，帝辛时之封攸侯喜者是也；或封建方国，如武丁时封井方、旨方、虎方、鬼方、犬方、周侯，帝乙、帝辛时之封盂方白、夷方白者是也。土地者本为国家所有，经王之分封，乃属于封建侯伯，封建侯伯对于殷王之义务有三，一曰边防与征伐，二曰进贡与纳税，三曰耕作于殷王。①

**商王朝世系表②**

1. 成汤→2. 太丁→3. 外丙(太丁弟)→4. 中壬(外丙弟)→5. 太甲(太丁子)→6. 沃丁→7. 太庚(沃丁弟)→8. 小甲→9. 雍己(小甲弟)→10. 太戊(雍己弟)→11. 中丁→12. 外壬(中丁弟)→13. 河亶甲(外壬弟)→14. 祖乙→15. 祖辛→16. 沃甲(祖辛弟)→17. 祖丁(祖辛子)→18. 南庚(沃甲子)→19. 阳甲(祖丁子)→20. 盘庚(阳甲弟)→21. 小辛(盘庚弟)→22. 小乙(小辛弟)→23. 武丁→24. 祖庚→25. 祖甲(祖庚弟)→26. 廪辛→27. 康丁(廪辛弟)→28. 武乙→29. 文丁→30. 帝乙→31. 帝辛(纣)

商民还善于经商。在我国把做买卖称为“商业”，将做买卖的人称为“商人”，就是由于商朝商业发达。商朝时期，由于经济发展，促进了交换，专门从事此业的人已产生。③

## 二、《尚书·洪范》的文化构架

《洪范》一文，今本《尚书》将其收录在《周书》，而《左传》认为其属于《商书》，其内容实为武王访于箕子的访谈录。箕子为商纣王之叔父，在纣王暴政之下，他佯狂为奴。武王十三年，即周武王姬发登位第十三年，武王克殷后二年，武王访问箕子。本打算问箕子周兴、殷亡之故，但箕子不忍言自己故国殷商之恶，缄默不语。“武王

① 参考胡厚宣:《甲骨学商史论丛初集(下)》，河北教育出版社2002年版，第807页。

② 据《史记·殷本纪》及甲骨文。

③ 《中国政治制度通史》第二卷，第183—184页。

亦丑，故问以天道。”（《史记·周本纪》）于是，有了这篇中国文化史上举足轻重的“访谈录”。所以，我们将此文放在商代文化中来讨论。《洪范》是研究古代政治、哲学、文化等方面问题的重要历史资料。现将其全文照录：

惟十有三祀，王访于箕子。王乃言曰：“呜呼，箕子！惟天阴骘下民，相协厥居，我不知其彝伦攸叙。”

箕子乃言曰：“我闻在昔，鲧陻洪水，汩陈其五行，帝乃震怒，不畀洪范九畴，彝伦攸斁，鲧则殛死。禹乃嗣兴，天乃锡禹洪范九畴，彝伦攸叙。

“初一曰五行，次二曰敬用五事，次三曰农用八政，次四曰协用五纪，次五曰建用皇极，次六曰乂用三德，次七曰明用稽疑，次八曰念用庶征，次九曰向用五福、威用六极。

“一、五行：一曰水，二曰火，三曰木，四曰金，五曰土。水曰润下，火曰炎上，木曰曲直，金曰从革，土爰稼穑。润下作咸，炎上作苦，曲直作酸，从革作辛，稼穑作甘。

“二、五事：一曰貌，二曰言，三曰视，四曰听，五曰思。貌曰恭，言曰从，视曰明，听曰聪，思曰睿。恭作肃，从作乂，明作哲，聪作谋，睿作圣。

“三、八政：一曰食，二曰货，三曰祀，四曰司空，五曰司徒，六曰司寇，七曰宾，八曰师。

“四、五纪：一曰岁，二曰月，三曰日，四曰星辰，五曰历数。

“五、皇极：皇建其有极，敛时五福，用敷锡厥庶民。惟时厥庶民于汝极，锡汝保极。凡厥庶民，无有淫朋，人无有比德，惟皇作极。凡厥庶民，有猷有为有守，汝则念之。不协于极，不罹于咎，皇则受之。而康而色，曰：‘予攸好德。’汝则锡之福。时人斯其惟皇之极，无虐茕独，而畏高明。人之有能有为，使羞其行，而邦其昌。凡厥正人，既富方谷。汝弗能使有好于而家，时人斯其辜。于其无好德，汝虽锡之福，其作汝用咎。无偏无陂，遵王之义；无有作好，遵王之道；无有作恶，遵王之路；无偏无党，王道荡荡；无党无偏，王道平平；无反无侧，王道正直。会其有极，归其有极。曰：皇极之敷言，是彝是训，于帝其训。凡厥庶民，极之敷言，是训是行，以近天子之光。曰:天子作民父母,以为天下王。

“六、三德:一曰正直,二曰刚克,三曰柔克。平康正直。强弗友刚克,燮友柔克。沈潜刚克,高明柔克。惟辟作福,惟辟作威,惟辟玉食。臣无有作福作威玉食。臣之有作福作威玉食,其害于而家,凶于而国。人用侧颇僻,民用僭忒。

“七、稽疑:择建立卜筮人,乃命卜筮:曰雨,曰霁,曰蒙,曰驿,曰克,曰贞,曰悔,凡七。卜五,占用二,衍忒,立时人作卜筮,三人占,则从二人之言。汝则有大疑,谋及乃心,谋及卿士,谋及庶人,谋及卜筮。汝则从,龟从,筮从,卿士从,庶民从,是之谓大同。身其康强,子孙其逢吉。汝则从,龟从,筮从,卿士逆,庶民逆,吉。卿士从,龟从,筮从,汝则逆,庶民逆,吉。庶民从,龟从,筮从,汝则逆,卿士逆,吉。汝则从,龟从,筮逆,卿士逆,庶民逆,作内吉,作外凶。龟、筮共违于人,用静吉,用作凶。

“八、庶征:曰雨,曰旸,曰燠,曰寒,曰风。曰时五者来备,各以其叙,庶草蕃庑。一极备,凶;一极无,凶。

“曰休征:曰肃,时雨若;曰乂,时旸若;曰晰,时燠若;曰谋,时寒若;曰圣,时风若。

“曰咎征:曰狂,恒雨若;曰僭,恒旸若;曰豫,恒燠若;曰急,恒寒若;曰蒙,恒风若。

“曰王省惟岁,卿士惟月,师尹惟日。岁月、日时无易,百谷用成,乂用明,俊民用章,家用平康。日、月、岁、时既易,百谷用不成,乂用昏不明,俊民用微,家用不宁。庶民惟星,星有好风,星有好雨。日月之行,则有冬有夏。月之从星,则以风雨。

“九、五福:一曰寿,二曰富,三曰康宁,四曰攸好德,五曰考终命。六极:一曰凶短折,二曰疾,三曰忧,四曰贫,五曰恶,六曰弱。”

《洪范》论述了九个方面的事情,五行、五事、八政、五纪、皇极、三德、稽疑、庶征、五福六极。这就是大家所熟知的“洪范九畴”。关于“范畴”的思想,大概是由《洪范》首先提出的。这其中有的说的是自然现象,如五行、五纪;有的说的是人事,特别是为君之道，如五事、三德、建用皇极；还有的说的是人事与自然现象的对应征兆，如稽疑、庶征；还有说的是国家经济与政治、宗教、外交、军事事宜，如“农用八政”，详细阐述了食、货、祀、司空、司徒、司寇、宾、师等八个方面的事务及其关系，远较“国之大事，惟祀与戎”的思想要更为充实和详尽。另外，《洪范》还特别提到“向用五福、威用六极”的中华文化核心价值观，即“寿、富、康宁、攸好德、考终命”的福禄寿考思想。自古以来，中国人把“五福之人”看作自身追求的目标，其中又特别强调“寿”与“富”，这大概是“贫穷不是社会主义”的最早说明；而同时又重视“康宁”与“好德”，表现了一个追求美好生活，不断提高道德境界的民族的共同理念；再有就是重视人的终极关怀，即“考终命”，既要活得长、活得好，又要“寿终正寝”，这就是儒家后来提出的“养生丧死无憾”的最早蓝本。与“五福”相对的是“六极”，疾、忧、贫、弱都是常人所厌弃的。后世中国人对理想社会的追求，无不与“五福”观相关联，若一个王朝、一个社会能使人享有“五福”，则就是一个好的王朝、好的社会；反之，若都是“六极”之人充斥其间，就是坏的王朝、坏的社会，这已成为普通老百姓最直白的世界观、人生观、价值观。后世中国的许多价值判断，无不与“五福、六极”相联系。所以说，五福观，自商周以来就成了中国人的核心价值观，同时也成为中国文化的核心价值观。

《洪范》中还专门记述了殷人卜筮之法。殷商时代的人因为相信鬼神，故重视占卜考筮，每遇大事即要用龟甲兽骨来占卜，问龟曰卜，问蓍曰筮，这在出土的甲骨文中多有说明。文中说到七种征兆和六种卜相的结果，“吉、凶、悔、吝”的思想可以看作对《易经》学说的补充。

再有一点，就是关于“皇极”的思想。这是系统地说明建立绝对君权的必要性的古代文字。“天子作民父母，以为天下王。”而君权是不能有半点偏失、半点马虎的。“无偏无陂，遵王之义；无有作好，遵王之道；无有作恶，遵王之路；无偏无党，王道荡荡；无党无偏，王道平平；无反无侧，王道正直。”这是对上古君道“人心惟危，道心惟微，惟精惟一，允执厥中”的说明，又是后世“君子周而不比，小人比而不周”，“君子不党”等思想的详细出处。君道若有偏失，则整个国家、整个社会、整个行政系统都有可能因此而失正、不公、颠覆，带来的一定是百姓的灾难。不过，《洪范》之中力主一切权益皆出自君王，连百姓的生死祸福也操在君王一人手中的思想，是有强烈的封建迷信色彩的，并且有为专制独裁摇旗呐喊之嫌，其糟粕性的一面也是必须警惕的。

“洪范九畴”是对殷商以上文化的总结，无怪乎箕子说，上帝不把它赐给鲧，因此鲧失败亡身；而上帝又把它赐给禹，使得大禹治水成功，开启王业。有人把“洪范九畴”与“河图、洛书”联系起来，认为当时大禹是得到了这两样上帝所赐的法宝，才得以披荆斩棘，画州分野，任土作贡，定鼎九州。因此，直到今日，它依然是中华文化宝库中的一块瑰宝。对于开启西周王朝的王道文化，有着承上启下的不可磨灭的作用。

## 三、《史记·伯夷列传》的文化精神

《史记》又称《太史公书》，凡百三十篇，五十二万六千五百字，是太史公司马迁“究天人之际，通古今之变，成一家之言”的毕生心血之作。其中本纪十二，表十，书八，世家三十，列传七十。是我国一部纪传体的信史。由此，中国历史记载进入了一个新纪元。

太史公把《吴太伯世家》作为世家第一，而把《伯夷列传》作为列传第一，是有其深刻用意的，旨在说明“礼让立国”的文化精神。因为伯夷、叔齐为殷商遗民，又“义不食周粟”，故把他们放在商代文化中来记述。先来看《伯夷列传》：

> 夫学者载籍极博，犹考信于六艺。诗、书虽缺，然虞夏之文可知也。尧将逊位，让于虞舜，舜禹之间，岳牧咸荐，乃试之于位，典职数十年，功用既兴，然后授政。示天下重器，王者大统，传天下若斯之难也。而说者曰尧让天下于许由，许由不受，耻之逃隐。及夏之时，有卞随、务光者。此何以称焉？太史公曰：余登箕山，其上盖有许由冢云。孔子序列古之仁圣贤人，如吴太伯、伯夷之伦详矣。余以所闻由、光义至高，其文辞不少概见，何哉？
>
> 孔子曰：“伯夷、叔齐，不念旧恶，怨是用希。”“求仁得仁，又何怨乎？”余悲伯夷之意，睹轶诗可异焉。其传曰：
>
> 伯夷、叔齐，孤竹君之二子也。父欲立叔齐，及父卒，叔齐让伯夷。伯夷曰：“父命也。”遂逃去。叔齐亦不肯立而逃之。国人立其中子。于是伯

夷、叔齐闻西伯昌善养老，盍往归焉。及至，西伯卒，武王载木主，号为文王，东伐纣。伯夷、叔齐叩马而谏曰："父死不葬，爰及干戈，可谓孝乎？以臣弑君，可谓仁乎？"左右欲兵之。太公曰："此义人也。"扶而去之。武王已平殷乱，天下宗周，而伯夷、叔齐耻之，义不食周粟，隐于首阳山，采薇而食之。及饿且死，作歌。其辞曰："登彼西山兮，采其薇矣。以暴易暴兮，不知其非矣。神农、虞、夏忽焉没兮，我安适归矣？于嗟徂兮，命之衰矣！"遂饿死于首阳山。

由此观之，怨邪非邪？

或曰："天道无亲，常与善人。"若伯夷、叔齐，可谓善人者非邪？积仁洁行如此而饿死！且七十子之徒，仲尼独荐颜渊为好学。然回也屡空，糟糠不厌，而卒蚤夭。天之报施善人，其何如哉？盗跖日杀不辜，肝人之肉，暴戾恣睢，聚党数千人横行天下，竟以寿终。是遵何德哉？此其尤大彰明较著者也。若至近世，操行不轨，专犯忌讳，而终身逸乐，富厚累世不绝。或择地而蹈之，时然后出言，行不由径，非公正不发愤，而遇祸灾者，不可胜数也。余甚惑焉，傥所谓天道，是邪非邪？

子曰："道不同，不相为谋。"亦各从其志也。故曰："富贵如可求，虽执鞭之士，吾亦为之。如不可求，从吾所好。""岁寒，然后知松柏之后凋。"举世混浊，清士乃见。岂以其重若彼，其轻若此哉？

"君子疾没世而名不称焉。"贾子曰："贪夫徇财，烈士徇名，夸者死权，众庶冯生。""同明相照，同类相求。""云从龙，风从虎。圣人作而万物睹。"伯夷、叔齐虽贤，得夫子而名益彰。颜渊虽笃学，附骥尾而行益显。岩穴之士，趋舍有时若此，类名堙灭而不称，悲夫！闾巷之人，欲砥行立名者，非附青云之士，恶能施于后世哉？

伯夷、叔齐"不念旧恶，怨是用希"，"求仁得仁，又何怨乎"，因孔子而得名，又因太史公的记述而流芳百世。他们"薄帝王而不为"，放着现成的君王不当，却往归善养老的西伯；而当武王起兵伐纣时，却又叩马而谏，被姜太公当作"义人"而不杀，后当西周革命成功，他们又作为殷商之遗民，"义不食周粟"，结果饿死在首阳山。若不是司马迁的记述,我们或许根本不相信,天底下哪有这样的人?放着国王的位置不坐,让给他人,又逃得远远的;可眼见王朝覆灭,又不愿吃新王朝的粮食,宁愿在西山上采薇而食,最终饿死他乡。然而,中国历史上确实存在这样的人,这样的故事。他们积仁洁行到了极致,富贵对他们来说是过眼烟云,气节对他们而言重于泰山。《采薇》之诗分明有怨声,可夫子认定他们"求仁得仁,又何怨乎",这的确是没有达到这种境界的人难以企及、难以理解的。

"礼让立国",是中华文化精神中的重要思想,如果没有这个思想,就会引起贪欲、争权、逐利,乃至于连绵不断的战争。商朝中期的"九世之乱"就是一例。而后来的西周王朝就是在"泰伯三以天下让"的情况下建立起来的。往上溯源,自尧、舜、禹开始,莫不是"推位让国",尧让位给舜,舜让位给尧子,后舜又让位给禹,禹也让位给舜子,后又让位给伯益。"公天下"讲究"礼让",而"家天下"仍然讲究"礼让",这就是孔子所述"以仁得之,以仁守之,万世不竭"的道理。这也是中国人之"谦德"在权力、名位问题上的优雅体现,这或许是中国文化以外的文化感到不可思议的地方。人类文明若想进步,舍弃"谦德"是万万不能的。曾有人问孟子,若舜的父亲杀了人,舜该怎么办?孟子说,舜会背着他父亲逃进深山老林中去,而把他曾做过帝王的事忘个精光。这就是"视天下如敝屣,薄帝王而不为"的精神,正是有这种精神,使得中国文化在王统与道统分野之际,不至于出现文化崩溃的局面。

当然,必须指出的是,像伯夷、叔齐"推位让国,义不食粟"的壮举背后有着他们自身的价值取向,那就是做一个"仁者",要比当一个"国君"更为重要;保持个人的"气节",要比"饿死"更为重要。故去彼取此,择善而行。中国人自古以来的"谦让"精神,又直接导致中国"隐士文化"的产生,这是下文所要探讨的问题。

## 四、《论语·微子》与隐士文化

《论语·微子第十八》:

> 微子去之,箕子为之奴,比干谏而死。孔子曰:"殷有三仁焉。"
>
> 柳下惠为士师,三黜。人曰:"子未可以去乎?"曰:"直道而事人,焉往而不三黜?枉道而事人,何必去父母之邦?"

齐景公待孔子曰:“若季氏,则吾不能,以季、孟之间待之。”曰:“吾老矣!不能用也。”孔子行。

齐人归女乐,季桓子受之,三日不朝,孔子行。

楚狂接舆,歌而过孔子曰:“凤兮!凤兮!何德之衰?往者不可谏,来者犹可追。已而!已而!今之从政者殆而!”孔子下,欲与之言,趋而辟之,不得与之言。

长沮、桀溺耦而耕,孔子过之,使子路问津焉。长沮曰:“夫执舆者为谁?”子路曰:“为孔丘。”曰:“是鲁孔丘与?”曰:“是也。”曰:“是知津矣!”问于桀溺,桀溺曰:“子为谁?”曰:“为仲由。”曰:“是鲁孔丘之徒与?”对曰:“然。”曰:“滔滔者,天下皆是也,而谁以易之?且而与其从辟人之士也,岂若从辟世之士哉?”耰而不辍。子路行以告。夫子怃然曰:“鸟兽不可与同群,吾非斯人之徒与而谁与?天下有道,丘不与易也。”

子路从而后,遇丈人,以杖荷蓧。子路问曰:“子见夫子乎?”丈人曰:“四体不勤,五谷不分,孰为夫子?”植其杖而芸。子路拱而立。止子路宿,杀鸡为黍而食之,见其二子焉。明日,子路行以告。子曰:“隐者也。”使子路反见之。至,则行矣。子路曰:“不仕无义。长幼之节,不可废也!君臣之义,如之何其废之?欲洁其身,而乱大伦。君子之仕也,行其义也。道之不行,已知之矣!”

逸民:伯夷、叔齐、虞仲、夷逸、朱张、柳下惠、少连。子曰:“不降其志,不辱其身,伯夷、叔齐与?”谓“柳下惠、少连,降志辱身矣,言中伦,行中虑,其斯而已矣!”谓“虞仲、夷逸,隐居放言,身中清,废中权。”“我则异于是,无可无不可。”

大师挚适齐,亚饭干适楚,三饭缭适蔡,四饭缺适秦,鼓方叔入于河,播鼗武入于汉,少师阳、击磬襄入于海。

周公谓鲁公曰:“君子不施其亲,不使大臣怨乎不以,故旧无大故,则不弃也,无求备于一人。”周有八士:伯达、伯适、仲突、仲忽、叔夜、叔夏、季随、季騧。

中国文化发展到殷周之际已有相当的规模。一方面是王道政治的发达，王统趋于完备，人才的归流亦向此一极发展，故有诸子百家皆出于王官之说：儒家出于司徒之官，道家出于史官，法家出于理官，墨家出于清庙之守，农家出于农官，小说家出于稗官等等。王官系统握有最充分的文化资源和政治权力；然而，也正是它的极权性和统一性，导致一旦这一系统运转失灵，王权发生偏差，那么随之而来的是整个系统的崩溃，夏朝灭亡如此，商朝灭亡也如此，这就是后人所知的"革命"。另一方面，由于中国文化的中庸特性，也基于上述王官体系过于完备或资源不足的原因，中国文化发展、衍生出另一个系统，这就是与王官文化系统相对的隐士文化系统。

严格说来，隐士可分为全隐与半隐，真隐与假隐。全隐、真隐之士我们或许连他们的真名实姓都不得而知，更不用说他们的言论和行迹了。为后人所知的多为半隐之士，如许由、广成子、务光、卞随、巢父、啮缺、王倪、被衣等等，还有《微子》篇中提到的楚狂接舆、长沮、桀溺、荷蓧丈人等，还有就是历史上有名的"逸民"，如伯夷、叔齐、虞仲、夷逸、朱张、柳下惠、少连等，这些人中，孔子也将其分等，"不降其志，不辱其身，伯夷、叔齐与？""柳下惠、少连，降志辱身矣，言中伦，行中虑"，而"虞仲、夷逸，隐居放言，身中清，废中权"。像厚待子路的"荷蓧丈人"那种真隐士是极难见到的，因为他们身都将隐，何在于名乎？"刚被世人知住处，又移茅屋入深居。"①

中国历史上有很多有名的隐士，姜太公在出仕之前就是隐于渭水边垂钓的八十老翁；推举管仲为齐相的鲍叔牙也是半隐之士；介之推在晋文公重耳复国之后，背其母隐于介山；伯夷、叔齐在殷周之际隐于首阳山；严光东汉初年垂钓于富春江；诸葛亮在出山之前"躬耕南亩"，也是过着隐士生活；陶渊明"不为五斗米折腰"，辞官后过着"采菊东篱下，悠然见南山"的生活，他的"桃花源"更是令无数后人羡慕不已；隋唐之际有个大隐士王通，被弟子们私谥为"文中子"，培养了一大批如李靖、徐世勣、房玄龄、魏征等李唐王朝的开国元勋；五代、北宋年间，陈抟、谭峭等隐士对中国道家文化的发展做出过很大的贡献；元明之际，周颠、铁冠道人对朱元璋建立明朝也有巨大的帮助；明清之际的四大儒，如王船山归隐湖南山中，李二曲隐居甘陕，

① 转引自南怀瑾：《论语别裁》(下)，复旦大学出版社 1996 年版，第 850 页。

还有顾炎武、黄宗羲死活不奉清朝的“正朔”，后来都被列入“逸民传”。当然，也有被称作“山中宰相”的假隐士陶弘景等人，以隐士为幌子，半推半就地“关心朝政”。

隐士文化的立身之处，就是如《微子》篇中所说，眼见得时代不属于自己，不如做“辟人之士”或“辟世之士”，“避世”“避地”“避人”是他们逃避世俗的几种做法。就是孔子也“欲居九夷”，“乘桴浮于海”；孔子还对颜回说，“用之则行，舍之则藏”。可见，隐士们在不得已的情况下，明哲保身，以退为进。他们并不是不关心现实政治，而是比常人更关心时事。“不过中国过去的隐逸之路，并不完全是消极的，以旧文字来形容，可用‘有所待也’四个字。他们不是为个人利益有所待，只是想为国家社会有所贡献而有所待，虽然同入世的人看法两样，角度两样，但都是有所待。因此，隐逸的路线也可说是积极的，他们救世的目标是一致的。”①

一个时代的兴衰跟这一时代的人才的聚散是直接相关的。人才多、人才聚则兴，人才少、人才散则衰。当一个王朝走向衰亡的时候，人才必定凋敝四散，《微子》篇中“大师挚适齐，亚饭干适楚，三饭缭适蔡，四饭缺适秦，鼓方叔入于河，播鼗武入于汉，少师阳、击磬襄入于海”说的就是这个。然而，一个王朝衰亡了，另一个新兴力量却开始搜罗、聚集人才，成为新王朝取代旧王朝的人才资源和政治、文化资源的储备，这在殷、夏之际的交变和周、殷之际的代谢中充分体现了出来。所以，作为周王朝文化创立者之一的周公在与其儿子鲁公的对话中，就体现出这种爱惜人才、重用人才、保护人才的心情：“君子不施其亲，不使大臣怨乎不以。故旧无大故，则不弃也。无求备于一人。”西周王朝正是由于世代累积起的人才成为他们的文化资源，才使得他们成为取代殷商王朝的新兴王朝。由此，站在王官文化的立场，“野无遗贤”成为历朝、历代统治者所要解决的一个重大问题；而站在隐士文化的立场，保持自身的独立性、客观性、伸缩性、自由性，又是醉心于隐士生活的高人们所要面对的现实。

夏商时期是先秦政治文化承上启下的时代。大禹治水，开疆辟壤；画野分州，任土作贡；受禅帝舜，到他儿子启建立了家天下的夏王朝。建立了以九州为范围的封贡体系和相对松散的封建邦国。兴修水利，导河浚川，建立了以农立国的基础；

① 南怀瑾：《论语别裁》(下)，复旦大学出版社 1996 年版，第 852 页。

万国和合，定期来朝，创设了中央与地方的职官系统。“夏之时”的使用，使古代中国的农业有了很大的发展。“家天下”的权力传承，“传子不传贤”成为当然；到夏王桀时，这一权力系统腐朽衰败，走到了尽头。

契的后代成汤发动革命推翻夏王朝、建立商王朝。商朝出现了很多仁人志士，推动了文化进步和经济发展。“邦畿千里，维民所止”，疆域进一步拓展，职官进一步完善。“洪范九畴”从九个方面概述了安邦治国、经世致用的理念和法则；诠释了王道政治和五福、六极的文化价值观。礼让立国的思想在这一时期进一步发扬，隐士文化成为王官系统的必要互补。“微子去之，箕子为奴，比干谏而死”，殷有三仁焉。正是有这样的国之栋梁，所以在商末纣王的淫乱暴政而导致商朝灭亡的危机下，宗嗣和血脉不至于完全倾覆；“兴灭国、继绝世、举逸民”成为新王朝君主、仁人必须承担的义务。以征战而兴的王朝，也以征战而亡，成为历史发展、王朝更迭的规律。

# 第四章　西周王朝政治文化

西周王朝是我国历史上继夏、商之后第三个家天下的王朝。由于其经济的发展，文化的建设，西周王朝把中国古代封建社会推向了鼎盛阶段。从武王革命成功，到幽王为犬戎攻杀，西周王朝存在了两百多年，历十二王。公元前770年，平王东迁，史称东周。

**西周王朝世系表**①

1. 武王→2. 成王→3. 康王→4. 昭王→5. 穆王→6. 共王→7. 懿王→8. 孝王(共王弟)→9. 夷王(懿王子)→10. 厉王→11. [共和](公元前841年)→12. 宣王→13. 幽王

## 第一节　文武革命

### 一、《诗经》所载周人之生活

《诗经》是古代诗歌的总集，相传到孔子之时所存三千多篇，孔子删其重，简其繁，保留了三百零五篇，分“风”“雅”“颂”。其中“风”是描述各诸侯方国的民风民情，有“王风”“秦风”“魏风”“曹风”“郑风”“豳风”“唐风”等。以《周南・关雎》为

---

① 据《史记・周本纪》及方诗铭编《中国历史纪年表》，上海辞书出版社1980年版。

“风”之始。“雅”分“小雅”与“大雅”,《鹿鸣》为“小雅”始,《文王》为“大雅”始。“颂”即颂歌、颂辞,歌诵古代先民、圣君、贤臣的诗,以《清庙》为颂始,收集了“周颂”、“鲁颂”、“商颂”诸多篇章。

《诗经》中最多的还是对周代人的生活情态的记录,而夏、商时期的篇幅较小。《豳风·七月》较为完整地记录了当时人的生活:

七月流火,九月授衣。
一之日觱发,二之日栗烈,
无衣无褐,何以卒岁。
三之日于耜,四之日举趾。
同我妇子,馌彼南亩,田畯至喜。

七月流火,九月授衣。
春日载阳,有鸣仓庚。
女执懿筐,遵彼微行,爰求柔桑。
春日迟迟,采蘩祁祁。
女心伤悲,殆及公子同归。

七月流火,八月萑苇。
蚕月条桑,取彼斧斨,以伐远扬,猗彼女桑。
七月鸣鵙,八月载绩。
载玄载黄,为公子裳。

四月秀葽,五月鸣蜩。
八月其获,十月陨萚。
一之日于貉,取彼狐狸,为公子裘。
二之日其同,载缵武功。
言私其豵,献豜于公。

五月斯螽动股，六月莎鸡振羽。
七月在野，八月在宇，九月在户，十月蟋蟀入我床下。
穹窒熏鼠，塞向墐户。
嗟我妇子，曰为改岁，入此室处。

六月食郁及薁，七月亨葵及菽。
八月剥枣，十月获稻。
为此春酒，以介眉寿。
七月食瓜，八月断壶。
九月叔苴，采荼薪樗，食我农夫。

九月筑场圃，十月纳禾稼。
黍稷重穋，禾麻菽麦。
嗟我农夫，我稼既同，上入执公宫。
昼尔于茅，宵尔索绹。
亟其乘屋，其始播百谷。

二之日凿冰冲冲，三之日纳于凌阴。
四之日其蚤，献羔祭韭。
九月肃霜，十月涤场。
朋酒斯飨，曰杀羔羊。
跻彼公堂，称彼兕觥，万寿无疆！①

从这篇诗歌中，我们可以看到什么是自给自足的农业社会的日常生活，什么是古代先民特别是周代人的基本需要和理想追求，什么是顺从自然而又天人合一的劳作与修养。明白了上述问题，也就不难找到由后稷开始，历经公刘、古公亶父、王

① 句读参考了周振甫译注《诗经译注》，中华书局2002年版。

季等先辈，到文王姬昌、武王姬发、周公姬旦之时所成王业之端绪。

西周王业之所成，在于其一代又一代的勤劳、耕作、修德、积善，无论从自然资源的开发利用，还是从文化资源的积累和创造，其时间跨度之长，要远远胜过任何朝代。尽管加上东周的春秋、战国，周王朝在中国历史上存续了八百多年，比任何朝代都要长，但比起她的先祖积德积善的时间来说，其王统的时间还是有限的。

《诗经·大雅·生民》中所载：

厥初生民，时维姜嫄。
生民如何？克禋克祀，以弗无子。
履帝武敏歆，攸介攸止。
载震载夙，载生载育，时维后稷。
诞弥厥月，先生如达。
不坼不副，无菑无害。
以赫厥灵，上帝不宁。
不康禋祀，居然生子。

诞寘之隘巷，牛羊腓字之。
诞寘之平林，会伐平林。
诞寘之寒冰，鸟复翼之。
鸟乃去矣，后稷呱矣。
实覃实订，厥声载路。

诞实匍匐，克岐克嶷，以就口食。
艺之荏菽，荏菽旆旆，
禾役穟穟，麻麦幪幪，瓜瓞唪唪。
诞后稷之穑，有相之道。
茀厥丰草，种之黄茂。
实方实苞，实种实褎，

实发实秀，实坚实好，
实颖实栗。即有邰家室。

诞降嘉种，维秬维秠，维穈维芑。
恒之秬秠，是获是亩；
恒之穈芑，是任是负。
以归肇祀。

诞我祀如何？
或舂或揄，或簸或蹂；
释之叟叟，烝之浮浮；
载谋载惟，取萧祭脂，取羝以軷；
载燔载烈，以兴嗣岁。
卬盛于豆，于豆于登，其香始升。
上帝居歆，胡臭亶时。
后稷肇祀，庶无罪悔，以迄于今。

周人始祖为后稷，相传其母姜嫄踩到上帝的脚印而欣悦有孕，生下后先为母弃，故名曰“弃”。后其母见其神异，又领回抚养。长大后，弃成了种地好手，在帝尧、帝舜时期被提拔为农师，故又称“后稷”，这或许是人类史上第一位农官。太史公认为后稷母姜嫄为帝喾元妃，那后稷就是黄帝的玄孙。后稷与商祖契实为同父异母的兄弟。契为司徒、弃为后稷，又同朝为官，到文王、武王建立周朝，已过去了一两千年。

周人谱系：后稷→子(下同)不窋→鞠→公刘→庆节→皇仆→差弗→毁隃→公非→高圉→亚圉→公叔祖类→古公亶父→季历→姬昌→姬

发→[1]

到公刘的时候，周人迁居豳地，开始兴旺发达，那时候正值夏之始衰。《诗经·大雅·公刘》记述了这段历史：

笃公刘，匪居匪康，
乃埸乃疆，乃积乃仓；
乃裹糇粮，于橐于囊，思辑用光。
弓矢斯张，干戈戚扬，爰方启行。

笃公刘，于胥斯原。
既庶既繁，既顺乃宣，而无永叹。
陟则在巘，复降在原。
何以舟之？维玉及瑶，鞞琫容刀。

笃公刘，逝彼百泉，瞻彼溥原；
乃陟南冈，乃觏于京。
京师之野，于时处处，
于时庐旅，于时言言，于时语语。

笃公刘，于京斯依，跄跄济济，俾筵俾几，既登乃依。
乃造其曹，执豕于牢，酌之用匏。
食之饮之，君之宗之。

笃公刘，既溥既长，
既景乃冈，相其阴阳，

① 参见《史记·周本纪》，中华书局 1982 年版，第 112—116 页。

观其流泉，其君三单；
庶其隰原，彻田为粮，
度其夕阳，豳居允荒。

笃公刘，于豳斯馆。
涉渭为乱，取厉取锻。
止基乃理，爰众爰有。
夹其皇涧，溯其过涧。
止旅乃密，芮鞫之即。

历史延续到古公亶父时期，周人为避土地争端，再一次迁徙，迁居到岐山之地。由此，周人的王业初见端倪。《诗经·大雅·绵》：

绵绵瓜瓞，民之初生。自土沮漆。
古公亶父，陶复陶穴，未有室家。

古公亶父，来朝走马，
率西水浒，至于岐下。
爰及姜女，聿来胥宇。

周原膴膴，堇荼如饴。
爰始爰谋，爰契我龟。
曰止曰时，筑室于兹。

乃慰乃止，乃左乃右，
乃疆乃理，乃宣乃亩。
自西徂东，周爰执事。

乃召司空，乃召司徒，俾立室家。
其绳则直，缩版以载，作庙翼翼。

捄之陾陾，度之薨薨，
筑之登登，削屡冯冯。
百堵皆兴，鼛鼓弗胜。

乃立皋门，皋门有伉。
乃立应门，应门将将。
乃立冢土，戎丑攸行。

肆不殄厥愠，亦不陨厥问。
柞棫拔矣，行道兑矣，
混夷駾矣，维其喙矣。

虞芮质厥成，文王蹶厥生。
予曰有疏附，予曰有先后，
予曰有奔奏，予曰有御侮。

古公亶父生有泰伯、虞仲、季历等几个儿子，其中季历，也就是王季，生了姬昌，也就是文王。古公看好姬昌，预感周到姬昌那里一定会兴旺发达。泰伯、虞仲兄弟俩看透了父亲的心思，于是文身断发，逃离了西岐，一直逃到当时还是不毛之地的吴地。于是，古公便顺理成章地把王位传给了小儿子季历，而季历又顺利地传给了长子姬昌。姬昌当时被商王封为西伯侯，修道积德，天下归心，形成了一个与商王朝对立的充满朝气的革命营垒。

《诗经·大雅·皇矣》是这样记载的：

皇矣上帝，临下有赫。

监视四方，求民之莫。
维此二国，其政不获。
维彼四国，爰究爰度。
上帝耆之，憎其式廓。
乃眷西顾，此维与宅。

作之屏之，其菑其翳。
修之平之，其灌其栵。
启之辟之，其柽其椐。
攘之剔之，其檿其柘。
帝迁明德，串夷载路。
天立厥配，受命既固。

帝省其山，柞棫斯拔，松柏斯兑。
帝作邦作对，自大伯、王季。
维此王季，因心则友。
则友其兄，则笃其庆，载锡之光。
受禄无丧，奄有四方。

维此王季，帝度其心，貊其德音。
其德克明，克明克类，克长克君。
王此大邦，克顺克比。
比于文王，其德靡悔。
既受帝祉，施于孙子。

帝谓文王：
无然畔援，无然歆羡，诞先登于岸。
密人不恭，敢距大邦，侵阮徂共。

王赫斯怒，爰整其旅，
以按徂旅，以笃于周祜。以对于天下。

依其在京，侵自阮疆。
陟我高冈，无矢我陵，我陵我阿，
无饮我泉，我泉我池。
度其鲜原，居岐之阳，在渭之将，
万邦之方，下民之王。

帝谓文王：
予怀明德，不大声以色，不长夏以革。
不识不知，顺帝之则。
帝谓文王：
询尔仇方，同尔兄弟，
以尔钩援，与尔临冲，以伐崇墉。

临冲闲闲，崇墉言言，
执讯连连，攸馘安安。
是类是祃，是致是附，四方以无侮。
临冲茀茀，崇墉仡仡，
是伐是肆，是绝是忽，四方以无拂。

当时殷商的状况如何呢？我们可以从《诗经·大雅·荡》中看到。

荡荡上帝，下民之辟。
疾威上帝，其命多辟。
天生烝民，其命匪谌。
靡不有初，鲜克有终。

文王曰咨，咨汝殷商。
曾是强御，曾是掊克，
曾是在位，曾是在服。
天降滔德，女兴是力。

文王曰咨，咨女殷商。
而秉义类，强御多怼，
流言以对，寇攘式内。
侯作侯祝，靡届靡究。

文王曰咨，咨女殷商。
女炰烋于中国，敛怨以为德。
不明尔德，时无背无侧。
尔德不明，以无陪无卿。

文王曰咨，咨女殷商。
天不湎尔以酒，不义从式。
既愆尔止，靡明靡晦。
式号式呼，俾昼作夜。

文王曰咨，咨女殷商。
如蜩如螗，如沸如羹。
小大近丧，人尚乎由行。
内奰于中国，覃及鬼方。

文王曰咨，咨女殷商。
匪上帝不时，殷不用旧。
虽无老成人，尚有典刑。

曾是莫听，大命以倾。

文王曰咨，咨女殷商。
人亦有言，颠沛之揭，
枝叶未有害，本实先拨。
殷鉴不远，在夏后之世。

《诗》能兴、能观、能群、能怨。在殷周交变之际，我们不难读到刺贪、刺重敛、刺政乱、刺时艰的诗。《诗经·魏风·伐檀》就是刺贪之作。

坎坎伐檀兮，寘之河之干兮，
河水清且涟猗。
不稼不穑，胡取禾三百廛兮？
不狩不猎，胡瞻尔庭有县貆兮？
彼君子兮，不素餐兮。

坎坎伐辐兮，寘之河之侧兮，
河水清且直猗。
不稼不穑，胡取禾三百亿兮？
不狩不猎，
胡瞻尔庭有县特兮？
彼君子兮，不素食兮。

坎坎伐轮兮，寘之河之漘兮，
河水清且沦猗。
不稼不穑，胡取禾三百囷兮？
不狩不猎，胡瞻尔庭有县鹑兮？
彼君子兮，不素飧兮。

《诗经·魏风·硕鼠》则是典型的刺重敛的力作。

硕鼠硕鼠,无食我黍。
三岁贯女,莫我肯顾。
逝将去女,适彼乐土。
乐土乐土,爰得我所。

硕鼠硕鼠,无食我麦。
三岁贯女,莫我肯德。
逝将去女,适彼乐国。
乐国乐国,爰得我直。

硕鼠硕鼠,无食我苗。
三岁贯女,莫我肯劳。
逝将去女,适彼乐郊。
乐郊乐郊,谁之永号。

《诗经·小雅·蓼莪》描绘的却是民人劳苦,孝子不得终养的情景。

蓼蓼者莪,匪莪伊蒿。
哀哀父母,生我劬劳。

蓼蓼者莪,匪莪伊蔚。
哀哀父母,生我劳瘁。

瓶之罄矣,维罍之耻。
鲜民之生,不如死之久矣。
无父何怙,无母何恃。

出则衔恤，入则靡至。

父兮生我，母兮鞠我。
拊我畜我，长我育我。
顾我复我，出入腹我。
欲报之德，昊天罔极。

南山烈烈，飘风发发。
民莫不谷，我独何害。

南山律律，飘风弗弗。
民莫不谷，我独不卒。

贵族们的生活却是另一番景象，他们跑马、打猎、饮酒、歌舞，如同《诗经·小雅·鹿鸣》中描写的那样：

呦呦鹿鸣，食野之苹。
我有嘉宾，鼓瑟吹笙。
吹笙鼓簧，承筐是将。
人之好我，示我周行。

呦呦鹿鸣，食野之蒿。
我有嘉宾，德音孔昭。
视民不恌，君子是则是傚。
我有旨酒，嘉宾式燕以敖。

呦呦鹿鸣，食野之芩。
我有嘉宾，鼓瑟鼓琴。

鼓瑟鼓琴，和乐且湛。
我有旨酒，以宴乐嘉宾之心。

无论是生活在殷商，还是生活在西周，君子们忧国忧民的情怀都是一致的，他们的仁德洁行虽不为世人所了解，但他们的高尚品德却是与时间共永恒的。《诗经·王风·黍离》就描绘了这么一位君子的心怀。

彼黍离离，彼稷之苗。
行迈靡靡，中心摇摇。
知我者谓我心忧，不知我者谓我何求。
悠悠苍天，此何人哉。

彼黍离离，彼稷之穗。
行迈靡靡，中心如醉。
知我者谓我心忧，不知我者谓我何求。
悠悠苍天，此何人哉。

彼黍离离，彼稷之实。
行迈靡靡，中心如噎。
知我者谓我心忧，不知我者谓我何求。
悠悠苍天，此何人哉。

另一篇刺时伤怀之作，《诗经·魏风·园有桃》，也表现了类似的忧伤和感怀。

园有桃，其实之殽。
心之忧矣，我歌且谣。
不知我者，谓我士也骄。
彼人是哉，子曰何其？

心之忧矣，其谁知之。
其谁知之，盖亦勿思。

园有棘，其实之食。
心之忧矣，聊以行国。
不知我者，谓我士也罔极。
彼人是哉，子曰何其？
心之忧矣，其谁知之？
其谁知之，盖亦勿思。

还有一首写四夷交侵，用兵不息，君侯们视民如草芥的诗，《诗经·小雅·何草不黄》：

何草不黄，何日不行。
何人不将，经营四方。

何草不玄，何人不矜。
哀我征夫，独为匪民。

匪兕匪虎，率彼旷野。
哀我征夫，朝夕不暇。

有芃者狐，率彼幽草。
有栈之车，行彼周道。

到文王的时候，周人已三分天下有其二。革命营垒势力强大，而商纣阵营岌岌可危。但文王并未伐纣，仍称其臣，文王只是伐崇。到了他儿子武王姬发才真正开始伐纣，会盟八百诸侯，牧野一战，彻底打败商纣王。文武革命的成功，首先归功于文王的德行。《诗经·大雅·文王》说明了这一点。

文王在上，于昭于天。
周虽旧邦，其命维新。
有周不显，帝命不时。
文王陟降，在帝左右。

亹亹文王，令闻不已。
陈锡哉周，侯文王孙子。
文王孙子，本支百世。
凡周之士，不显亦世。

世之不显，厥犹翼翼。
思皇多士，生此王国。
王国克生，维周之桢。
济济多士，文王以宁。

穆穆文王，于缉熙敬止。
假哉天命，有商孙子。
商之孙子，其丽不亿。
上帝既命，侯于周服。

侯服于周，天命靡常。
殷士肤敏，祼将于京。
厥作祼将，常服黼冔。
王之荩臣，无念尔祖。

无念尔祖，聿修厥德。

永言配命，自求多福。
殷之未丧师，克配上帝。
宜鉴于殷，骏命不易。

命之不易，无遏尔躬。
宣昭义问，有虞殷自天。
上天之载，无声无臭。
仪刑文王，万邦作孚。

文王受命作周，他上承公刘、古公、王季的传统，下启武王、周公、成王的王业，实为西周王朝建立的第一功勋。尽管“赫赫宗周，褒姒灭之”，但文王的文德与武功，实在是彪炳千秋，光照万古。再来看《诗经·大雅·大明》：

明明在下，赫赫在上。
天难忱斯，不易维王。
天位殷适，使不挟四方。

挚仲氏任，自彼殷商，
来嫁于周，曰嫔于京。
乃及王季，维德之行。
大任有身，生此文王。

维此文王，小心翼翼。
昭事上帝，聿怀多福。
厥德不回，以受方国。

天监在下，有命既集。
文王初载，天作之合。

在洽之阳，在渭之涘。

文王嘉止，大邦有子。
大邦有子，伣天之妹。
文定厥祥，亲迎于渭。
造舟为梁，不显其光。

有命自天，命此文王。
于周于京，缵女维莘。
长子维行，笃生武王。
保右命尔，燮伐大商。

殷商之旅，其会如林。
矢于牧野，维于侯兴。
上帝临女，无贰尔心。

牧野洋洋，檀车煌煌，驷騵彭彭。
维师尚父，时维鹰扬。
凉彼武王，肆伐大商，会朝清明。

文武革命，用《诗经·鲁颂·閟宫》中的话来概括：

后稷之孙，实为大王。
居岐之阳，实始翦商。
至于文武，缵大王之绪。
致天之届，于牧之野。
无贰无虞，上帝临女。
敦商之旅。克咸厥功。

文武革命成功后，建立了规模宏大的西周王朝。这一王朝虽不称“帝”“皇”“后”，而是称“王”，然而她的政治内容与文化含义超过了西周之前的任何王朝。《诗经·小雅·北山》告诉了我们这一点：

陟彼北山，言采其杞。
偕偕士子，朝夕从事。
王事靡盬，忧我父母。

溥天之下，莫非王土。
率土之滨，莫非王臣。
大夫不均，我从事独贤。

四牡彭彭，王事傍傍。
嘉我未老，鲜我方将。
旅力方刚，经营四方。

或燕燕居息，或尽瘁事国。
或息偃在床，或不已于行。

或不知叫号，或惨惨劬劳。
或栖迟偃仰，或王事鞅掌。

或湛乐饮酒，或惨惨畏咎。
或出入风议，或靡事不为。

广大的天下，没有不是王的疆土。四海之内，没有不是王的臣子。我的体力正刚强，可以经营走四方。有人安逸地居住休息，有人为国事用尽全力；有人休息躺在床，有人不停地干他的本行。有人不知道号召，有人忧郁地辛劳；有人为游息而仰躺，有人为王事而着忙。有人狂欢饮酒，有人愁苦引咎；有人进出讽议，有人没事不作为。

这就是周人的生活。

## 二、《易经·象传》之说君子

《周礼·春官宗伯第三·大卜》云："（大卜）掌三易之法。一曰连山。二曰归藏。三曰周易。其经卦皆八。其别皆六十有四。""连山"起于"艮"卦，"归藏"起于"坤"卦，而"周易"始于"乾"卦。一说连山为伏羲时期的《易经》，归藏为黄帝时期的《易经》；另说"连山"为夏易，"归藏"为商易，而周易就是周代的易学总汇了。《易经》被当作中国文化的经中之经，或许也是世界范围内的经中之经。横向比较，中国的《易经》是任何国家、任何民族都没有的，是最富中国特色、又最具普世价值的一套学问。她不仅包含了自然和人文两方面，还对文化、政治、天文、地理、科学、医学等方面都有纲举目张的指导意义。

《易经》分"经""传"两部分。"经"包括"卦""卦辞"，"爻""爻辞"；"传"包括"彖（上、下）""象（大、小）""系辞（上、下）""文言""说卦""序卦""杂卦"十篇，故又称"十翼"。

相传文王被纣王拘禁在羑里，对《易经》做了深入的研究，把原来的八卦两两相重演绎为六十四卦，并对卦辞、爻辞进行了陈述，形成了我们现在所看到的"周易"。一说文王作卦辞，周公作爻辞，孔子作"十翼"。不管怎样，《易经》发展到周文王姬昌、周公姬旦时期已成为一门成熟的学问。在自然和人文两方面都有建树，成为先民"天人合一"思想的最好说明。《易经》的象传中，几乎每一卦的卦象，都可以成为我们进入"天人合一"境界的"天梯"。《易经》从某种意义上来说，就是一套"君子之道"，而《易经》中的象传，则是这套"君子学"的浓缩体现。西周历代君臣对此都有深刻的体会。"洁静精微，易教也。"正因为对《易经》的深入研究，周代的道德与文化，才达到一个难以逾越的高峰。所以《周易》的"周"，不仅仅是指周朝的周，而更多地是体现其"周""遍""咸""全"的特征。

《易经》六十四卦皆有"象曰"，卦辞之象为"大象"，爻辞之象为"小象"，这里说的"象传"为"大象传"。试看《易经·象传》是如何来阐明"君子之学"的。

乾　象曰:天行健,君子以自强不息。

坤　象曰:地势坤,君子以厚德载物。

屯　象曰:云雷,屯,君子以经纶。

蒙　象曰:山下出泉,蒙,君子以果行育德。

需　象曰:云上于天,需,君子以饮食宴乐。

讼　象曰:天与水违行,讼,君子以作事谋始。

师　象曰:地中有水,师,君子以容民畜众。

比　象曰:地上有水,比,先王以建万国,亲诸侯。

小畜象曰:风行天上,小畜,君子以懿文德。

履　象曰:上天下泽,履,君子以辩上下,定民志。

泰　象曰:天地交,泰,后以财成天地之道,辅相天地之宜,以左右民。

否　象曰:天地不交,否,君子以俭德辟难,不可荣以禄。

同人象曰:天与火,同人,君子以类族辨物。

大有象曰:火在天上,大有,君子以遏恶扬善,顺天休命。

谦　象曰:地中有山,谦,君子以裒多益寡,称物平施。

豫　象曰:雷出地奋,豫,先王以作乐崇德,殷荐之上帝,以配祖考。

随　象曰:泽中有雷,随,君子以向晦入宴息。

蛊　象曰:山下有风,蛊,君子以振民育德。

临　象曰:泽上有地,临,君子以教思无穷,容保民无疆。

观　象曰:风行地上,观,先王以省方,观民设教。

噬嗑象曰:雷电,噬嗑,先王以明罚敕法。

贲　象曰:山下有火,贲,君子以明庶政,无敢折狱。

剥　象曰:山附于地,剥,上以厚下安宅。

复　象曰:雷在地中,复,先王以至日闭关,商旅不行,后不省方。

无妄象曰:天下雷行,物与无妄,先王以茂对时育万物。

大畜象曰:天在山中,大畜,君子以多识前言往行,以畜其德。

颐　象曰:山下有雷,颐,君子以慎言语节饮食。

大过象曰:泽灭木,大过,君子以独立不惧,遁世无闷。

坎　象曰：水洊至，习坎，君子以常德行，习教事。

离　象曰：明两作，离，大人以继明照于四方。

咸　象曰：山上有泽，咸，君子以虚受人。

恒　象曰：雷风，恒，君子以立不易方。

遁　象曰：天下有山，遁，君子以远小人，不恶而严。

大壮象曰：雷在天上，大壮，君子以非礼弗履。

晋　象曰：明出地上，晋，君子以自昭明德。

明夷象曰：明入地中，明夷，君子以莅众，用晦而明。

家人象曰：风自火出，家人，君子以言有物，而行有恒。

睽　象曰：上火下泽，睽，君子以同而异。

蹇　象曰：山上有水，蹇，君子以反身修德。

解　象曰：雷雨作，解，君子以赦过宥罪。

损　象曰：山下有泽，损，君子以惩忿窒欲。

益　象曰：风雷，益，君子以见善则迁，有过则改。

夬　象曰：泽上于天，夬，君子以施禄及下，居德则忌。

姤　象曰：天下有风，姤，后以施命诰四方。

萃　象曰：泽上于地，萃，君子以除戎器，戒不虞。

升　象曰：地中生木，升，君子以顺德，积小以高大。

困　象曰：泽无水，困，君子以致命遂志。

井　象曰：木上有水，井，君子以劳民劝相。

革　象曰：泽中有火，革，君子以治历明时。

鼎　象曰：木上有火，鼎，君子以正位凝命。

震　象曰：洊雷，震，君子以恐惧修省。

艮　象曰：兼山，艮，君子以思不出其位。

渐　象曰：山上有木，渐，君子以居贤德善俗。

归妹象曰：泽上有雷，归妹，君子以永终知敝。

丰　象曰：雷电皆至，丰，君子以折狱致刑。

旅　象曰：山上有火，旅，君子以明慎用刑而不留狱。

巽　象曰：随风，巽，君子以申命行事。

兑　象曰：丽泽，兑，君子以朋友讲习。

涣　象曰：风行水上，涣，先王以享于帝立庙。

节　象曰：泽上有水，节，君子以制数度议德行。

中孚象曰：泽上有风，中孚，君子以议狱缓死。

小过象曰：山上有雷，小过，君子以行过乎恭，丧过乎哀，用过乎俭。

既济象曰：水在火上，既济，君子以思患而豫防之。

未济象曰：火在水上，未济，君子以慎辨物居方。

《易经·象传》中除冠以“君子”外，同义的还有“先王”“大人”“上”“后”等；“先王”七，“后”二，“上”一，“大人”一，“君子”之说五十三。《大象传》中“先王”“后”“大人”“上”与“君子”意义相同略有差异。如“比”，“象曰：先王以建万国亲诸侯”，此处“先王”即指先辈君王，周朝以上之圣君；而“复”，“象曰：先王以至日闭关，商旅不行，后不省方”中的“先王”可能是指文王；“涣”，“象曰：先王以享于帝立庙”中的“先王”可能是指武王。“离”，“象曰：大人以继明照于四方”中“大人”“文言”中有述，应是同义，即“与天地合其德，与日月合其明，与四时合其序，与鬼神合其吉凶”之“大人”。“后”为君王之称，多见于夏代。“《易》之兴也，其当殷之末世，周之盛德邪？当文王与纣王事邪？”通过这套“君子之道”，“文武革命”才有了较为完备的文化资源，才使得西周王朝成为天下归心的革命营垒。

## 第二节　封王建国

### 一、建立王朝

武王即位十三年，大会诸侯于盟津，率各路诸侯誓师伐商。《尚书·泰誓》是这样记述的：

惟十有三年春，大会于孟津。

王曰："嗟！我友邦冢君，越我御事庶士，明听誓。惟天地万物父母，惟人万物之灵。亶聪明作元后，元后作民父母。今商王受弗敬上天，降灾下民，沉湎冒色，敢行暴虐，罪人以族，官人以世。惟宫室、台榭、陂池、侈服，以残害于尔万姓。焚炙忠良，刳剔孕妇。皇天震怒，命我文考肃将天威，大勋未集。肆予小子发，以尔友邦冢君观政于商，惟受罔有悛心，乃夷居，弗事上帝神祇，遗厥先宗庙弗祀，牺牲粢盛，既于凶盗。乃曰：'吾有民有命！'罔惩其侮。

"天佑下民，作之君，作之师，惟其克相上帝，宠绥四方。有罪无罪，予曷敢有越厥志？同力度德，同德度义。受有臣亿万，惟亿万心；予有臣三千，惟一心。商罪贯盈，天命诛之；予弗顺天，厥罪惟钧。

"予小子夙夜祗惧。受命文考，类于上帝，宜于冢土，以尔有众，厎天之罚。天矜于民，民之所欲，天必从之。尔尚弼予一人，永清四海。时哉，弗可失！"

惟戊午，王次于河朔，群后以师毕会。王乃徇师而誓。曰："呜呼！西土有众，咸听朕言。我闻吉人为善，惟日不足；凶人为不善，亦惟日不足。今商王受力行无度，播弃犂老，昵比罪人，淫酗肆虐。臣下化之，朋家作仇，胁权相灭。无辜吁天，秽德彰闻。

"惟天惠民，惟辟奉天。有夏桀弗克若天，流毒下国。天乃佑命成汤，降黜夏命。惟受罪浮于桀，剥丧元良，贼虐谏辅，谓己有天命，谓敬不足行，谓祭无益，谓暴无伤。厥鉴惟不远，在彼夏王。天其以予乂民，朕梦协朕卜，袭于休祥，戎商必克。受有亿兆夷人，离心离德；予有乱臣十人①，同心同德。虽有周亲，不如仁人。

"天视自我民视，天听自我民听。百姓有过，在予一人，今朕必往。

"我武惟扬，侵于之疆，取彼凶残；我伐用张，于汤有光！

"勖哉夫子！罔或无畏，宁执非敌。百姓懔懔，若崩厥角。呜呼！乃

---

① 十人，周公旦、召公奭、太公望、毕公、荣公、太颠、闳夭、散宜生、南宫括和文母。《论语·泰伯》："武王曰：'予有乱臣十人。'孔子曰：'才难，不其然乎？唐虞之际，于斯为盛。有妇人焉，九人而已。三分天下有其二，以服事殷。周之德，其可谓至德也已矣。'"参见《尚书译注》第199页。

一德一心,立定厥功,惟克永世。”

时厥明,王乃大巡六师,明誓众士。

王曰:“呜呼!我西土君子。天有显道,厥类惟彰。今商王受狎侮五常,荒怠弗敬,自绝于天,结怨于民,斮朝涉之胫,剖贤人之心,作威杀戮,毒痡四海。崇信奸回,放黜师保,屏弃典刑,囚奴正士。郊社不修,宗庙不享,作奇技淫巧以悦妇人,上帝弗顺,祝降时丧。尔其孜孜奉予一人,恭行天罚!

“古人有言曰:‘抚我则后,虐我则雠。’独夫受洪惟作威,乃汝世雠。树德务滋,除恶务本,肆予小子诞以尔众士,殄歼乃雠。尔众士其尚迪果毅以登乃辟!功多有厚赏,不迪有显戮。

“呜呼!惟我文考若日月之照临,光于四方,显于西土,惟我有周诞受多方。予克受,非予武,惟朕文考无罪;受克予,非朕文考有罪,惟予小子无良。”

武王戎车三百辆,虎贲三千人,甲士四万五千人,与商纣战于牧野。纣王亦发兵七十万以拒武王。“王曰:‘嗟!我友邦冢君,御事,司徒、司马、司空、亚旅、师氏,千夫长、百夫长,及庸、蜀、羌、髳、微、卢、彭、濮人。称尔戈,比尔干,立尔矛,予其誓。”(《尚书·牧誓》)誓已,诸侯兵会车四千乘从武王,陈师牧野。《尚书·武成》记载了武王灭商建国的功绩与成就:

惟一月壬辰,旁死魄。越翼日癸巳,王朝步自周,于征伐商。厥四月哉生明,王来自商,至于丰。乃偃武修文,归马于华山之阳,放牛于桃林之野,示天下弗服。

丁未,祀于周庙,邦甸、侯、卫,骏奔走,执豆、笾。越三日,庚戌,柴望,大告武成。

既生魄,庶邦冢君暨百工,受命于周。

王若曰:“呜呼!群后!惟先王建邦启土,公刘克笃前烈。至于大王,肇基王迹,王季其勤王家。我文考文王,克成厥勋,诞膺天命,以抚方夏。

大邦畏其力，小邦怀其德。惟九年，大统未集，予小子其承厥志。厎商之罪，告于皇天后土，所过名山大川，曰：'惟有道曾孙周王发，将有大正于商。今商王受无道，暴殄天物，害虐烝民。为天下逋逃主，萃渊薮。予小子既获仁人，敢祗承上帝，以遏乱略。华夏蛮貊罔不率俾。恭天成命，肆予东征，绥厥士女。惟其士女篚厥玄黄，昭我周王。天休震动，用附我大邑周。惟尔有神，尚克相予以济兆民，无作神羞！'

"既戊午，师逾孟津。癸亥，陈于商郊，俟天休命。甲子昧爽，受率其旅若林，会于牧野。罔有敌于我师，前徒倒戈，攻于后以北，血流漂杵。一戎衣，天下大定。乃反商政，政由旧。释箕子囚，封比干墓，式商容闾。散鹿台之财，发钜桥之粟，大赉于四海，而万姓悦服。"

列爵惟五，分土惟三。建官惟贤，位事惟能。重民五教，惟食丧祭。惇信明义，崇德报功。垂拱而天下治。

一月壬辰日，刚过了初一。到了第二天，癸巳日，周武王早晨从周都镐京出发，前往征伐商朝。四月，月亮开始发光那一天，武王伐商归来，到达丰邑。于是停止武备，修治文教，放马归于华山之南，放牛归于桃林之野，向天下表示不再驭使。

丁未日，周武王在周祖庙祭祀，建国于甸服、侯服、卫服的诸侯急忙赶来助祭，陈设木豆、竹笾等祭器。又过了三天，庚戌日，举行祭祀天的柴祭，祭祀山川的望祭，遍告伐商成功。

在月亮生出光的一个日子里，众多诸侯国的大君和百官，接受周天子的政命。周武王这样说："啊！众位诸侯！我先王后稷建立邦国，开辟疆土，公刘能够增进先王的功业，到了太王古公亶父开始建立王者的基业，王季勤政于王家。我的父亲文王，能够成就先王的功勋，他承受上帝大命，以安抚天下。大国畏惧他的威力，小国怀念他的德政。文王在诸侯归附的第九年辞世，大业尚未成功。我将继承他的遗志，把商纣王的罪行，举报给皇天后土以及所经过的名山大川。我说：'遵行天道的曾孙周王姬发，将大规模征伐商朝。当今的商纣王不遵天道，残暴灭绝天物，伤害虐杀民众，成为天下罪人逃犯的魁主，商都成为罪人聚集的地方。我得到了一些贤仁之士，愿意供奉上帝，以断绝动乱之路。中原和四夷无不遵从。供奉上帝的既定命令，所以我东征商纣王，安定天下的男女众民。这些男女众民用竹筐装着黑、黄二色的丝帛，前来见我。上帝的善德感动了天下，因此归附我大周国，希望你们众神灵，都能够帮助我，救助天下万民，不要使你们神灵蒙羞！’

“不久是戊午日，我们的军队从孟津渡过黄河。癸亥日，在商都郊外排好阵势，等待天亮。甲子日黎明时分，商纣王率领他那多如林木的军队，会战于牧野。但商军没有和我们军队为敌的，前军掉转兵器，反戈一击，攻击后面的军队，导致纣军败退，血流成河，甚至可以漂浮舂杵。一次用兵，天下彻底安定。于是废除商纣王的暴政，恢复过去商先王的善政。释放被囚禁的箕子，整修比干的坟墓，礼敬商容居里。散发鹿台府库聚敛的财货，发放钜桥粮仓囤积的粟米，普遍地施舍给天下，万民心悦诚服。”

周武王班列爵位为五等，公、侯、伯、子、男；分封土地为三品，公侯方百里、伯七十里、子男各五十里。选立官员只是任用贤能。重视对民众实施君臣、父子、夫妇、兄弟、长幼五典之教，重视民食、丧死、祭祀三事。惇厚诚信，显明义理，尊崇有德，报答有功。从此，周武王垂衣拱手，天下大治。①

## 二、分封诸侯

西周王朝继承了夏王朝的“爵命”和“封邦”“赐姓”制度，并借鉴了商王朝的“功臣、妇、子之封”等行之有效的手段，结合周初政治形势的需要，明确提出了“封建亲戚，以蕃屏周”（《左传・僖公二十四年》）的战略措施，在新占领地区大规模地封诸侯、建同姓，从而使夏商以来的分封制更加完善，西周王朝成为高度中央集权的封建王朝。

武王灭商后，开始了周初的第一次大分封。“行狩、记政事、作《武成》。封诸侯，班赐宗彝，作《分殷之器物》。武王追思先圣王，乃褒封神农之后于焦，黄帝之后于祝，帝尧之后于蓟，帝舜之后于陈，大禹之后于杞。于是封功臣谋士，而师尚父为首封。封尚父于营丘，曰齐。封弟周公旦于曲阜，曰鲁。封召公奭于燕。封弟叔鲜于管，弟叔度于蔡。余各以次受封。”（《史记・周本纪》）“封纣子武庚禄父以续殷

---

① 译文参考《尚书译注》，第209—216页。

祀,使管叔、蔡叔傅相之。""武王为殷初定未集,乃使其弟管叔鲜、蔡叔度相禄父治殷。"(《史记·周本纪》)武王在管叔、蔡叔的辅佐之下,维持和稳定周王朝对故商王国畿内之地的统治。

"武王伐纣之年,夏四月,乙卯,祀于周庙,将率之士皆封。诸侯国四百人,兄弟之国十五人,同姓之国四十人。"[①]《左传·昭公九年》:"我自夏以后稷,魏、骀、芮、岐、毕,吾西土也。及武王克商,蒲姑、商奄,吾东土也。巴、濮、楚、邓,吾南土也。肃慎、燕、亳,吾北土也。吾何迩封之有?文、武、成、康之建母弟,以蕃屏周。"

"武王同母兄弟十人。母曰太姒,文王正妃也。其长子曰伯邑考,次曰武王发,次曰管叔鲜,次曰周公旦,次曰蔡叔度,次曰曹叔振铎,次曰成叔武,次曰霍叔处,次曰康叔封,次曰冉季载。冉季载最少。同母昆弟十人,唯发、旦贤,左右辅文王,故文王舍伯邑考而以发为太子。及文王崩而发立,是为武王。伯邑考既已前卒矣。武王已克殷纣,平天下,封功臣昆弟。于是封叔鲜于管,封叔度于蔡,二人相纣子武庚禄父,治殷遗民。封叔旦于鲁而相周,为周公。封叔振铎于曹,封叔武于成,封叔处于霍。康叔封、冉季载皆少,未得封。"(《史记·管蔡世家》)

武王崩,"太子诵代立,是为成王。成王少,周初定天下,周公恐诸侯畔周,公乃摄行政当国。管叔、蔡叔群弟疑周公,与武庚作乱,畔周。周公奉成王命,伐诛武庚、管叔,放蔡叔。以微子开代殷后,国于宋。颇收殷余民,以封武王少弟封为卫康叔。晋唐叔得嘉禾,献之成王,成王以归周公于兵所。周公受禾东土,鲁天子之命。初,管、蔡畔周,周公讨之,三年而毕定,故初作《大诰》,次作《微子之命》,次《归禾》,次《嘉禾》,次《康诰》《酒诰》《梓材》,其事在《周公》之篇。周公行政七年,成王长,周公反政成王,北面就群臣之位。"(《史记·周本纪》)《史记·管蔡世家》载,"周公旦承成王命伐诛武庚,杀管叔,而放蔡叔,迁之,与车十乘,徒七十人从。而分殷余民为二:其一封微子启于宋,以续殷祀;其二封康叔为卫君,是为卫康叔。封季载于冉。冉季、康叔皆有驯行,于是周公举康叔为周司寇,冉季为周司空,以佐成王治,皆有令名于天下。"

周公东征平息了"三监"叛乱,开始了西周王朝的第二次大分封。《左传·僖公

---

① 转引自陈子展:《诗经直解》,复旦大学出版社1983年版,第146页。

二十四年》载:“昔周公吊二叔之不咸,故封建亲戚,以蕃屏周。管、蔡、郕、霍、鲁、卫、毛、聃、郜、雍、曹、滕、毕、原、酆、郇,文之昭也。邘、晋、应、韩,武之穆也。凡、蒋、邢、茅、胙、祭,周公之胤也。”姬姓子弟被分封到全国各地,成为西周王朝的“藩屏”。不仅如此,周公还承成王命,诛武庚,杀管叔,放蔡叔。之后,乃命微子启代殷后,奉其先祀,作《微子之命》以申子,国于宋。微子故能仁贤,乃代武庚,故殷之余民甚爱戴之。商朝的另一位仁人箕子则被分封在朝鲜,所以自古以来朝鲜与中国的关系就非同一般。箕子后来回中国,过殷墟,甚有感叹,还曾与武王对话,由此诞生了中国古代体现华夏民族核心价值观的文化经典《尚书·洪范》。《荀子·儒效》说周公分封诸侯“兼制天下,立七十一国,姬姓独居五十三人”。

《左传·定公四年》记,周初成王大分封时,封鲁公“殷民六族:条氏、徐氏、萧氏、索氏、长勺氏、尾勺氏”,封康叔“殷民七族:陶氏、施氏、繁氏、琦氏、樊氏、饥氏、终葵氏”,封唐叔“怀姓九宗”等。事情的经过是这样的:

从前武王战胜商朝,成王平定天下,选择有明德的人分封,以作为周朝的藩篱屏障。所以周公辅佐王室,以治理天下,诸侯也和周朝和睦相处。分赐给鲁公大辂、大旂、夏后氏的璜玉,封父的良弓,还有殷朝的六个家族:条氏、徐氏、萧氏、索氏、长勺氏、尾勺氏,让他们率领大宗,集合小宗,统治部下的奴隶,来服从周公的法制,由此归附周朝听取命令。这是让他在鲁国执行职务,以宣扬周公的明德。分赐给康叔大辂、少白、绪茷、旃旌、大吕,还有殷朝的七个家族:陶氏、施氏、繁氏、锜氏、樊氏、饥氏、终葵氏。分赐给唐叔大辂、密须国的鼓、阙巩生产的皮甲、沽洗钟,还给怀姓的九个宗族,五正的职官,用《唐诰》来告诫他而把他封在夏朝的故城。

受封的诸侯拥有两宝:土地和人民。周王是大大小小诸侯的顶头上司,他通过巡守、监国和诸侯述职来掌握地方封国的情况。“天子适诸侯曰巡守。巡守者,巡所守也。”而诸侯“朝于天子曰述职,述职者,述所职也”。诸侯朝见天子,“春见曰朝,夏见曰宗,秋见曰觐,冬见曰遇。时见曰会,殷见曰同。”如果诸侯拒绝向王述职朝觐,就会受到惩罚。“一不朝则贬其爵,再不朝则削其地,三不朝则六师移之。”

地方诸侯对西周王朝应负的义务主要有:1. 被分封的各国诸侯,根据军事、政治形势的需要和周王的意旨,有义务“不就封”而留在中央王朝任职。如周公旦和召公奭虽被封在鲁、燕,但他们都留在了西周中央王朝,任太师、太保辅政,统驭百官。而康叔虽封于卫，但也被成王调往中央任司寇之职，主管西周的刑罚。2. 地方诸侯要定期朝觐周王。《礼记·明堂位》载："六年，朝诸侯于明堂，制礼作乐，颁度量而天下服。七年，致政于成王。"周公摄政期间，大会天下诸侯于宗周，正是他完成了"一年救乱，二年克殷，三年践奄，四年建侯于卫，五年营成周，六年制礼作乐，七年返政于成王"等周初重大军事、政治决策，西周王朝日渐巩固。《礼记·王制》也说："诸侯之于天子也，比年一小聘，三年一大聘，五年一朝。"3. 外服诸侯要向中央缴纳贡赋。《左传·僖公四年》载齐桓公以诸侯之师伐楚的借口之一，就是"尔贡苞茅不入，王祭不共，无以缩酒"。贡赋虽然不多，但更重要的是表示诸侯对周天子宗主地位的承认。4. 外服诸侯有义务藩屏周室，必要时须出兵"勤王"。西周末年，幽王昏乱，宠爱褒姒。为了博得褒姒一笑，幽王举烽火召诸侯。诸侯悉至，至而无寇，褒姒乃大笑。幽王悦之，为数举烽火。其后不信，诸侯亦不至。当申侯勾结缯侯、西夷犬戎进攻宗周时，幽王再举烽火征兵，无人勤王，结果幽王被杀于骊山下。西周王朝由此灭亡。而与此同时，秦国、晋国、郑国发兵勤王，帮助平王东迁，因此秦襄公、晋文侯、郑武公得到了东周开国君主周平王的器重，东周王朝的建立，正是各国诸侯勤王的结果。

## 三、宗法天下

西周王朝的分封制是与宗法制互为表里的。周天子对各国诸侯来说是大宗。而各国诸侯虽然对其国内的卿大夫而言亦为大宗，但对周王室来说是小宗。宗法的血缘关系，使西周贵族统治阶级同姓为"兄弟"，异姓为"甥舅"，君统与宗统相结合，加强了周天子共主的地位。①

宗法制度的核心，就在于维护"嫡长子继承制"。《春秋公羊传·隐公元年》说："立適（即嫡）以长不以贤。立子以贵不以长。"注谓："適，谓適夫人之子尊无与敌，故以齿。子，谓左右媵及姪娣之子位有贵贱，又防其同时而生，故以贵也。"这里说的继承制，就是要满足两个条件，一是嫡子，即正妻所生；二是长子，即老大。嫡子承嗣，为世代相传的"大宗"。而其余的庶子（即诸弟）即为"别子"，他们对嫡子的大

---

① 参见《中国政治制度通史》第二卷，第316页。

宗来说,是为“小宗”。

周天子与同姓诸侯,实际上是一个宗族的放大。《诗经·大雅·文王》“文王孙子,本支百世”。注谓:“本,本宗也。支,支子也。”郑笺说:文王“以受命造始周国,故天下君之。其子孙適(即嫡)为天子,庶为诸侯,皆百世”。周天子嫡长子世代相传,是为天下大宗。而各诸侯国君是别子,对周天子天下大宗而言,是为小宗。但在诸侯国内,诸侯是天子的庶子,“别子为祖”,诸侯的嫡长子“继别为宗”,在诸侯国内,自然就成了“百世不迁”的“大宗”。而卿大夫为诸侯的庶子,只有资格“继祢”,对诸侯的大宗而言,就成“小宗”了。

周初的大分封,是以西周王族的宗法血缘关系为依据的。可以说,是西周王朝姬姓家族内部权力和财富的再分配。西周姬姓王族的子弟,诸如“文之昭”“武之穆”和“周公之胤”等以及异姓“亲戚”,被分封到全国各个战略要地。他们就封到各地以后,尊天子为“天下大宗”。但同时也以宗法等级制为基础,再在自己的家族内进行权力和财富的再分配。《左传·桓公二年》说:“天子建国,诸侯立家,卿置侧室,大夫有贰宗,士有隶子弟,庶人、工、商各有分亲,皆有等衰。”《孟子·万章(下)》说:“天子之卿受地视诸侯,大夫受地视伯,元士受地视子男。”就这样,西周王朝形成了姬姓“大宗”周天子为首,姬姓“小宗”诸侯为骨干的完备的宗法社会。

西周王朝在建立以前,周国还没有确定较为明确的嫡长子继承制度。自周武王以后,在周公、召公等重臣的全力维护下,西周王朝的王位由王族嫡长子继承才成为制度。武王崩,“太子诵代立,是为成王”;“成王将崩,惧太子钊之不任,乃命召公、毕公率诸侯以相太子而立之。成王既崩,二公率诸侯,以太子钊见于先王庙”。“太子钊遂立,是为康王。”成康年间,“天下安宁,刑错四十余年不用”。西周王朝武王和周公所确立的王位嫡长子世袭制,防止了由于争夺最高权力而造成的王族内部矛盾和互相残杀,保证了姬姓家族所占据的最高统治地位的连续性和稳定性。这一制度和传统的“父死子继、兄终弟及”一直影响了中国政治几千年,可以说是深入人心,甚至在今天普通老百姓的家庭继承问题上,也多半根据这一继承原则。

西周王朝还设官分职以巩固自己的王权统治。《尚书·立政》载:周公若曰:“拜手稽首,告嗣天子王矣。”用咸戒于王,曰:“王左右常伯、常任、准人、缀衣、虎贲。”“亦越文王武王克知三有宅心,灼见三有俊心,以敬事上帝,立民长伯。立政:

任人、准夫、牧，作三事。虎贲、缀衣、趣马小尹、左右携仆、百司庶府。大都小伯、艺人、表臣百司、太史、尹伯，庶常吉士。司徒、司马、司空、亚旅。夷微卢烝。三亳阪尹。”到了文王、武王时，他们都能够知道三宅之人的选拔标准，明白地看到有才德人的思想，用恭敬的态度侍奉上帝，为民众建立官长。设立了以下的官职：任人、准夫、牧，负责政务、法律、管理民众。虎贲、缀衣、趋马小尹、左右携仆、百司庶府，负责侍奉国君。大都小伯、艺人、表臣百司、太史、尹伯，管内外朝官员，他们各司职守，妥善地处理好各种事务。设立司徒、司马、司空、亚旅等官职。东方的夷、南方的微、西方的卢等少数民族都有自己的君王。在商和夏的旧都设立了官长。

《尚书·周官》记录了周成王向百官阐述周王朝设官、分职、居官的法则：

惟周王抚万邦，巡侯甸，四征弗庭，绥厥兆民。六服群辟，罔不承德。归于宗周，董正治官。

王曰：“若昔大猷，制治于未乱，保邦于未危。”

曰：“唐虞稽古，建官惟百。内有百揆四岳。外有州牧侯伯。庶政惟和，万国咸宁。夏商官倍，亦克用乂。明王立政，不惟其官，惟其人。今予小子祗勤于德，夙夜不逮。仰惟前代时若，训迪厥官。

“立太师、太傅、太保，兹惟三公。论道经邦，燮理阴阳。官不必备，惟其人。

“少师、少傅、少保，曰三孤。贰公弘化，寅亮天地，弼予一人。

“冢宰掌邦治，统百官，均四海。司徒掌邦教，敷五典，扰兆民。宗伯掌邦礼，治神人，和上下。司马掌邦政，统六师，平邦国。司寇掌邦禁，诘奸慝，刑暴乱。司空掌邦土，居四民，时地利。六卿分职，各率其属，以倡九牧，阜成兆民。

“六年，五服一朝。又六年，王乃时巡，考制度于四岳。诸侯各朝于方岳，大明黜陟。”

王曰：“呜呼！凡我有官君子，钦乃攸司。慎乃出令，令出惟行，弗惟反。以公灭私，民其允怀。学古入官，议事以制，政乃不迷。其尔典常作之师，无以利口乱厥官。蓄疑败谋，怠忽荒政。不学墙面，莅事惟烦。

“戒尔卿士，功崇惟志，业广惟勤，惟克果断，乃罔后艰。位不期骄，禄不期侈。恭俭惟德，无载尔伪。作德心逸日休，作伪心劳日拙。居宠思危，罔不惟畏，弗畏入畏。推贤让能，庶官乃和，不和政庬。举能其官，惟尔之能；称匪其人，惟尔不任。”

王曰：“呜呼！三事暨大夫：敬尔有官，乱尔有政，以佑乃辟。永康兆民，万邦惟无斁。”

周成王安抚天下，巡行诸侯国，四面征讨反叛朝廷的诸侯，安定亿万民众。各方诸侯没有不承顺周王的德教。周成王返回宗周丰京，督导戒敕治事的官员。

成王说：“顺从古代的治政之道，制定政教要在国家还没有出现动乱的时候，安定国家要在国家还没有出现危机的时候。”

成王说：“唐尧、虞舜考察古代的历史，设立官职一百左右。内有百揆、四岳，外有州牧、侯伯。各种政事和顺，天下四方得到安宁。夏代、商代官员数量增加了一倍，也能用来治理。明智的君王设立官长，不在于官职多少，而在于任用贤人。现在年轻的我，恭敬勤劳于德政，从早到晚地干都赶不上。仰慕古代，顺从古人，像他们那样建立官职。

“设置太师、太傅、太保这三公。讲明道理，调和阴阳。三公不必齐备，关键在于用有德的人。

“少师、少傅、少保，称为三孤。协助三公弘扬道化，敬明天神地祇，辅弼我。

“冢宰主管治理国政，统领百官，协调天下四方。司徒，主管国家教化，传播五常之教，安定民众。宗伯，主管国家礼仪，处理神与人关系的祭祀事务，协调上下尊卑关系。司马，主管国家军政，统领六师，安定国家。司寇，主管国家司法，查办奸恶之徒，惩罚暴乱者。司空，主管国家土地，安置士农工商四类人，顺应天时，以获得地利。上述六卿分掌职事，各自统率自己的属官，以倡导天下四方的诸侯，使天下百姓富足安康。

“每隔六年，四方诸侯来朝觐一次。再过六年，天子按季节分别巡视天下四方，在四岳考察诸侯的礼法制度。各方诸侯前往四岳朝觐天子，天子对所有诸侯公开进行升降赏罚。”

成王说："啊！凡是我周朝在位的官员们，恭敬你们所主管的职事，慎重对待你们发布的政令，政令一出只能实行，不能违逆。用公心消除私欲，民众就将心悦诚服。先学古代成法，再做官治政。商议政事后再行裁度，政事就不会出现错误。希望你们自己用已有的典常作为法则，不要以辩言巧语扰乱那些官员。积疑不决，必败坏谋略，懈怠轻忽，必荒废政事。人不学习，犹如面墙而立，一无所见，临事就会烦乱。

"告诫你们诸位卿士大臣，功高在于立志，业广在于勤勉，遇事能够果断，就不会有后来的艰难。居官不当骄傲，享禄不当奢侈。恭敬节俭就是美德，不要干奸伪之事。行德，内心逸乐日日休美；作伪，内心劳苦日日笨拙。身居宠位而忧患思危，没有什么不应当畏惧的，假如不知畏惧，就会进入可畏的境地。推举贤人，谦让能人，官员们就能和睦相处，不和睦政事就会杂乱无章。推举的人能称其官职，是你们的贤能。推举的人不称其官职，是你们不能胜任。"

成王说："啊！任人、准夫、牧作三司和大夫们，恭敬你们的职守，治理好你们的政事，以此辅弼你们的君王。长久安定亿万民众，天下四方就不会厌弃周朝了。"①

三公、三孤、六卿的官制，到了秦汉时期演变为"三公九卿"的中央职官系统。

## 第三节 制礼作乐

### 一、周公摄政

周公是中国文化史上可以大书特书的人物，他在成王年幼的情况下，摄政七年，救乱、平叛、营洛、制作礼乐，巩固了西周王朝；他还制作了许多典章，把中国文化发展的路线引入人文主义的方向而不是神道主义的方向。他是孔子以前中国文化最伟大的引领者。

《史记·鲁周公世家》载：

① 译文参见《尚书译注》，第357—363页。

周公旦者，周武王弟也。自文王在时，旦为子孝，笃仁，异于群子。及武王即位，旦常辅翼武王，用事居多。武王九年，东伐至盟津，周公辅行。十一年，伐纣，至牧野，周公佐武王，作《牧誓》。破殷，入商宫。已杀纣，周公把大钺，召公把小钺，以夹武王，衅社，告纣之罪于天，及殷民。释箕子之囚。封纣子武庚禄父，使管叔、蔡叔傅之，以续殷祀。遍封功臣同姓戚者。封周公旦于少昊之墟曲阜，是为鲁公。周公不就封，留佐武王。

武王克殷二年，天下未集，武王有疾，不豫，群臣惧，太公、召公乃缪卜。周公曰："未可以戚我先王。"周公于是乃自以为质，设三坛，周公北面立，戴璧秉圭，告于太王、王季、文王。史策祝曰："惟尔元孙王发，勤劳阻疾。若尔三王是有负子之责于天，以旦代王发之身。旦巧能，多材多艺，能事鬼神。乃王发不如旦多材多艺，不能事鬼神。乃命于帝庭，敷佑四方，用能定汝子孙于下地，四方之民罔不敬畏。无坠天之降葆命，我先王亦永有所依归。今我其即命于元龟，尔之许我，我以其璧与圭归，以俟尔命。尔不许我，我乃屏璧与圭。"周公已令史策告太王、王季、文王，欲代武王发，于是乃即三王而卜。卜人皆曰吉，发书视之，信吉。周公喜，开籥，乃见书遇吉。周公入贺武王曰："王其无害。旦新受命三王，维长终是图。兹道能念予一人。"周公藏其策金縢匮中，诫守者勿敢言。明日，武王有瘳。

其后武王既崩，成王少，在强葆之中。周公恐天下闻武王崩而畔，周公乃践阼代成王摄行政当国。管叔及其群弟流言于国曰："周公将不利于成王。"周公乃告太公望、召公奭曰："我之所以弗辟而摄行政者，恐天下畔周，无以告我先王太王、王季、文王。三王之忧劳天下久矣，于今而后成。武王蚤终，成王少，将以成周，我所以为之若此。"于是卒相成王，而使其子伯禽代就封于鲁。周公戒伯禽曰："我文王之子，武王之弟，成王之叔父，我于天下亦不贱矣。然我一沐三捉发，一饭三吐哺，起以待士，犹恐失天下之贤人。子之鲁，慎无以国骄人。"

管、蔡、武庚等果率淮夷而反。周公乃奉成王命，兴师东伐，作《大诰》。遂诛管叔，杀武庚，放蔡叔。收殷馀民，以封康叔于卫，封微子于宋，以奉殷祀。宁淮夷东土,二年而毕定。诸侯咸服宗周。

天降祉福,唐叔得禾,异母同颖,献之成王,成王命唐叔以馈周公于东土,作《馈禾》。周公既受命禾,嘉天子命,作《嘉禾》。东土以集,周公归报成王,乃为诗贻王,命之曰《鸱鸮》。王亦未敢训周公。

成王七年二月乙未,王朝步自周,至丰,使太保召公先之雒相土。其三月,周公往营成周雒邑,卜居焉,曰吉,遂国之。

成王长,能听政。于是周公乃还政于成王,成王临朝。周公之代成王治,南面倍依以朝诸侯。及七年后,还政成王,北面就臣位,匑匑如畏然。

初,成王少时,病,周公乃自揃其蚤沈之河,以祝於神曰:"王少未有识,奸神命者乃旦也。"亦藏其策于府。成王病有瘳。及成王用事,人或谮周公,周公奔楚。成王发府,见周公祷书,乃泣,反周公。周公归,恐成王壮,治有所淫佚,乃作《多士》,作《毋逸》。《毋逸》称:"为人父母,为业至长久,子孙骄奢忘之,以亡其家,为人子可不慎乎!故昔在殷王中宗,严恭敬畏天命,自度治民,震惧不敢荒宁,故中宗飨国七十五年。其在高宗,久劳于外,为与小人,作其即位,乃有亮暗,三年不言,言乃欢,不敢荒宁,密靖殷国,至于小大无怨,故高宗飨国五十五年。其在祖甲,不义惟王,久为小人于外,知小人之依,能保施小民,不侮鳏寡,故祖甲飨国三十三年。"《多士》称曰:"自汤至于帝乙,无不率祀明德,帝无不配天者。在今后嗣王纣,诞淫厥佚,不顾天及民之从也。其民皆可诛。""文王日中昃不暇食,飨国五十年。"作此以诫成王。

成王在丰,天下已安,周之官政未次序,于是周公作《周官》,官别其宜。作《立政》,以便百姓。百姓说。

周公在丰,病,将没,曰:"必葬我成周,以明吾不敢离成王。"周公既卒,成王亦让,葬周公于毕,从文王,以明予小子不敢臣周公也。

周公卒后,秋未获,暴风雷,禾尽偃,大木尽拔。周国大恐。

成王与大夫朝服以开金縢书,王乃得周公所自以为功代武王之说。二公及王乃问史百执事,史百执事曰:"信有,昔周公命我勿敢言。"成王执书以泣,曰:"自今后其无缪卜乎!昔周公勤劳王家,惟予幼人弗及知。今天动威以彰周公之德，惟朕小子其迎，我国家礼亦宜之。”王出郊，天乃雨，反风，禾尽起。二公命国人，凡大木所偃，尽起而筑之，岁见大孰。于是成王乃命鲁得郊祭文王。鲁有天子礼乐者，以褒周公之德也。

## 二、“六艺”“六经”与西周文化教育

西周时期的教育制度已经基本健全。《礼记·内则》中说：

子能食食，教以右手。能言，男唯女俞。男鞶革，女鞶丝。六年，教之数与方名。七年，男女不同席，不共食。八年，出入门户及即席饮食，必后长者，始教之让。九年，教之数日。十年，出就外傅，居宿于外，学书计，衣不帛襦袴，礼帅初，朝夕学幼仪，请肄简谅。十有三年，学乐，诵诗，舞“勺”。成童，舞“象”，学射御。二十而冠，始学礼，可以衣裘帛，舞“大夏”，惇行孝弟，博学不教，内而不出。三十而有室，始理男事，博学无方，孙友视志。四十始仕，方物出谋发虑，道合则服从，不可则去。五十命为大夫，服官政。七十致事。凡男拜，尚左手。女子十年不出，姆教婉娩听从，执麻枲，治丝茧，织纴组紃，学女事以共衣服，观于祭祀，纳酒浆、笾豆、菹醢，礼相助奠。十有五年而笄，二十而嫁，有故，二十三年而嫁。聘则为妻，奔则为妾。凡女拜，尚右手。

意思是说，孩子能吃饭了，就教他用右手。孩子能学说话了，就教给他们回答大人的叮嘱。教导时，男孩要答“唯”，唯是恭敬的应声；女孩要答“俞”，俞是婉顺的应声。身上的佩囊，男孩用的是皮制的，女孩用的是丝织的。皮质坚韧，武事所需；丝质柔软，女红所用。

孩子到了六岁，要教他们数目和方向名称。到了七岁，男孩女孩不同席共坐，不在一起进食。到了八岁，教导他们出入门户和入席饮食，必须在长者之后，开始教他们谦恭礼让。到了九岁，教给他们数日子，懂得初一、十五，明白天干地支。到了十岁，男孩女孩学习的内容就不同了。男孩到了十岁，就出外就学，在外面居住，

跟老师学习文字和计算。衣着俭朴，不穿丝绸做的衣裤，举止谦恭之礼还遵循早先在家中所学的，从早到晚实习少年奉事长者的礼仪，要求肄习的贵在简要而信实。到了十三岁，开始学习音乐，诵读《诗经》，学习名叫“勺”的一种文舞。年到十五岁，是为成童，开始学习名叫“象”的一种武舞，学习射箭和驾驭马车。到了二十岁，举行加冠礼，表示已经成人，开始学习种种大的礼仪，这时可以穿皮裘和丝帛，学习名叫“大夏”的大型舞蹈，笃行孝悌之道。这时唯须博学洽闻，不可为师教人；一意蕴藏美德，积累才能，不可炫耀表现。到了三十岁，娶妻成家，开始从事男人的工作，广泛地学习，没有局限，谦逊地结交朋友，观察对方的志趣思致，认真吸取。到了四十岁，开始做官任事，分辨事物的是非利害，轻重缓急，出主意，动脑筋。国家政令与道义相合，就积极服从；与道义不合，就辞职离去。年到五十岁，受命为大夫，担任国家某个方面的行政长官。到了七十岁，退休。凡男人行拜，左手覆在右手之上，左属阳。

女孩到了十岁，不随便出门，由女师教导她说话和婉，容貌柔顺，听从长者的吩咐；又教给她们缉麻纺线，养蚕缫丝，织缯帛，织丝绦——薄而宽的叫组，细而圆的叫紃，学习妇女的工作，以供制作衣服穿用；观看家庙举行祭祀，往庙室里递送酒浆、竹笾、木豆、腌菜、肉酱之类，祭礼进行时帮助奠放。女孩年满十五岁，开始订婚，举行加笄礼。二十岁出嫁，如果家有了父母之丧的变故，就推迟婚姻，一俟服丧期满，到二十三岁再出嫁。依礼聘娶的是妻，不依礼聘而往嫁的叫奔，奔则为妾。凡女子拜，右手覆在左手之上，右为阴。①

西周和夏、商一样，有教育子弟的学校设置。《孟子·滕文公（上）》说：“夏曰校，殷曰序，周曰庠。学则三代共之，皆所以明人伦也。”《礼记·王制》说：“天子命之教，然后为学。小学在公宫南之左，大学在郊。天子曰辟雍，诸侯曰泮宫。”周代的小学、大学是为贵族子弟而设的国中之学。贵族子弟八岁入小学，十五岁入大学。首先是品德教育。《周礼·地官司徒·师氏》：“以三德教国子。一曰至德以为道本。二曰敏德以为行本。三曰孝德以知逆恶。教三行。一曰孝行以亲父母。二曰友行以尊贤良。三曰顺行以事师长。”

---

① 译文参考王文锦：《礼记译解》，中华书局2001年版，第397—400页。

其次是专门的课程设置，教之以“六艺”“六仪”。《周礼·地官司徒·保氏》：“保氏掌谏王恶。而养国子以道。乃教之六艺。一曰五礼。二曰六乐。三曰五射。四曰五驭。五曰六书。六曰九数。乃教之六仪。一曰祭祀之容。二曰宾客之容。三曰朝廷之容。四曰丧纪之容。五曰军旅之容。六曰车马之容。”

“养国子以道者，以师氏之德行审谕之，而后教之以艺仪也。

五礼，吉、凶、宾、军、嘉也。

六乐，云门、大咸、大韶、大夏、大濩、大武也。

五射，白矢，参连、剡注、襄尺、井仪也。

五驭，鸣和鸾、逐水曲、过君表、舞交衢、逐禽左。

六书，象形、会意、转注、处事、假借、谐声也。

九数，方田、粟米、差分、少广、商功、均输、方程、嬴不足、旁要；今有重差、夕桀、勾股也。”

乃教之六仪，“祭祀之容，穆穆皇皇。宾客之容，严恪矜庄。朝廷之容，济济跄跄。丧纪之容，涕涕翔翔。军旅之容，阚阚仰仰。车马之容，颠颠堂堂”。

其中“五礼，吉、凶、宾、军、嘉”，又可细分为：

1. 吉礼“以吉礼事邦国之鬼神祇”。

(1)“以禋祀祀昊天上帝。”

(2)“以实柴祀日月星辰。”

(3)“以槱燎祀司中、司命、风师、雨师。”

(4)“以血祭祭社稷，五祀五岳。”

(5)“以貍沈祭山林川泽。”

(6)“以疈辜祭四方百物”以及享先王等。

2. 凶礼“以凶礼哀邦国之忧”。

(1)“以丧礼哀死亡。”

(2)“以荒礼哀凶札。”

(3)“以吊礼哀祸灾。”

(4)“以禬礼哀围败。”

(5)“以恤礼哀寇乱。”

3. 宾礼"以宾礼亲邦国。春见曰朝,夏见曰宗,秋见曰觐,冬见曰遇。时见曰会,殷见曰同。时聘曰问。殷眺曰视"。

4. 军礼"以军礼同邦国"。

(1)"大师之礼,用众也。"

(2)"大均之礼,恤众也。"

(3)"大田之礼,简众也。"

(4)"大役之礼,任众也。"

(5)"大封之礼,合众也。"

5. 嘉礼"以嘉礼亲万民"。

(1)"以饮食之礼,亲宗族兄弟。"

(2)"以昏冠之礼,亲成男女。"

(3)"以宾射之礼,亲故旧朋友。"

(4)"以飨燕之礼,亲四方之宾客。"

(5)"以脤膰之礼,亲兄弟之国。"

(6)"以贺庆之礼,亲异姓之国。"①

《礼记·王制》还有"六礼""七教""八政"之说:"六礼:冠、昏、丧、祭、乡、相见。七教:父子、兄弟、夫妇、君臣、长幼、朋友、宾客。八政:饮食、衣服、事为、异别、度、量、数、制。"另外,子弟入仕要进行选拔与淘汰。《礼记·王制》说,"命乡论秀士,升之司徒,曰选士。司徒论选士之秀者升之学,曰俊士。升于司徒者不征于乡,升于学者不征于司徒,曰造士。乐正崇四术,立四教,顺先王《诗》《书》《礼》《乐》以造士,春秋教以《礼》《乐》,冬夏教以《诗》《书》。王大子,王子,群后之大子,卿、大夫、元士之適子,国之俊选,皆造焉。凡入学以齿。""大乐正论造士之秀者以告于王,而升诸司马,曰进士。司马辨论官材,论进士之贤者以告于王,而定其论。论定然后官之,任官然后爵之,位定然后禄之。"形成了"秀士→选士→俊士→造士→进士"这么一个人才梯队。

具体的教学内容,则是以"四教"(诗、书、礼、乐)与"六经"(诗、书、礼、乐、易、春

---

① 根据《周礼·春官宗伯·大宗伯》整理。

秋)为主。《礼记·经解》载:

> 孔子曰:"入其国,其教可知也。其为人也,温柔敦厚,《诗》教也。疏通知远,《书》教也。广博易良,《乐》教也。洁静精微,《易》教也。恭俭庄敬,《礼》教也。属辞比事,《春秋》教也。故《诗》之失愚,《书》之失诬,《乐》之失奢,《易》之失贼,《礼》之失烦,《春秋》之失乱。其为人也,温柔敦厚而不愚,则深于《诗》者也。疏通知远而不诬,则深于《书》者也。广博易良而不奢,则深于《乐》者也。洁静精微而不贼,则深于《易》者也。恭俭庄敬而不烦,则深于《礼》者也。属辞比事而不乱,则深于《春秋》者也。"

后来的士子学人莫不深入"六艺",精研"六经"。总结出这样的结论:《诗》以道志,《书》以道事,《礼》以道行,《乐》以道和,《易》以道阴阳,《春秋》以道名分。孔子晚年,修订六经。五经都有蓝本,唯独《乐经》亡佚,有人认为《乐》因秦焚书而亡。

西周文化教育的至高境界就是"大学"境界。它不光是一个年级上的高低,更主要的是精神境界的高低。它不光是受他人教导,更主要的是自我修养。《礼记·大学》篇说明了这一点:

> 大学之道在明明德,在亲民,在止于至善。知止而后有定,定而后能静,静而后能安,安而后能虑,虑而后能得。物有本末,事有终始,知所先后,则近道矣。
>
> 古之欲明明德于天下者先治其国,欲治其国者先齐其家,欲齐其家者先修其身,欲修其身者先正其心,欲正其心者先诚其意,欲诚其意者先致其知,致知在格物。物格而后知至,知至而后意诚,意诚而后心正,心正而后身修,身修而后家齐,家齐而后国治,国治而后天下平。
>
> 自天子以至于庶人,壹是皆以修身为本。其本乱而末治者,否矣。其所厚者薄,而其所薄者厚,未之有也。此谓知本,此谓知之至也。

这就是后来为儒家奉为圭臬的"三纲八目"。由此而进德修善,次第前行,最终达到“天人合一”的大学境界。由此可见，西周文化教育的目的在于培养上达如此境界之“大人”。

## 三、《周礼》《仪礼》《礼记》与中国礼乐制度

“六经”中的《礼经》分为三部分，分别为《周礼》《仪礼》与《礼记》。自东汉学者郑玄分别给《周礼》《仪礼》《礼记》做了注解之后，才有了“三礼”这一名称。《周礼》是通过记述三百多种职官的职务，从而展开对社会政治制度的设想；《仪礼》记的是冠、婚、丧、祭、饮、射、燕、聘、觐的具体仪式；而《礼记》的内容则侧重于阐明礼的作用和意义。[①]

《周礼》分为六篇，分别是《天官冢宰第一》《地官司徒第二》《春官宗伯第三》《夏官司马第四》《秋官司寇第五》《冬官考工记第六》。

《周礼·天官冢宰第一》：

> 惟王建国，辨方正位，体国经野，设官分职，以为民极。乃立天官冢宰，帅其属，而掌邦治，以佐王均邦国。治官之属，大宰卿一人，小宰中大夫二人。……

《周礼·天官·大宰》：

> 大宰之职，掌建邦之六典，以佐王治邦国。一曰治典，以经邦国，以治官府，以纪万民。二曰教典，以安邦国，以教官府，以扰万民。三曰礼典，以和邦国，以统百官，以谐万民。四曰政典，以平邦国，以正百官，以均万民。五曰刑典，以诘邦国，以刑百官，以纠万民。六曰事典，以富邦国，以任百官，以生万民。
>
> 以八法治官府。一曰官属，以举邦治。二曰官职，以辨邦治。三曰官联，以会官治。四曰官常，以听官治。五曰官成，以经邦治。六曰官法，以

① 王文锦：《礼记译解》，中华书局2001年版，第1页。

正邦治。七曰官刑,以纠邦治。八曰官计,以弊邦治。

以八则治都鄙。一曰祭祀,以驭其神。二曰法则,以驭其官。三曰废置,以驭其吏。四曰禄位,以驭其士。五曰赋贡,以驭其用。六曰礼俗,以驭其民。七曰刑赏,以驭其威。八曰田役,以驭其众。

以八柄诏王驭群臣。一曰爵,以驭其贵。二曰禄,以驭其富。三曰予,以驭其幸。四曰置,以驭其行。五曰生,以驭其福。六曰夺,以驭其贫。七曰废,以驭其罪。八曰诛,以驭其过。

以八统诏王驭万民。一曰亲亲。二曰敬故。三曰进贤。四曰使能。五曰保庸。六曰尊贵。七曰达吏。八曰礼宾。

以九职任万民。一曰三农,生九谷。二曰园圃,毓草木。三曰虞衡,作山泽之材。四曰薮牧,养蕃鸟兽。五曰百工,饬化八材。六曰商贾,阜通货贿。七曰嫔妇,化治丝枲。八曰臣妾,聚敛疏材。九曰闲民,无常职,转移执事。

以九赋敛财贿。一曰邦中之赋。二曰四郊之赋。三曰邦甸之赋。四曰家削之赋。五曰邦县之赋。六曰邦都之赋。七曰关市之赋。八曰山泽之赋。九曰弊余之赋。

以九式均节财用。一曰祭祀之式。二曰宾客之式。三曰丧荒之式。四曰羞服之式。五曰工事之式。六曰币帛之式。七曰刍秣之式。八曰匪颁之式。九曰好用之式。

以九贡致邦国之用。一曰祀贡。二曰嫔贡。三曰器贡。四曰币贡。五曰材贡。六曰货贡。七曰服贡。八曰游贡。九曰物贡。

以九两系邦国之民。一曰牧,以地得民。二曰长,以贵得民。三曰师,以贤得民。四曰儒,以道得民。五曰宗,以族得民。六曰主,以利得民。七曰吏,以治得民。八曰友,以任得民。九曰薮,以富得民。……凡邦之小治,则冢宰听之,待四方之宾客之小治。岁终,则令百官府各正其治,受其会。听其致事,而诏王废置。三岁,则大计群吏之治而诛赏之。

《周礼·天官·小宰》：

> 小宰之职，掌建邦之官刑，以治王宫之政令。凡宫之纠禁，掌邦之六典、八法、八则之贰，以逆邦国、都鄙、官府之治。执邦之九贡、九赋、九式之贰，以均财节邦用。以官府之六叙，正群吏。一曰以叙正其位。二曰以叙进其治。三曰以叙作其事。四曰以叙制其食。五曰以叙受其会。六曰以叙听其情。
>
> 以官府之六属，举邦治。一曰天官，其属六十掌邦治。大事则从其长，小事则专达。二曰地官，其属六十掌邦教，大事则从其长，小事则专达。三曰春官，其属六十掌邦礼，大事则从其长，小事则专达。四曰夏官，其属六十掌邦政。大事则从其长，小事则专达。五曰秋官，其属六十掌邦刑。大事则从其长，小事则专达。六曰冬官，其属六十掌邦事。大事则从其长，小事则专达。

由此可见，《周礼》的六官设置，原本于《尚书·周官》[①]。“冢宰掌邦治”，“司徒掌邦教”，“宗伯掌邦礼”，“司马掌邦政”，“司寇掌邦禁”，“司空掌邦土”（《尚书·周官》），只是更为详细而完备罢了。三百六十的职官分置，比起夏商时期，官员要多得多，而每一职官的职能也更为具体和详尽。《周礼》从六个方面进行了职官制度、乃至于政治制度的建构。

《周礼·天官·小宰》：

> “以官府之六职，辨邦治。一曰治职，以平邦国，以均万民，以节财用。二曰教职，以安邦国，以宁万民，以怀宾客。三曰礼职，以和邦国，以谐万民，以事鬼神。四曰政职，以服邦国，以正万民，以聚百物。五曰刑职，以诘邦国，以纠万民，以除盗贼。六曰事职，以富邦国，以养万民，以生百物。”

---

① 参见前文第四章第二节第三点“宗法天下”。

“以听官府之六计，弊群吏之治。一曰廉善。二曰廉能。三曰廉敬。四曰廉正。五曰廉法。六曰廉辨。”

《周礼·天官》中除大宰一人，小宰二人外，还有宰夫、宫正、宫伯、膳夫、庖人、亨人、甸师、兽人、腊人、医师、食医、疾医、疡医、兽医、酒正、酒人、浆人、凌人、笾人，醢人、醯人、盐人、幂人、宫人、掌舍，幕人、掌次、大府、玉府、内府、外府、司会、司书、职内、职岁、职币、司裘、掌皮、内宰、内小臣、阍人、寺人、内竖、九嫔(九嫔掌妇学之法，以教九御。妇德、妇言、妇容、妇功，各帅其属，而以时御叙于王所。《周礼·天官·九嫔》)，以及世妇、女御、女祝、女史、典妇功、典丝、典枲、内司服、缝人、染人、追师、屦人、夏采等。可见，这些官员基本上是以“王”为核心，围绕着“王”而展开各自工作的。

《周礼·地官司徒第二》：

惟王建国，辨方正位，体国经野，设官分职，以为民极。乃立地官司徒，使帅其属而掌邦教，以佐王安扰邦国。

《周礼·地官·大司徒》：

大司徒之职，掌建邦之土地之图，与其人民之数，以佐王安扰邦国。以天下土地之图，周知九州之地域广轮之数，辨其山、林、川、泽、丘、陵、坟、衍、原、隰之名物。而辨其邦国都鄙之数，制其畿疆而沟封之。设其社稷之壝，而树之田主，各以其野之所宜木，遂以名其社与其野。

以土会之法，辨五地之物生。一曰山林，其动物宜毛物，其植物宜早物，其民毛而方。二曰川泽，其动物宜鳞物，其植物宜膏物，其民黑而津。三曰丘陵，其动物宜羽物，其植物宜覈物，其民专而长。四曰坟衍，其动物宜介物，其植物宜荚物，其民皙而瘠。五曰原隰，其动物宜羸物，其植物宜丛物，其民丰肉而庳。

因此五物者民之常，而施十有二教焉。一曰以祀礼教敬，则民不苟。

二曰以阳礼教让,则民不争。三曰以阴礼教亲,则民不怨。四曰以乐礼教和,则民不乖。五曰以仪辨等,则民不越。六曰以俗教安,则民不偷。七曰以刑教中,则民不暴。八曰以誓教恤,则民不怠。九曰以度教节,则民知足。十曰以世事教能,则民不失职。十有一曰以贤制爵,则民慎德。十有二曰以庸制禄,则民兴功。

以土宜之法,辨十有二土之名物。以相民宅,而知其利害,以阜人民,以蕃鸟兽,以毓草木,以任土事。辨十有二壤之物,而知其种,以教稼穑树蓺。以土均之法,辨五物九等,制天下之地征,以作民职,以令地贡,以敛财赋,以均齐天下之政。

……

凡建邦国,以土圭土其地而制其域。诸公之地,封疆方五百里,其食者半。诸侯之地,封疆方四百里,其食者参之一。诸伯之地,封疆方三百里,其食者参之一。诸子之地,封疆方二百里,其食者四之一。诸男之地,封疆方百里,其食者四之一。

……

以荒政十有二,聚万民。一曰散利,二曰薄征,三曰缓刑,四曰弛力,五曰舍禁,六曰去几,七曰眚礼,八曰杀哀,九曰蕃乐,十曰多昏,十有一曰索鬼神,十有二曰除盗贼。以保息六,养万民。一曰慈幼,二曰养老,三曰振穷,四曰恤贫,五曰宽疾,六曰安富。以本俗六,安万民。一曰美宫室,二曰族坟墓,三曰联兄弟,四曰联师,五曰联朋友,六曰同衣服。

……

令五家为比,使之相保。五比为闾,使之相受。四闾为族,使之相葬。五族为党,使之相救。五党为州,使之相赒。五州为乡,使之相宾。颁职事十有二于邦国都鄙,使以登万民。一曰稼穑,二曰树蓺,三曰作材,四曰阜蕃,五曰饬材,六曰通财,七曰化材,八曰敛材,九曰生材,十曰学艺,十有一曰世事,十有二曰服事。

以乡三物教万民,而宾兴之,一曰六德,知、仁、圣、义、忠、和。二曰六行,孝、友、睦、姻、任、恤。三曰六艺,礼、乐、射、御、书、数。

以乡八刑纠万民。一曰不孝之刑，二曰不睦之刑，三曰不姻之刑，四曰不弟之刑，五曰不任之刑，六曰不恤之刑，七曰造言之刑，八曰乱民之刑。以五礼防万民之伪而教之中。以六乐防万民之情而教之和。

《周礼·地官·小司徒》：

小司徒之职，掌建邦之教法。以稽国中，及四郊都鄙之夫家。九比之数，以辨其贵贱老幼废疾。凡征役之施舍，与其祭祀饮食丧纪之禁令。……

乃经土地，而井牧其田野。九夫为井，四井为邑，四邑为丘，四丘为甸，四甸为县，四县为都。以任地事而令贡赋，凡税敛之事。

《周礼·地官·遗人》：

凡宾客会同师役，掌道路之委积。凡国野之道，十里有庐，庐有饮食。三十里有宿，宿有路室，路室有委。五十里有市，市有候馆，候馆有积。

《周礼·地官·媒氏》：

掌万民之判。凡男女自成名以上，皆书年月日名焉。令男三十而娶，女二十而嫁。凡娶判妻入子者，皆书之。

《周礼·地官·遂人》：

掌邦之野。以土地之图，经田野，造县鄙形体之法。五家为邻，五邻为里，四里为酇，五酇为鄙，五鄙为县，五县为遂。皆有地域沟树之使，各掌其政令刑禁，以岁时稽其人民，而授之田野，简其兵器，教之稼穑。

这就是中国古代有名的“乡遂制度”。

《周礼·春官宗伯第三》：

惟王建国，辨方正位，体国经野，设官分职，以为民极。乃立春官宗伯，使帅其属而掌邦礼，以佐王和邦国。

《周礼·春官·大宗伯》：

大宗伯之职，掌建邦之天神人鬼地祇之礼.以佐王建保邦国。以吉礼事邦国之鬼神祇。……[①]以九仪之命，正邦国之位。壹命受职，再命受服，三命受位，四命受器，五命赐则，六命赐官，七命赐国，八命作牧，九命作伯。以玉作六瑞，以等邦国。王执镇圭，公执桓圭，侯执信圭，伯执躬圭，子执谷璧，男执蒲璧。以禽作六挚，以等诸臣。孤执皮帛，卿执羔，大夫执雁，士执雉，庶人执鹜，工商执鸡。

以玉作六器，以礼天地四方。以苍璧礼天，以黄琮礼地，以青圭礼东方，以赤璋礼南方，以白琥礼西方，以玄璜礼北方。皆有牲币，各放其器之色。以天产作阴德，以中礼防之；以地产作阳德，以和乐防之。以礼乐合天地之化，百物之产，以事鬼神，以谐万民，以致百物。……国有大故，则旅上帝及四望。王大封，则先告后土。乃颁祀于邦国都家乡邑。

《周礼·春官·小宗伯》：

小宗伯之职，掌建国之神位，右社稷、左宗庙。兆五帝于四郊，四望四类亦如之。兆山川丘陵坟衍，各因其方。掌五礼之禁令，与其用等。辨庙祧之昭穆。辨吉凶之五服，车旗宫室之禁。掌三族之别，以辨亲疏，其正室皆谓之门子，掌其政令。……凡国之大礼，佐大宗伯；凡小礼，掌事，如

---

① 见前文引述，第147—149页。

大宗伯之仪。

《周礼·春官·大卜》：

大卜掌三兆之法，一曰玉兆，二曰瓦兆，三曰原兆。其经兆之体皆百有二十，其颂皆千有二百。掌三易之法，一曰连山，二曰归藏，三曰周易。其经卦皆八，其别皆六十有四。掌三梦之法，一曰致梦，二曰觭梦，三曰咸陟。其经运十，其别九十。以邦事作龟之八命。一曰征，二曰象，三曰与，四曰谋，五曰果，六曰至，七曰雨，八曰瘳。以八命者赞三兆、三易、三梦之占，以观国家之吉凶，以诏救政。凡国大贞，卜立君，卜大封，则视高作龟。大祭祀，则眡高命龟。凡小事，莅卜。国大迁，大师，则贞龟。凡旅，陈龟。凡丧事，命龟。

《周礼·春官·占梦》：

占梦掌其岁时，观天地之会，辨阴阳之气。以日月星辰占六梦之吉凶。一曰正梦，二曰噩梦，三曰思梦，四曰寤梦，五曰喜梦，六曰惧梦。季冬聘王梦，献吉梦于王，王拜而受之。乃舍萌于四方，以赠恶梦。遂令始难殴疫。

《周礼·春官·大祝》：

大祝掌六祝之辞，以事鬼神祇。祈福祥，求永贞。一曰顺祝，二曰年祝，三曰吉祝，四曰化祝，五曰瑞祝，六曰筴祝。掌六祈以同鬼神祇。一曰类，二曰造，三曰禬，四曰禜，五曰攻，六曰说。

作六辞以通上下亲疏远近。一曰祠，二曰命，三曰诰，四曰会，五曰祷，六曰诔。

《周礼·春官·内史》：

内史掌王之八枋之法，以诏王治。一曰爵，二曰禄，三曰废，四曰置，五曰杀，六曰生，七曰予，八曰夺。执国法及国令之贰，以考政事，以逆会计。掌叙事之法，受纳访，以诏王听治。凡命诸侯及孤卿大夫，则策命之。凡四方之事书，内史读之。王制禄，则赞为之，以方出之。赏赐亦如之。内史掌书王命，遂贰之。

《周礼·春官·外史》：

外史掌书外令，掌四方之志，掌三皇五帝之书，掌达书名于四方。若以书使于四方，则书其令。

《周礼·夏官司马第四》：

惟王建国，辨方正位，体国经野，设官分职，以为民极。乃立夏官司马，使帅其属而掌邦政，以佐王平邦国。……

凡制军，万有二千五百人为军。大国三军，次国二军，小国一军。军将皆命卿。二千五百人为师，师帅皆中大夫。五百人为旅，旅帅皆下大夫。百人为卒，卒长皆上士。二十有五人为两，两司马皆中士。五人为伍，伍皆有长。

《周礼·夏官·大司马》：

大司马之职，掌建邦之九法，以佐王平邦国。制畿封国，以正邦国。设仪辨位，以等邦国。进贤兴功，以作邦国。建牧立监，以维邦国。制军诘禁，以纠邦国。施贡分职，以任邦国。简稽乡民，以用邦国。均守平则，以安邦国。比小事大，以和邦国。

以九伐之法正邦国。冯弱犯寡则眚之。贼贤害民则伐之。暴内陵外则坛之。野荒民散则削之。负固不服则侵之。贼杀其亲则正之。放弑其君则残之。犯令陵政则杜之。外内乱，鸟兽行则灭之。正月之吉始和，布政于邦国都鄙。乃县政象之法于象魏，使万民观政象，挟日而敛之。

乃以九畿之籍，施邦国之政职。方千里曰国畿。其外方五百里曰侯畿。又其外方五百里曰甸畿。又其外方五百里曰男畿。又其外方五百里曰采畿。又其外方五百里曰卫畿。又其外方五百里曰蛮畿。又其外方五百里曰夷畿。又其外方五百里曰镇畿，又其外方五百里曰蕃畿。

《周礼·夏官·小司马》：

小司马之职掌，凡小祭祀、会同、乡射、师田、丧纪，掌其事，如大司马之法。

《周礼·夏官·职方氏》：

职方氏掌天下之图，以掌天下之地。辨其邦国、都鄙、四夷、八蛮、七闽、九貉、五戎、六狄之人民，与其财用九谷、六畜之数要，周知利害。乃辨九州之国，使同贯利。

东南曰扬州。其山镇曰会稽，其泽薮曰具区，其川三江，其浸五湖，其利金锡竹箭，其民二男五女，其畜宜鸟兽，其谷宜稻。正南曰荆州。其山镇曰衡山，其泽薮曰云梦，其川江汉，其浸颍湛，其利丹银齿革，其民一男二女，其畜宜鸟兽，其谷宜稻。河南曰豫州。其山镇曰华山，其泽薮曰圃田，其川荧雒，其浸波溠，其利林漆丝枲，其民二男三女，其畜宜六扰，其谷宜五种。正东曰青州。其山镇曰沂山，其泽薮曰望诸，其川淮泗，其浸沂沭，其利蒲鱼，其民二男二女，其畜宜鸡狗，其谷宜稻麦。

河东曰兖州。其山镇曰岱山，其泽薮曰大野，其川河泲，其浸庐维，其利蒲鱼，其民二男三女，其畜宜六扰，其谷宜四种。正西曰雍州。其山镇曰岳山，其泽薮曰弦蒲，其川泾汭，其浸渭洛，其利玉石，其民三男二女，其畜宜牛马，其谷宜黍稷。东北曰幽州。其山镇曰医无闾，其泽薮曰貕养，其川河泲，其浸菑时，其利鱼盐，其民一男三女，其畜宜四扰，其谷宜三种。

河内曰冀州。其山镇曰霍山，其泽薮曰杨纡，其川漳，其浸汾潞，其利松柏，其民五男三女，其畜宜牛羊，其谷宜黍稷。正北曰并州。其山镇曰恒山，其泽薮曰昭余祁，其川虖池呕夷，其浸涞易，其利布帛，其民二男三女，其畜宜五扰，其谷宜五种。乃辨九服之邦国，方千里曰王畿。其外方五百里曰侯服。又其外方五百里曰甸服。又其外方五百里曰男服。又其外方五百里曰采服。又其外方五百里曰卫服。又其外方五百里曰蛮服。又其外方五百里曰夷服。又其外方五百里曰镇服。又其外方五百里曰藩服。

凡邦国，千里封公。以方五百里则四公。方四百里则六侯。方三百里则七伯。方二百里则二十五子。方百里则百男。以周知天下。凡邦国，小大相维。王设其牧，制其职，各以其所能。制其贡，各以其所有。王将巡守，则戒于四方，曰各修平乃守，考乃职事，无敢不敬戒。国有大刑，及王之所行，先道，帅其属而巡戒令。王殷国亦如之。

《周礼·秋官司寇第五》：

惟王建国，辨方正位，体国经野，设官分职，以为民极。乃立秋官司寇，使帅其属而掌邦禁，以佐王刑邦国。

《周礼·秋官·大司寇》：

大司寇之职，掌建邦之三典，以佐王刑邦国、诘四方。一曰刑新国用轻典。二曰刑平国用中典。三曰刑乱国用重典。以五刑纠万民。一曰野刑，上功纠力。二曰军刑，上命纠守。三曰乡刑，上德纠孝。四曰官刑，上能纠职。五曰国刑，上愿纠暴。

《周礼·秋官·小司寇》：

小司寇之职，掌外朝之政。以致万民而询焉。一曰询国危，二曰询国迁，三曰询立君。……

以五声听狱讼，求民情。一曰辞听，二曰色听，三曰气听，四曰耳听，五曰目听。以八辟丽邦法、附刑罚。一曰议亲之辟，二曰议故之辟，三曰议贤之辟，四曰议能之辟，五曰议功之辟，六曰议贵之辟，七曰议勤之辟，八曰议宾之辟。以三刺断庶民狱讼之中。一曰讯群臣，二曰讯群吏，三曰讯万民。

《周礼·秋官·士师》：

士师之职，掌国之五禁之法，以左右刑罚。一曰宫禁，二曰官禁，三曰国禁，四曰野禁，五曰军禁。皆以木铎徇之于朝，书而县于门闾。以五戒先后刑罚，毋使罪丽于民。一曰誓，用之于军旅。二曰诰，用之于会同。三曰禁，用诸田役。四曰纠，用诸国中。五曰宪，用诸都鄙。

《周礼·秋官·司刑》：

司刑掌五刑之法，以丽万民之罪。墨罪五百，劓罪五百，宫罪五百，刖罪五百，杀罪五百。若司寇断狱讼，则以五刑之法诏刑罚，而辨罪之轻重。

《周礼·秋官·掌戮》：

掌戮掌斩杀贼谍而搏之。凡杀其亲者焚之，杀王之亲者辜之。凡杀人者，踣诸市，肆之三日，刑盗于市。凡罪之丽于法者亦如之。唯王之同族与有爵者，杀之于甸师氏。凡军旅田役斩杀刑戮亦如之。墨者使守门，劓者使守关，宫者使守内，刖者使守囿，髡者使守积。

《周礼·秋官·大行人》：

大行人掌大宾之礼，及大客之仪，以亲诸侯。春朝诸侯而图天下之事。秋覲以比邦国之功。夏宗以陈天下之谟。冬遇以协诸侯之虑。时会以发四方之禁。殷同以施天下之政。时聘以结诸侯之好。殷眺以除邦国之慝。间问以谕诸侯之志。归脤以交诸侯之福。贺庆以赞诸侯之喜。致禬以补诸侯之灾。

《周礼·秋官·小行人》：

小行人掌邦国宾客之礼籍，以待四方之使者。令诸侯春入贡，秋献功，王亲受之，各以其国之籍礼之。

《周礼·冬官考工记第六》：

国有六职，百工与居一焉。或坐而论道；或作而行之；或审曲面执，以饬五材，以辨民器；或通四方之珍异以资之；或饬力以长地财；或治丝麻以成之。

坐而论道谓之王公。作而行之谓之士大夫。审曲面执以饬五材，以辨民器，谓之百工。通四方之珍异以资之，谓之商旅。饬力以长地财，谓之农夫。治丝麻以成之，谓之妇功。……

知者创物，巧者述之，守之世谓之工。百工之事皆圣人之作也。烁金以为刃，凝土以为器，作车以行陆，作舟以行水，此皆圣人之所作也。天有时，地有气，材有美，工有巧，合此四者，然后可以为良。

材美工巧，然而不良，则不时、不得地气也。桔逾淮而北为枳，鸲鹆不踰济，貉踰汶则死，此地气然也。郑之刀、宋之斤、鲁之削、吴粤之剑，迁乎其地而弗能为良，地气然也。燕之角、荆之干、妢胡之笴、吴粤之金锡，此材之美者也。天有时以生，有时以杀；草木有时以生，有时以死；石有时以泐，水有时以凝，有时以泽，此天时也。

凡攻木之工七，攻金之工六。攻皮之工五。设色之工五。刮摩之工五。抟埴之工二。攻木之工，轮、舆、弓、庐、匠、车、梓。攻金之工，筑、冶、凫、栗、段、桃。攻皮之工，函、鲍、韗、韦、裘。设色之工，画、缋、钟、筐、㡛。刮摩之工，玉、楖、雕、矢、磬。抟埴之工，陶、瓬。有虞氏上陶，夏后氏上匠，殷人上梓，周人上舆。故一器而工聚焉者车为多。……

《周礼·冬官·匠人》：

匠人营国。方九里，旁三门，国中九经，九纬，经涂九轨。左祖右社，面朝后市，市朝一夫。夏后氏世室，堂修二七，广四修一，五室三四步，四三尺，九阶。四旁两夹窗，白盛，门堂三之二，室三之一。殷人重屋，堂修七寻，堂崇三尺，四阿重屋。周人明堂，度九尺之筵，东西九筵，南北七筵，堂崇一筵，五室，凡室二筵。

室中度以几，堂上度以筵，宫中度以寻，野度以步，涂度以轨。庙门容大扃七个，闱门容小扃参个，路门不容乘车之五个，应门二彻参个。内有九室，九嫔居之。外有九室，九卿朝焉。九分其国，以为九分，九卿治之。王宫门阿之制五雉，宫隅之制七雉，城隅之制九雉。经涂九轨，环涂七轨，野涂五轨。门阿之制，以为都城之制。宫隅之制，以为诸侯之城制。环涂以为诸侯经涂，野涂以为都经涂。

匠人为沟洫。耜广五寸，二耜为耦，一耦之伐，广尺深尺谓之甽。田首倍之，广二尺、深二尺谓之遂。九夫为井。井间广四尺、深四尺，谓之沟。方十里为成。成间广八尺，深八尺，谓之洫。方百里为同。同间广二寻、深二仞、谓之浍。专达于川，各载其名。凡天下之地埶，两山之间，必有大川焉。大川之上，必有涂焉。凡沟逆地防，谓之不行，水属不理孙，谓之不行。梢沟三十里而广倍。凡行奠水磬折以参伍。欲为渊，则句于矩。凡沟必因水埶，防必因地埶，善沟者水漱之。善防者水淫之。凡为防，广与崇方，其杀三分去一，大防外閷。凡沟防，必一日先深之以为式，里为式然后可以傅众力。凡任索约大汲其版，谓之无任。葺屋参分，瓦屋四分，囷窌仓城，逆墙六分。堂涂十有二分，窦其崇三尺，墙厚三尺，崇三之。

《周礼·冬官考工记》中载有三十种职官设置，数不及六十，其中包括轮人、舆人、辀人、筑氏、冶氏、桃氏、凫氏、栗氏、段氏、函人、鲍人、鞸人、韦氏、裘氏、画缋、钟氏、筐人、㡛氏、玉人、楖人、雕人、磬氏、矢人、陶人、瓬人、梓人、庐人、匠人、车人、弓人等，这就是后来“百工”的张本。

以上引述的是《周礼》中的主要职官及其作用，挂一漏万，不及其余。学者认为，《周礼》为周代文化生活最重要的典据，亦为后代之向导，为政家之模范，永受世人之尊重，殆无可疑。其于国民之教养，实有重要的作用。世界之书籍，罕见其匹俦。且其关于公共生活及社会生活详细说明，对于陶冶后代之国民，具有非常之势力。因袭之久，世人因此详细之规定，殊不能任意而行，社会万般之生活，无论一言一行，无不依其仪式。

《仪礼》主要记述的是古代各种礼节与仪式，分“冠、昏、丧、祭、乡、射、聘、朝”等具体的礼仪，整个就是一份完整的古代生活的礼单，告诉人们如何洒扫、应对、进退、揖让；如何结婚、生育、祭祀、丧葬；如何饮食、宴会、射箭、朝觐等等。这是最能体现中华礼仪之邦风貌的一份文献。

《仪礼》分十七篇，《士冠礼第一》《士昏礼第二》《士相见礼第三》《乡饮酒礼第四》《乡射礼第五》《燕礼第六》《大射第七》《聘礼第八》《公食大夫礼第九》《觐礼第十》《丧服第十一》《士丧礼第十二》《既夕礼第十三》《士虞礼第十四》《特牲馈食礼第十五》《少牢馈食礼第十六》《有司第十七》。

士阶层的礼仪有《士冠礼》《士昏礼》《士相见礼》《士丧礼》《士虞礼》和《特牲馈食礼》六篇。属于士、大夫阶层的有《乡射礼》《乡饮酒礼》两篇。属于卿、大夫的有《少牢馈食礼》一篇。属于诸侯、卿、大夫的有《燕礼》《大射》《聘礼》与《公食大夫礼》四篇。属于天子、诸侯的有《觐礼》一篇。通于上下（即从天子至士）的有《丧服》一篇。由此可见，《仪礼》基本涵盖了贵族阶层的日常生活。

夫礼始于“冠”，本于“昏（婚）”，重于“丧”“祭”，尊于“朝”“聘”，和于“乡”“射”

(《礼记·昏义》)。货、力、辞、让、饮、食六者,礼之纬也;冠、昏、丧、祭、射、乡、朝、聘八者,礼之经也。冠以明成人,昏以合男女,丧以仁父子,祭以严鬼神,乡饮以合乡里,燕射以成宾主,聘食以睦邦交,朝觐以辨上下。天下之人尽于此矣,天下之事亦尽于此矣。

1. **冠**　男子二十而行冠礼。未冠之前,必筮日,筮宾。及期,行礼于阼。宾以缁布冠、皮弁、爵弁,三加其首。复醮于客位,字之曰伯某甫。既冠者玄冠、玄端以见君,并谒乡大夫、乡先生,所以示其成人也。由士以上均行此礼。详见《士冠礼》,《士相见礼》。《仪礼·士相见礼》云:"与君言,言使臣。与大人言,言事君。与老者言,言使弟子。与幼者言,言弟于父兄。与众言,言忠信慈祥。与居官者言,言忠信。"

2. **昏**　《礼记·昏义》曰:"昏礼将合二姓之好,上以事宗庙,而下以继后世也。"周代婚礼,先使媒氏通言,女氏许之,乃使人纻采,继以问名、纳吉、纳征、请其诸礼。纳采用雁,纳征用缁布。入门之妇要遵循"三从四德",《仪礼·丧服》言:"妇人有三从之义,无专用之道。故未嫁从父,既嫁从夫,夫死从子。故父者子之天也,夫者妻之天也。"四德是指"妇德、妇言、妇容、妇功"。详见《士昏礼》。

3. **丧**　周代有非常复杂的丧礼,居丧者因为与死者的亲疏而有缌麻(三月)、小功(五月)、大功(九月)、齐衰(二等亲一年,三等五月,四等三月)、斩衰(名三年,实二十五月,专为一等亲)等服。[①] 天子棺椁九重,诸侯五重,大夫三重,士二重,庶人有棺而无椁。其葬期,天子七月,诸侯五月,大夫三月,士逾月。树土为冢,置棺其下,冢人掌之。其服制,亲丧三年(即斩衰),哭踊均有常节,寝苫枕块。既葬曰"虞",期年而小祥,又期年而大祥。大祥更间一月则为谭祭,谭祭则除服。其他服制,则自三年递降,凡七等:斩衰三年,疏衰三年,疏衰一年,大功九月,小功五月,疏衰三月,缌麻三月。[②] 详见《士丧礼》《既夕礼》《士虞礼》《丧服》。

4. **祭**　《礼记·祭统》把祭祀的意义归结为十项:"夫祭有十伦焉:见事鬼神之道焉,见君臣之义焉,见父子之伦焉,见贵贱之等焉,见亲疏之杀焉,见爵赏之施焉,

---

① 参见李安宅:《〈仪礼〉与〈礼记〉之社会学的研究》,上海人民出版社 2005 年版,第 45 页。

② 参见《中国文化史(上卷)》第 169、188 页。

见夫妇之别焉，见政事之均焉，见长幼之序焉，见上下之际焉。”古称“国之大事，在祀与戎”意思就是“邦国的头等大事在于祭祀与军事”。祭又分为“禘、郊、祖、宗”。天子祭天为禘。《礼记·祭法》曰：“有虞氏禘黄帝而郊喾，祖颛顼而宗尧。夏后氏亦禘黄帝而郊鲧，祖颛顼而宗禹。殷人禘喾而郊冥，祖契而宗汤。周人禘喾而郊稷，祖文王而宗武王。”除了祭天外，还有祭地、祭时、祭寒暑、祭日、祭月、祭星、祭水旱、祭四方、祭百神等。

《礼记·祭法》曰：

> 夫圣王之制祭祀也，法施于民则祀之，以死勤事则祀之，以劳定国则祀之，能御大菑则祀之，能捍大患则祀之。是故厉山氏之有天下也，其子曰农，能殖百谷。夏之衰也，周弃继之，故祀以为稷。共工氏之霸九州也，其子曰后土，能平九州，故祀之以为社。帝喾能序星辰以著众，尧能赏均刑法以义终，舜勤众事而野死，鲧鄣鸿水而殛死，禹能修鲧之功，黄帝正名百物以明民共财，颛顼能修之，契为司徒而民成，冥勤其官而水死，汤以宽治民而除其虐，文王以文治，武王以武功去民之菑，此皆有功烈于民者也。及夫日月星辰，民所瞻仰也，山林、川谷、丘陵，民所取材用也。非此族也，不在祀典。

《礼记·祭义》曰：“孝子将祭祀，必有齐庄之心以虑事，以具服物，以修宫室，以治百事。及祭之日，颜色必温，行必恐，如惧不及爱然。其奠之也，容貌必温，身必诎，如语焉而未之然。宿者皆出，其立卑静以正，如将弗见然。及祭之后，陶陶遂遂，如将复入然。是故悫善不违身，耳目不违心，思虑不违亲。结诸心，形诸色，而术省之，孝子之志也。”《礼记·祭统》曰：“凡治人之道，莫急于礼；礼有五经，莫重于祭。夫祭者，非物自外至者也，自中出，生于心也。心怵而奉之以礼。是故唯贤者能尽祭之义。”关于祭祀，《仪礼》中详见《特牲馈食礼》《少牢馈食礼》《有司》。

**5. 射**　射礼有三，大射及宾射、燕射也。天子大射，射于射宫；宾射，射于王朝；燕射，射于路寝庭。《礼记·射义》曰：“古者诸侯之射也，必先行燕礼。卿、大夫、士之射也，必先行乡饮酒之礼。故燕礼者，所以明君臣之义也。乡饮酒之礼者，所以明长幼之序也。故射者进退周还必中礼。内志正，外体直，然后持弓矢审固，持弓矢审固，然后可以言中。此可以观德行矣。其节，天子以《驺虞》(《诗经》中的篇章，下同)为节，诸侯以《狸首》为节，卿大夫以《采蘋》为节，士以《采蘩》为节。《驺虞》者，乐官备也。《狸首》者，乐会时也。《采蘋》者，乐循法也。《采蘩》者，乐不失职也。是故天子以备官为节，诸侯以时会天子为节，卿大夫以循法为节，士以不失职为节。故明乎其节之志，以不失其事，则功成而德行立。德行立则无暴乱之祸矣，功成则国安。故曰，射者所以观盛德也。是故古者天子以射选诸侯、卿、大夫、士。射者，男子之事也，因而饰之以礼乐也。故事之尽礼乐而可数为以立德行者，莫若射，故圣王务焉。""射者，仁之道也。射求正诸己，己正而后发；发而不中则不怨胜己者，反求诸己而已矣。孔子曰：'君子无所争，必也射乎！揖让而升，下而饮，其争也君子。'"《仪礼》专讲射的有《大射》。

6. **乡**　乡饮之礼，以乡大夫为主人，处士贤者为宾介。宾至，拜迎于门外；入门，三揖三逊，自西阶升，司正北面受命安宾；升歌，间歌，合乐，主拜宾至，宾拜主洗。凡宾，六十者坐，五十者立。六十者三豆，七十者四豆，八十者五豆，九十者六豆。献酬既毕，降，脱屦升堂，乃羞。无算爵，无算乐，宾出奏陔。《礼记·乡饮酒义》载："乡饮酒之义。主人拜迎宾于庠门之外，入，三揖而后至阶，三让而后升，所以致尊让也。盥洗扬觯，所以致洁也。拜至、拜洗、拜受、拜送、拜既，所以致敬也。尊让洁敬也者，君子之所以相接也。君子尊让则不争，洁敬则不慢，不慢不争则远于斗辨矣，不斗辨则无暴乱之祸矣，斯君子之所以免于人祸也。故圣人制之以道乡人、士、君子。""君子之所谓孝者，非家至而日见之也，合诸乡射，教之乡饮酒之礼，而孝弟之行立矣。孔子曰：'吾观于乡而知王道之易易也。'"关于"乡"，《仪礼》中有《乡饮酒礼》《乡射礼》《燕礼》诸篇。

7. **朝**　周之朝仪有三，外朝之法，朝士掌之。治都之位，司士正之。燕朝之仪，大仆掌之。[①] 大史坐于上，士立于下，王坐而听政焉。诸侯朝觐，皆受舍于朝，同姓西面北上，异姓东面北上。"同姓大国，则曰伯父。其异姓，则曰伯舅。同姓小邦，则曰叔父。异姓小邦，则曰叔舅。飨礼乃归。诸侯觐于天子，为宫方三百步。

---

①　参见《中国文化史(上卷)》，第 170 页。

四门坛十有二寻，深四尺，加方明于其上。方明者，木也。方四尺，设六色。东方青，南方赤，西方白，北方黑。上玄下黄，设六玉。上圭下璧，南方璋，西方琥，北方璜，东方圭。上介皆奉其君之旂置于宫。尚左。公侯伯子男，皆就其旂而立。天子乘龙，载大旆，象日月。升龙降龙，出拜日于东门之外，反祀方明。礼日于南门外，礼月与四渎于北门外，礼山川丘陵于西门外。祭天燔柴。祭山丘陵升。祭川沈。祭地瘗。”详见《觐礼》。

8. **聘**　《仪礼》之聘礼很复杂，以《礼记·聘义》说明之。“聘礼，上公七介，侯伯五介，子男三介，所以明贵贱也。介绍而传命，君子于其所尊弗敢质，敬之至也。三让而后传命，三让而后入庙门，三揖而后至阶，三让而后升，所以致尊让也。”聘礼是诸侯间遣使友好访问的礼节。“君使士迎于竟，大夫郊劳，君亲拜迎于大门之内而庙受，北面拜贶，拜君命之辱，所以致敬也。敬让也者，君子之所以相接也。故诸侯相接以敬让，则不相侵陵。”“故天子制诸侯，比年小聘，三年大聘，相厉以礼。使者聘而误，主君弗亲飨食也，所以愧厉之也。诸侯相厉以礼，则外不相侵，内不相陵。此天子之所以养诸侯，兵不用而诸侯自为正之具也。以圭璋聘，重礼也。已聘而还圭璋，此轻财而重礼之义也。诸侯相厉以轻财重礼，则民作让矣。”“聘、射之礼，至大礼也。质明而始行事，日几中而后礼成，非强有力者弗能行也。故强有力者将以行礼也。”“故勇敢、强有力者，天下无事则用之于礼义，天下有事则用之于战胜。用之于战胜则无敌，用之于礼义则顺治。外无敌，内顺治，此之谓盛德。”“夫昔者君子比德于玉焉：温润而泽，仁也。缜密以栗，知也。廉而不刿，义也。垂之如坠，礼也。叩之，其声清越以长，其终诎然，乐也。瑕不掩瑜，瑜不掩瑕，忠也。孚尹旁达，信也。气如白虹，天也。精神见于山川，地也。圭璋特达，德也。天下莫不贵者，道也。《诗》云：‘言念君子，温其如玉。’故君子贵之也。”[①]《仪礼·聘礼》最后讲到古时的容量单位，附录于此。“十斗曰斛。十六斗曰籔。十籔曰秉。二百四十斗。四秉曰筥。十筥曰稯。十稯曰秅。四百秉为一秅。”关于“聘”，详见《仪礼》中的《聘礼》《公食大夫礼》。

《仪礼》虽然可能有残缺，但基本上包括了礼仪的各个方面，涵盖了一个人日常

---

① 上述引文，引自《礼记·聘义》。

生活的主要内容。这些礼仪以人(主要是贵族男子)为中心,围绕着人的生活而展开。当时,人生活的各个方面都有各种礼仪作为指导,所谓“经礼三百,曲礼三千”也不是毫无根据的夸张。[①] 以上几项,冠、昏、丧、祭、射、乡、朝、聘,还只是粗略的划分,更为详细的礼单数不胜数。

《礼记》的内容侧重阐明礼的作用和意义,以及制礼作乐的标准和原则。《礼记》四十九篇,近十万字,其规模是《周礼》(四万五千多字)、《仪礼》(五万字)的两倍。唐朝以后国家设科取士,把近二十万字的《春秋左传》和《礼记》列为大经,而把《周礼》《仪礼》《诗经》(近四万字)等列为中经。

《礼记》这部儒家杂编,内容很庞杂,大体上可分成以下几个方面:

有专记某项礼节的,体裁跟《仪礼》相近,如《奔丧》《投壶》。

有专说明《仪礼》的,如《冠义》《昏义》《乡饮酒义》《射义》《燕义》《聘义》《丧服四制》。它们是分别解释《仪礼》中《士冠礼》《昏礼》《乡饮酒礼》《乡射礼》《大射礼》《燕礼》《聘礼》《丧服》各篇制礼意义的,跟《仪礼》关系最为密切。

有杂记丧服、丧事的,如《檀弓》《曾子问》《丧服小记》《杂记》《丧大记》《奔丧》《问丧》《服问》《间传》《三年问》《丧服四制》等。

有记述各种礼制的,如《王制》《礼器》《郊特牲》《玉藻》《明堂位》《大传》《祭法》《祭统》《深衣》等篇。

有侧重记日常生活礼节和守则的,如《曲礼》《内则》《少仪》等篇就是。

有记孔子言论的,如《坊记》《表记》《缁衣》《仲尼燕居》《孔子闲居》《哀公问》《儒行》等,这些篇大都是托名孔子的儒家言论。

有结构比较完整的儒家论文,如《礼运》《学记》《祭义》《经解》《大学》《中庸》等篇。

此外还有授时颁政的《月令》,意在为王子示范的《文王世子》。[②]

《礼记·曲礼》开宗明义曰:

---

① 《先秦礼学思想与社会的整合》,第136页。

② 王文锦:《礼记译解》,中华书局2001年版,第4页。

毋不敬，俨若思，安定辞，安民哉！敖不可长，欲不可从，志不可满，乐不可极。

意思是说，不要不敬，仪容要端庄稳重，若有所思，措辞要安详确定，这样才能安定民心呀！骄傲不可滋长，欲望不可放纵，向上心不可满足，享乐不可尽情。①

夫礼者，所以定亲疏，决嫌疑，别同异，明是非也。礼不妄说人，不辞费。礼不踰节，不侵侮，不好狎。修身践言，谓之善行。行修言道，礼之质也。礼闻取于人，不闻取人。礼闻来学，不闻往教。

道德仁义，非礼不成。教训正俗，非礼不备。分争辨讼，非礼不决。君臣、上下、父子、兄弟，非礼不定。宦学事师，非礼不亲。班朝治军，涖官行法，非礼威严不行。祷祠祭祀，供给鬼神，非礼不诚不庄。是以君子恭敬、撙节、退让以明礼。

太上贵德，其次务施报。礼尚往来。往而不来，非礼也；来而不往，亦非礼也。人有礼则安，无礼则危。故曰：礼者不可不学也。

人生十年曰幼，学。二十曰弱，冠。三十曰壮，有室。四十曰强，而仕。五十曰艾，服官政。六十曰耆，指使。七十曰老，而传。八十九十曰耄。七年曰悼。悼与耄虽有罪，不加刑焉。百年曰期，颐。

凡为人子之礼，冬温而夏凊，昏定而晨省，在丑夷不争。夫为人子者，三赐不及车马。故州闾乡党称其孝也，兄弟亲戚称其慈也，僚友称其弟也，执友称其仁也，交游称其信也。

博闻强识而让，敦善行而不怠，谓之君子。君子不尽人之欢，不竭人之忠，以全交也。

礼不下庶人，刑不上大夫。刑人不在君侧。

礼仪的制定不下及庶人，刑罚之执行不上达大夫。受过刑罚的人是不能在国君左

① 《礼记译解》，第1页。

右供职的。[①] 这说的是古代礼刑适用的范围。

> 入竟问禁，入国问俗，入门问讳。外事以刚日，内事以柔日。
>
> 君子行礼，不求变俗。祭礼之礼，居丧之服，哭泣之位，皆如其国之故，谨修其法而审行之。
>
> 君子将营宫室。宗庙为先，厩库为次，居室为后。
>
> 国君死社稷，大夫死众，士死制。

国君应该为保卫国家而死，大夫应该为保卫民众而死，士应该为执行法制政令而死。[②]

> 天子有后，有夫人，有世妇，有嫔，有妻，有妾。天子建天官，先六大，曰大宰、大宗、大史、大祝、大士、大卜，典司六典。天子之五官，曰司徒、司马、司空、司士、司寇，典司五众。天子之六府，曰司土、司木、司水、司草、司器、司货，典司六职。天子之六工，曰土工、金工、石工、木工、兽工、草工，典制六材。五官致贡曰享。
>
> 天子当依而立，诸侯北面而见天子，曰觐。天子当宁而立，诸公东面，诸侯西面，曰朝。诸侯未及期相见，曰遇，相见于郤地，曰会。诸侯使大夫问于诸侯，曰聘，约信曰誓，涖牲曰盟。
>
> 君有疾，饮药，臣先尝之。亲有疾，饮药，子先尝之。医不三世，不服其药。
>
> 问国君之富，数地以对，山泽之所出。问大夫之富，曰"有宰，食力，祭器、衣服不假"。问士之富，以车数对。问庶人之富，数畜以对。
>
> 天子祭天地，祭四方，祭山川，祭五祀，岁遍。诸侯方祀，祭山川，祭五祀，岁遍。大夫祭五祀，岁遍。士祭其先。凡祭，有其废之，莫敢举也，有

---

① 《礼记译解》，第 28 页。

② 《礼记译解》，第 44 页。

其举之，莫敢废也。非其所祭而祭之，名曰淫祀。淫祀无福。天子以牺牛，诸侯以肥牛，大夫以索牛，士以羊、豕。支子不祭，祭必告于宗子。

天子死曰崩，诸侯死曰薨，大夫死曰卒，士曰不禄，庶人曰死。

《礼记·内则》曰："凡养老，有虞氏以燕礼，夏后氏以飨礼，殷人以食礼，周人修而兼用之。凡五十养于乡，六十养于国，七十养于学，达于诸侯。八十拜君命，一坐再至，瞽亦如之。九十者使人受。"

《礼记·檀弓》曰：

事亲有隐而无犯，左右就养无方，服勤至死，致丧三年。事君有犯而无隐，左右就养有方，服勤至死，方丧三年。事师无犯无隐，左右就养无方，服勤至死，心丧三年。

夏后氏尚黑，大事敛用昏，戎事乘骊，牲用玄。殷人尚白，大事敛用日中，戎事乘翰，牲用白。周人尚赤，大事敛用日出，戎事乘骠，牲用骍。

孔子蚤作，负手曳杖，消摇于门，歌曰："泰山其颓乎！梁木其坏乎！哲人其萎乎！"既歌而入，当户而坐，子贡闻之，曰："泰山其颓，则吾将安仰？梁木其坏，哲人其萎，则吾将安放，夫子殆将病也。"遂趋而入。夫子曰："赐！尔来何迟也？夏后氏殡于东阶之上，则犹在阼也。殷人殡于两楹之间，则与宾主夹之也。周人殡于西阶之上，则犹宾之也。而丘也，殷人也。予畴昔之夜，梦坐奠于两楹之间。夫明王不兴，而天下其孰能宗予，予殆将死也。"盖寝疾七日而没。

孔子乃知命之君子。故知自己生死之大限而死得其所。非其弟子之所能及也。

子路曰："吾闻诸夫子，丧礼，与其哀不足而礼有余也，不若礼不足而哀有余也。祭礼，与其敬不足而礼有余也，不若礼不足而敬有余也。"

丧礼，哀戚之至也。节哀，顺变也。君子念始之者也。复，尽爱之道也，有祷祠之心焉。望反诸幽，求诸鬼神之道也。(《礼记·檀弓》)

父母的丧礼，孝子悲恸到了极点。节制悲哀，是为了顺应生活的剧变。是君子考虑到先人的初衷。招魂，是尽其爱慕的一种方式，怀有祈祷的诚心。希望亲人的灵魂从幽暗的地点返回，这是寻求鬼神的情理。[①]

国奢则示之以俭，国俭则示之以礼。

子游曰："礼有微情者，有以故兴物者。有直情而径行者，戎狄之道也。礼道则不然。人喜则斯陶，陶斯咏，咏斯犹，犹斯舞，舞斯愠，愠斯戚，戚斯叹，叹斯辟，辟斯踊矣。品节斯，斯谓之礼。"

人遇见喜事就高兴，高兴了就歌咏，歌咏起来就会摇摆身体，摇摆起来就要手舞足蹈了；恼怒起来就会悲戚，悲戚起来就会哀叹，哀叹不足以发泄就会捶胸，捶胸不足以发泄就要顿足跳脚了。把这些变化不定而又有一定联系的情感和行动，按品类加以节制，这就叫作礼。[②]

子路曰："伤哉贫也！生无以为养，死无以为礼也。"孔子曰："啜菽饮水尽其欢，斯之谓孝。敛手足形，还葬而无椁，称其财，斯之谓礼。"（《礼记·檀弓》）

《礼记·问丧》言及奔丧送葬的孝子之情：

心怅焉、怆焉，惚焉、忾焉，心绝志悲而已矣。祭之宗庙，以鬼飨之，徼幸复反也。成圹而归，不敢入处室，居于倚庐，哀亲之在外也。寝苫枕块，哀亲之在土也。故哭泣无时，服勤三年，思慕之心，孝子之志也，人情之实也。

---

① 《礼记译解》，第119页—120页。

② 《礼记译解》，第129页—130页。

《礼记·三年问》曰：

上取象于天，下取法于地，中取则于人，人之所以群居和壹之理尽矣。故三年之丧，人道之至文者也。夫是之谓至隆。是百王之所同，古今之所壹也。未有知其所由来者也。孔子曰："子生三年，然后免于父母之怀。夫三年之丧，天下之达丧也。"

《礼记·丧服四制》曰：

凡礼之大体，体天地，法四时，则阴阳，顺人情，故谓之礼。訾之者，是不知礼之所由生也。夫礼吉凶异道，不得相干，取之阴阳也。丧有四制，变而从宜，取之四时也。有恩，有理，有节，有权，取之人情也。恩者仁也，理者义也，节者礼也，权者知也。仁、义、礼、知，人道具矣。

《礼记·王制》载：

王者之制禄爵，公、侯、伯、子、男，凡五等。诸侯之上大夫卿、下大夫、上士、中士、下士，凡五等。天子之田方千里，公侯田方百里，伯七十里，子男五十里。不能五十里者，不合于天子，附于诸侯，曰附庸。天子之三公之田视公侯，天子之卿视伯，天子之大夫视子男，天子之元士视附庸。制：农田百亩。百亩之分，上农夫食九人，其次食八人，其次食七人，其次食六人，下农夫食五人。庶人在官者，其禄以是为差也。诸侯之下士视上农夫，禄足以代其耕也。中士倍下士，上士倍中士，下大夫倍上士，卿四大夫禄，君十卿禄。次国之卿三大夫禄，君十卿禄。小国之卿倍大夫禄，君十卿禄。

凡四海之内九州。州方千里，州建百里之国三十，七十里之国六十，五十里之国百有二十，凡二百一十国。名山大泽不以封，其余以为附庸、闲田。八州，州二百一十国。天子之县内，方百里之国九，七十里之国二十有一，五十里之国六十有三，凡九十三国。名山大泽不以朌，其余以禄士，以为闲田。凡九州，千七百七十三国。天子之元士，诸侯之附庸不与。天子百里之内以共官，千里之内以为御。千里之外设方伯。五国以为属，属有长。十国以为连，连有帅。三十国以为卒，卒有正。二百一十国以为州，州有伯。八州，八伯，五十六正，百六十八帅，三百三十六长。

天子三公，九卿，二十七大夫，八十一元士。

天子五年一巡守。岁二月，东巡守，至于岱宗，柴而望祀山川，觐诸侯，问百年者就见之。命大师陈诗，以观民风。命市纳贾，以观民之所好恶，志淫好辟。命典礼考时月，定日，同律、礼、乐、制度、衣服，正之。山川神祇有不举者为不敬，不敬者君削以地。宗庙有不顺者为不孝，不孝者君绌以爵。变礼易乐者为不从，不从者君流。革制度衣服者为畔，畔者君讨。有功德于民者，加地进律。五月，南巡守至于南岳，如东巡守之礼。八月，西巡守，至于西岳，如南巡守之礼。十有一月，北巡守，至于北岳，如西巡守之礼。归假于祖祢，用特。

用地小大，视年之丰耗。以三十年之通制国用，量入以为出。……国无九年之蓄曰不足，无六年之蓄曰急，无三年之蓄曰国非其国。三年耕必有一年之食，九年耕必有三年之食。以三十年之通，虽凶旱水溢，民无菜色，然后天子食日举以乐。

天子七庙，三昭三穆，与太祖之庙而七。诸侯五庙，二昭二穆，与太祖之庙而五。大夫三庙，一昭一穆，与太祖之庙而三。士一庙。庶人祭于寝。天子诸侯宗庙之祭，春曰礿，夏曰禘，秋曰尝，冬曰烝。天子祭天地，诸侯祭社稷，大夫祭五祀。

诸侯无故不杀牛，大夫无故不杀羊，士无故不杀犬豕，庶人无故不食珍。

中国戎夷五方之民，皆有性也，不可推移。东方曰夷，被发文身，有不火食者矣。南方曰蛮，雕题交趾，有不火食者矣。西方曰戎，被发衣皮，有不粒食者矣。北方曰狄，衣羽毛穴居，有不粒食者矣。中国、夷、蛮、戎、狄，皆有安居、和味、宜服、利用、备器。五方之民，言语不通，嗜欲不同。

达其志，通其欲，东方曰寄，南方曰象，西方曰狄鞮，北方曰译。

少而无父者谓之孤，老而无子者谓之独，老而无妻者谓之矜，老而无夫者之谓寡。此四者，天民之穷而无告者也，皆有常饩。瘖、聋、跛、躃、断者、侏儒，百工各以其器食之。

六礼：冠、昏、丧、祭、乡、相见。七教：父子、兄弟、夫妇、君臣、长幼、朋友、宾客。八政：饮食、衣服、事为、异别、度、量、数、制。

《礼记·王制》还专门讲到刑律：

析言破律，乱名改作，执左道以乱政，杀。作淫声、异服、奇技、奇器以疑众，杀。行伪而坚，言伪而辩，学非而博，顺非而泽以疑众，杀。假于鬼神、时日、卜筮以疑众，杀。此四诛者，不以听。凡执禁以齐众，不赦过。

凡是割裂文字，曲解法律，变乱旧言，更造法度，操持邪道来扰乱国政者，杀。凡制作淫声浪调、奇装异服、稀奇技艺、怪异器械来蛊惑民众者，杀。凡行为诡诈而坚定不移，言论虚伪而辞理雄辩，学非正学而广博多知，顺从恶事而曲加粉饰，用以蛊惑民众者，杀。凡假托鬼神利害、时日祸福、卜筮吉凶来蛊惑民众者，杀。触犯这四种诛罚的人，都无须详加审理。凡执行禁令，旨在统一众心，犯者必究，虽属过失，亦不宽赦。[①]

《礼记·礼器》曰：

先王之立礼也，有本有文。忠信，礼之本也；义理，礼之文也。无本不立，无文不行。礼也者，合于天时，设于地财，顺于鬼神，合于人心，理万物者也。

礼，时为大，顺次之，体次之，宜次之，称次之。

① 译文见《礼记译解》，第183—184页。

“礼有以多为贵者”,“有以少为贵者”,“有以大为贵者”,“有以小为贵者”,“有以高为贵者”,“有以下为贵者”,“有以文为贵者”,“有以素为贵者”。“孔子曰:‘礼不可不省也。礼不同,不丰,不杀。’此之谓也。盖言称也。”(《礼记·礼器》)故经礼三百,曲礼三千,其致一也。

礼也者,反其所自生;乐也者,乐其所自成。是故先王之制礼也以节事,修乐以道志。故观其礼乐,而治乱可知也。

《礼记·郊特牲》曰:

凡饮,养阳气也;凡食,养阴气也。

觐礼,天子不下堂而见诸侯。

万物本乎天,人本乎祖,此所以配上帝也。郊之祭也,大报本反始也。

魂气归于天,形魄归于地,故祭,求诸阴阳之义也。

《礼记·玉藻》曰:

君子之容舒迟,见所尊者齐遬。足容重,手容恭,目容端,口容止,声容静,头容直,气容肃,立容德,色容庄,坐如尸。

《礼记·明堂位》曰:

明堂也者,明诸侯之尊卑也。昔殷纣乱天下,脯鬼侯以飨诸侯,是以周公相武王以伐纣。武王崩,成王幼弱,周公践天子之位,以治天下。六年,朝诸侯于明堂,制礼作乐,颁度量,而天下大服。七年,致政于成王。成王以周公为有勋劳于天下,是以封周公于曲阜,地方七百里,革车千乘,命鲁公世世祀周公以天子之礼乐。

《礼记·大传》曰：

圣人南面而听天下，所且先者五，民不与焉：一曰治亲，二曰报功，三曰举贤，四曰使能，五曰存爱。

立权度量，考文章，改正朔，易服色，殊徽号，异器械，别衣服，此其所得与民变革者。其不可得变革者则有矣，亲亲也，尊尊也，长长也，男女有别，此其不可得与民变革者也。

自仁率亲，等而上之至于祖，自义率祖，顺而下之至于祢，是故人道亲亲也。亲亲故尊祖，尊祖故敬宗，敬宗故收族，收族故宗庙严，宗庙严故重社稷，重社稷故爱百姓，爱百姓故刑罚中，刑罚中故庶民安，庶民安故财用足，财用足故百志成，百志成故礼俗刑，礼俗刑然后乐。

《礼记·祭义》曰：

孝子之有深爱者必有和气，有和气者必有愉色，有愉色者必有婉容。孝子如执玉，如奉盈，洞洞属属然如弗胜，如将失之。严威俨恪，非所以事亲也，成人之道也。

曾子曰："孝有三：大孝尊亲，其次弗辱，其下能养。"……曾子曰："身也者，父母之遗体也。行父母之遗体，敢不敬乎？居处不庄，非孝也。涖官不敬，非孝也。朋友不信，非孝也。战阵无勇，非孝也。五者不遂，灾及于亲，敢不敬乎！"

孝有三：小孝用力，中孝用劳，大孝不匮。思慈爱忘劳，可谓用力矣。尊仁安义，可谓用劳矣。博施备物，可谓不匮矣。

父母全而生之，子全而归之，可谓孝矣。不亏其体，不辱其身，可谓全矣。

《礼记·深衣》云：

> 古者深衣盖有制度，以应规、矩、绳、权、衡。短毋见肤，长毋被土。……故规矩取其无私，绳取其直，权衡取其平，故先王贵之。故可以为文，可以为武，可以傧相，可以治军旅，完且弗费，善衣之次也。

深衣，做文事的可以穿，做武事的可以穿，做傧相的可以穿，治理军队时也可以穿，完整结实而不费工料，是仅次于祭服、朝服的好衣服。①

《礼记》中有很多篇与孔子相关，记述的是孔子的问答，由此能看出孔子的礼乐思想，以及早期儒家的一些观点。

《礼记·哀公问》载：

> "人道政为大。""政者，正也。君为正，则百姓从政矣。"孔子对曰："古之为政，爱人为大。所以治爱人，礼为大。所以治礼，敬为大。敬之至矣，大昏为大，大昏至矣。大昏既至，冕而亲迎，亲之也。亲之也者，亲之也。是故君子兴敬为亲，舍敬是遗亲也。弗爱不亲，弗敬不正。爱与敬，其政之本与！"
>
> 是故仁人之事亲也如事天，事天如事亲，是故孝子成身。

《礼记·仲尼燕居》中说：

> 敬而不中礼谓之野，恭而不中礼谓之给，勇而不中礼谓之逆。

意思是说，虔敬而不合乎礼，叫作土气；谦恭而不合乎礼，叫作巴结；勇敢而不合乎礼，叫作乖逆。②

---

① 译文参见《礼记译解》，第 877 页。

② 《礼记译解》，第 741 页。

是故以之居处有礼,故长幼辨也。以之闺门之内有礼,故三族和也。以之朝廷有礼,故官爵序也。以之田猎有礼,故戎者闲也。以之军旅有礼,故武功成也。

子曰:“礼也者,理也。乐也者,节也。”“言而履之,礼也。行而乐之,乐也。”

《礼记·孔子闲居》曰:

志之所至,诗亦至焉。诗之所至,礼亦至焉。礼之所至,乐亦至焉。乐之所至,哀亦至焉。哀乐相生。是故正明目而视之,不可得而见也。倾耳而听之,不可得而闻也。志气塞乎天地。此之谓五至。

无声之乐,无体之礼,无服之丧,此谓之三无。

天无私覆,地无私载,日月无私照。奉斯三者以劳天下,此之谓三无私。

《礼记·缁衣》曰:

子曰:“夫民教之以德,齐之以礼,则民有格心。教之以政,齐之以刑,则民有遁心。故君民者子以爱之,则民亲之。信以结之,则民不倍。恭以涖之,则民有孙心。《甫刑》曰:‘苗民匪用命,制以刑,惟作五虐之刑,曰法。’是以民有恶德,而遂绝其世也。”

《礼记·儒行》篇则详细地说明了儒者的风貌与特点:

“儒有席上之珍以待聘,夙夜强学以待问,怀忠信以待举,力行以待取。其自立有如此者。”……“其容貌有如此者。”……“其备豫有如此者。”……“其近人有如此者”……“其特立有如此者。”……“其刚毅有如此者。”……“其自立有如此者。”……“其仕有如此者。”……“其忧思有如此者。”……“其宽裕有如此者。”……“其举贤援能有如此者。”……“其任举有如此者。”……“其特立独行有如此者。”……“其规为有如此者。”……“其交友有如此者。”……“其尊让有如此者。”“儒有不陨获于贫贱，不充诎于富贵，不慁君王，不累长上，不闵有司，故曰儒。”

鲁哀公听了孔子的这番话后表示：“终没吾世，不敢以儒为戏。”终我一生，再不敢拿儒者开玩笑了。孔子从上述十六个方面说明了一个真正的儒者是个什么样的人，这为后来儒家的形成提供了一个榜样。

《礼记》中有很多篇结构完整的儒家论文，脍炙人口，流传至今。如《礼运》《学记》《经解》《大学》《中庸》等，是研究早期儒家思想和中国礼乐制度的重要资料。

关于“大同”“小康”的文字前文已有引述，现在来看《礼记·礼运》篇中的其他重要思想。

是故夫礼必本于天，殽于地，列于鬼神，达与丧、祭、射、御、冠、昏、朝、聘。故圣人以礼示之，故天下国家可得而正也。

是故礼者，君之大柄也，所以别嫌明微，傧鬼神，考制度，别仁义，所以治政安君也。

故政者，君之所以藏身也。是故夫政必本于天，殽以降命。降于社之谓殽地，降于祖庙之谓仁义，降于山川之谓兴作，降于五祀之谓制度。此圣人所以藏身之固也。故圣人参于天地，并于鬼神，以治政也。处其所存，礼之序也。玩其所乐，民之治也。故天生时而地生财，人其父生而师教之，四者君以正用之，故君者立于无过之地也。

故国有患，君死社稷谓之义，大夫死宗庙谓之变。

何谓人情？喜、怒、哀、惧、爱、恶、欲，七者弗学而能。何谓人义？父慈、子孝、兄良、弟弟、夫义、妇听、长惠、幼顺、君仁、臣忠，十者谓之人义。讲信修睦，谓之人利。争夺相杀，谓之人患。

饮食男女，人之大欲存焉。死亡贫苦，人之大恶存焉。

故人者，其天地之心也。五行之端也，食味、别声、被色而生者也。

故圣人作则，必以天地为本，以阴阳为端，以四时为柄，以日星为纪，月以为量，鬼神以为徒，五行以为质，礼义以为器，人情以为田，四灵以为畜。何谓四灵？麟、凤、龟、龙，谓之四灵。

是故夫礼，必本于大一，分而为天地，转而为阴阳，变而为四时，列而为鬼神。其降曰命，其官于天也。夫礼必本于天，动而之地，列而之事，变而从时，协于分艺。其居人也曰养，其行之以货力、辞让、饮、食、冠、昏、丧、祭、射、御、朝、聘。故人情者，圣王之田也，修礼以耕之，陈义以种之，讲学以耨之，本仁以聚之，播乐以安之。

四体既正，肤革充盈，人之肥也。父子笃，兄弟睦，夫妇和，家之肥也。大臣法，小臣廉，官职相序，君臣相正，国之肥也。天子以德为车，以乐为御，诸侯以礼相与，大夫以法相序，士以信相考，百姓以睦相守，天下之肥也，是谓大顺。

《礼记·学记》曰：

发虑宪，求善良，足以谀闻，不足以动众。就贤体远，足以动众，未足以化民。君子如欲化民成俗，其必由学乎！

发动思虑，招求善良，这样做可以有小小的声誉，还不足以感动群众。亲近贤能，体恤疏远，这样做可以感动群众，还不足以化育人民。君子如果打算化育人民，形成美好的风俗，一定要由教学入手。①

玉不琢，不成器；人不学，不知道。是故古之王者建国君民，教学为先。

古之教者，家有塾，党有庠，术有序，国有学。比年入学，中年考校。一年视离经辨志，三年视敬业乐群，五年视博习亲师，七年视论学取友，谓之小成。九年知类通达，强立而不反，谓之大成。夫然后足以化民易俗，近者说服而远者怀之，此大学之道也。君子曰："大德不官，大道不器，大信不约，大时不齐。察于此四者，可以有志于学矣。"

① 《礼记译解》，第513页。

《礼记·经解》曰：

天子者，与天地参，故德配天地，兼利万物，与日月并明，明照四海而不遗微小。其在朝廷则道仁圣礼义之序，燕处则听《雅》《颂》之音，行步则有环佩之声，升车则有鸾和之音。居处有礼，进退有度，百官得其宜，万事得其序。《诗》云："淑人君子，其仪不忒。其仪不忒，正是四国。"此之谓也。

子曰："安上治民，莫善于礼。"

故朝觐之礼，所以明君臣之义也。聘问之礼，所以使诸侯相尊敬也。丧祭之礼，所以明臣子之恩也。乡饮酒之礼，所以明长幼之序也。昏姻之礼，所以明男女之别也。

《礼记·大学》云：

富润屋，德润身，心广体胖。

汤之盘铭曰："苟日新，日日新，又日新。"

为人君止于仁，为人臣止于敬，为人子止于孝，为人父止于慈，与国人交止于信。

所谓修身在正其心者，身有所忿懥，则不得其正，有所恐惧则不得其正，有所好乐则不得其正，有所忧患则不得其正。心不在焉，视而不见，听而不闻，食而不知其味。此谓修身在正其心。

一家仁，一国兴仁。一家让，一国兴让。一人贪戾，一国作乱。其机如此。此谓一言偾事，一人定国。

是以君子有絜矩之道也。所恶于上毋以使下，所恶于下毋以事上，所恶于前毋以先后，所恶于后毋以从前，所恶于右毋以交于左，所恶于左毋以交于右，此之谓絜矩之道。《诗》云："乐只君子，民之父母。"民之所好好之，民之所恶恶之，此之谓民之父母。

是故财聚则民散，财散则民聚。是故言悖而出者亦悖而入，货悖而入者亦悖而出。

生财有大道，生之者众，食之者寡，为之者疾，用之者舒，则财恒足矣。仁者以财发身，不仁者以身发财。

伐冰之家不畜牛羊，百乘之家不畜聚敛之臣。

《礼记·中庸》言说君子之道，把“中庸之道”当作制礼作乐的原则，是整篇《礼记》的枢纽。

《礼记·中庸》曰：

天命之谓性，率性之谓道，修道之谓教。道也者，不可须臾离也，可离非道也。是故君子戒慎乎其所不睹，恐惧乎其所不闻。莫见乎隐，莫显乎微，故君子慎其独也。喜怒哀乐之未发谓之中，发而皆中节谓之和。中也者，天下之大本也。和也者，天下之达道也。致中和，天地位焉，万物育焉。

子曰：“中庸其至矣乎！民鲜能久矣。”

子曰：“天下国家可均也，爵禄可辞也，白刃可蹈也，中庸不可能也。”

君子依乎中庸，遁世不见知而不悔，唯圣者能之。

君子之道，造端乎夫妇，及其至也，察乎天地。

君子素其位而行，不愿乎其外。素富贵行乎富贵，素贫贱行乎贫贱，素夷狄行乎夷狄，素患难行乎患难，君子无入而不自得焉。

故大德必得其位，必得其禄，必得其名，必得其寿。

子曰：“无忧者其惟文王乎！以王季为父，以武王为子，父作之，子述之。”

文武之政，布在方策，其人存则其政举，其人亡则其政息。人道敏政，地道敏树。

仁者人也，亲亲为大；义者宜也，尊贤为大。

天下之达道五，所以行之者三。曰君臣也，父子也，夫妇也，昆弟也，朋友之交也，五者天下之达道也。知、仁、勇三者，天下之达德也，所以行之者一也。

子曰:“好学近乎知,力行近乎仁,知耻近乎勇。”

凡为天下国家有九经:曰修身也,尊贤也,亲亲也,敬大臣也,体群臣也,子庶民也,来百工也,柔远人也,怀诸侯也。

凡事豫则立,不豫则废。言前定则不跲,事前定则不困,行前定则不疚,道前定则不穷。

诚者,天之道也。诚之者,人之道也。

博学之,审问之,慎思之,明辨之,笃行之。

人一能之,己百之;人十能之,己千之。果能此道矣,虽愚必明,虽柔必强。

自诚明谓之性,自明诚谓之教。诚则明矣,明则诚矣。

唯天下至诚为能尽其性,能尽其性则能尽人之性,能尽人之性则能尽物之性,能尽物之性则可以赞天地之化育,可以赞天地之化育则可以与天地参矣。

至诚之道,可以前知。国家将兴,必有祯祥。国家将亡,必有妖孽。见乎蓍龟,动乎四体。祸福将至,善必先知之,不善必先知之。故至诚如神。

故至诚无息。不息则久,久则征,征则悠远,悠远则博厚,博厚则高明。博厚所以载物也,高明所以覆物也,悠久所以成物也。博厚配地,高明配天,悠久无疆。如此者,不见而章,不动而变,无为而成。

大哉圣人之道!洋洋乎!发育万物,峻极于天,优优大哉!礼仪三百,威仪三千,待其人而后行,故曰苟不至德,至道不凝焉。故君子尊德性而道问学,致广大而尽精微,极高明而道中庸。温故而知新,敦厚以崇礼。是故居上不骄,为下不倍,国有道其言足以兴,国无道其默足以容。《诗》曰“既明且哲,以保其身”,其此之谓与!

非天子不议礼,不制度,不考文。今天下车同轨,书同文,行同伦,虽有其位,苟无其德,不敢作礼乐焉。虽有其德,苟无其位,亦不敢作礼乐焉。

仲尼祖述尧舜，宪章文武，上律天时，下袭水土。辟如天地之无不持载，无不覆帱，辟如四时之错行，如日月之代明。万物并育而不相害，道并行而不相悖，小德川流，大德敦化，此天地之所以为大也。唯天下至圣，为能聪明睿知足以有临也，宽裕温柔足以有容也，发强刚毅足以有执也，齐庄中正足以有敬也，文理密察足以有别也。溥博渊泉而时出之，溥博如天，渊泉如渊。见而民莫不敬，言而民莫不信，行而民莫不说。是以声名洋溢乎中国，施及蛮貊，舟车所至，人力所通，天之所覆，地之所载，日月所照，霜露所队，凡有血气者莫不尊亲，故曰配天。

“三礼”主要是讲“礼”，也有专门讲“乐”的。《周礼·春官·大司乐》载：

大司乐掌成均之法，以治建国之学政，而合国之子弟焉。凡有道者，有德者，使教焉。死则以为乐祖，祭于瞽宗。以乐德教国子，中、和、祗、庸、孝、友。以乐语教国子，兴、道、讽、诵、言、语。以乐舞教国子，舞云门、大卷、大咸、大韶、大夏、大濩、大武。以六律、六同、五声、八音、六舞，大合乐。以致鬼神祇。以和邦国，以谐万民。以安宾客，以说远人，以作动物。

乃分乐而序之，以祭，以享，以祀。乃奏黄钟，歌大吕，舞云门，以祀天神。乃奏大蔟，歌应钟，舞咸池，以祭地祇。乃奏姑洗，歌南吕，舞大韶，以祀四望。乃奏蕤宾，歌函钟，舞大夏，以祭山川。乃奏夷则，歌小吕，舞大濩，以享先妣。乃奏无射，歌夹钟，舞大武，以享先祖。凡六乐者，文之以五声，播之以八音。凡六乐者，一变而致羽物，及川泽之祇。再变而致蠃物及山林之祇。三变而致鳞物，及丘陵之祇。四变而致毛物，及坟衍之祇。五变而致介物，及土祇。六变而致象物，及天神。

凡乐圜钟为宫，黄钟为角，大簇为徵，姑洗为羽，靁鼓靁鼗，孤竹之管，云和之琴瑟。云门之舞，冬日至，于地上之圜丘奏之。若乐六变，则天神皆降，可得而礼矣。凡乐，函钟为宫，大簇为角，姑洗为徵，南吕为羽。灵鼓，灵鼗，孙竹之管，空桑之琴瑟。咸池之舞，夏日至，于泽中之方丘奏之。若乐八变，则地祇皆出，可得而礼矣。凡乐，黄钟为宫，大吕为角，大蔟为徵，应钟为羽。路鼓路鼗，阴竹之管，龙门之琴瑟。九德之歌，九韶之舞，于宗庙之中奏之。若乐九变，则人鬼可得而礼矣。

凡乐事，大祭祀，宿县，遂以声展之。王出入，则令奏王夏。尸出入，则令奏肆夏。牲出入，则令奏昭夏。帅国子而舞。大飨不入牲，其他皆如祭祀。大射，王出入，令奏王夏，及射，令奏驺虞。诏诸侯以弓矢舞。王大食，三宥，皆令奏钟鼓。王师大献，则令奏恺乐。凡日月食，四镇五岳崩，大傀异灾，诸侯薨，令去乐。大札、大凶、大灾、大臣死，凡国之大忧，令弛县。凡建国，禁其淫声，过声，凶声，慢声。大丧，涖廞乐器。及葬，藏乐器亦如之。

《周礼·春官·乐师》曰：

乐师掌国学之政，以教国子小舞。凡舞，有帗舞，有羽舞，有皇舞，有旄舞，有干舞，有人舞。

《周礼·春官·大师》曰：

大师掌六律六同，以合阴阳之声。阳声，黄钟、大蔟、姑洗、蕤宾、夷则、无射。阴声，大吕、应钟、南吕、函钟、小吕、夹钟。皆文之以五声，宫、商、角、徵、羽。皆播之以八音，金、石、土、革、丝、木、匏、竹。教六诗，曰风，曰赋，曰比，曰兴，曰雅，曰颂。

《周礼·春官·小师》曰：

小师掌教鼓、鼗、柷、敔、埙、箫、管、弦、歌。

《周礼·春官·典同》曰：

典同掌六律六同之和，以辨天地四方阴阳之声，以为乐器。凡声，高声石昆，正声缓，下声肆，陂声散，险声敛，达声赢，微声韽，回声衍，侈声筰，弇声郁，薄声甄，厚声石。凡为乐器，以十有二律为之数度，以十有二声为之齐量。凡和乐亦如之。

《礼记》中有专门讲“乐”的篇章，那就是《乐记》。它是中国古代制礼作乐的纲领性文献。因为《乐经》佚失，故《乐记》的地位就更显重要。

《礼记·乐记》曰：

“凡音之起，由人心生也。人心之动，物使之然也。感于物而动，故形于声。声相应，故生变，变成方，谓之音。比音而乐之，及干戚羽旄，谓之乐。

乐者，音之所由生也，其本在人心之感于物也。是故其哀心感者，其声噍以杀。其乐心感者，其声啴以缓。其喜心感者，其声发以散。其怒心感者，其声粗以厉。其敬心感者，其声直以廉。其爱心感者，其声和以柔。六者非性也，感于物而后动。是故先王慎所以感之者。故礼以道其志，乐以和其声，政以一其行，刑以防其奸。礼乐刑政，其极一也，所以同民心而出治道也。

是故治世之音安以乐，其政和。乱世之音怨以怒，其政乖。亡国之音哀以思，其民困。声音之道与政通矣。宫为君，商为臣，角为民，徵为事，羽为物。五者不乱，则无怗懘之音矣。宫乱则荒，其君骄。商乱则陂，其官坏。角乱则忧，其民怨。徵乱则哀，其事勤。羽乱则危，其财匮。五者皆乱，迭相陵，谓之慢。如此则国之灭亡无日矣。

乐者，通伦理者也。礼乐皆得，谓之有德。德者，得也。乐者为同，礼者为异。同则相亲，异则相敬。乐胜则流，礼胜则离。乐由中出，礼自外作。乐由中出故静，礼自外作故文。大乐必易，大礼必简。乐至则无怨，礼至则不争。揖让而治天下者，礼乐之谓也。

大乐与天地同和，大礼与天地同节。和，故百物不失；节，故祀天祭地。乐者，天地之和也。礼者，天地之序也。和，故百物皆化。序，故群物皆别。乐由天作，礼以地制，过制则乱，过作则暴。明于天地，然后能兴礼乐也。故圣人作乐以应天，制礼以配地。礼乐明备，天地官矣。

天尊地卑，君臣定矣。卑高已陈，贵贱位矣。动静有常，小大殊矣。方以类聚，物以群分，则性命不同矣。在天成象，在地成形，如此，则礼者天地之别也。地气上齐，天气下降，阴阳相摩，天地相荡，鼓之以雷霆，奋之以风雨，动之以四时，煖之以日月，而百化兴焉。如此，则乐者天地之和也。乐也者，圣人之所乐也，而可以善民心。其感人深，其移风易俗，故先王著其教焉。生民之道，乐为大焉。

君子曰：礼乐不可斯须去身。致乐以治心，则易直子谅之心油然生矣。易直子谅之心生则乐，乐则安，安则久，久则天，天则神。

君子说：礼乐片刻也不能离开身心。通过致力于乐来调理心灵，那么，平易、正直、慈爱、诚信的心态自然而然就产生了。平易、正直、慈爱、诚信的心态产生了，就能心情和乐。心情和乐了，心里就能安定舒畅。心里安定舒畅了，性命就能长久。性命长久了，就能合乎天道。合乎天道了，就能通乎神明。①

宽而静，柔而正者，宜歌《颂》；广大而静，疏达而信者，宜歌《大雅》；恭俭而好礼者，宜歌《小雅》；正直而静，廉而谦者，宜歌《风》；肆直而慈爱者，宜歌《商》；温良而能断者，宜歌《齐》。

宽厚而文静，温柔而端正的人，适合歌唱《周颂》；心胸广大而沉静，开朗通达而诚信的人，适合歌唱《大雅》；恭慎俭朴而好礼的人，适合歌唱《小雅》；正直而安静，清廉而谦逊的人，适合歌唱《国风》；直率而慈爱的人，适合歌唱《商颂》；温良而能决断的

---

① 《礼记译解》，第558页。

人，适合歌唱《齐风》。[①]

由姬姓建立的西周王朝，把中国封建社会推向了鼎盛阶段。这一王朝的建立，经过了十几代人的修善积德，到文武革命方形成规模。武王、成王分封诸侯，普施天下；“列爵惟五，分土惟三；建官惟贤，位事惟能”。周公摄政、巩固政权，营洛建官、制礼作乐，建立完备的周官系统与地方治权系统，“封建亲戚，以蕃屏周”。中央职官系统为“三公、三孤、六卿”，即：太师、太傅、太保，少师、少傅、少保，天官冢宰、地官司徒、春官宗伯、夏官司马、秋官司寇、冬官考工。地方治权系统为“公、侯、伯、子、男”以及列侯之下的卿、大夫、士。这套周官系统成为后世“三公九卿”“三省六部”乃至于现代职官设置的最早蓝本。

西周的文化教育相当发达，以“六艺”“六经”作为基本教育内容，把古代文化由神道设教引向了人文主义的方向。礼、乐、射、御、书、数的学习，目的在于培养“成人”，即品学兼优、德才兼备的“君子”。《诗》《书》《礼》《乐》《易》《春秋》六经，集上古以来文化之大成，成为中华文化不竭的源头。完备的礼乐制度，不仅使西周王朝欣欣向荣，而且成为后世制度建设的借鉴。“经礼三百，曲礼三千”，使中华成为名副其实的礼仪之邦。

① 《礼记译解》，第563—564页。

# 第五章　春秋战国政治文化

从平王东迁开始，中国历史进入了东周时期。东周又分为两个阶段，一是春秋时期，二是战国时代。春秋时期有两种说法，一是从平王东迁，即公元前770年，到公元前481年，约290年。另一种说法，则是以孔子编订的《春秋经》为依据，从鲁隐公元年到鲁哀公十四年，即从公元前722年到公元前481年，其间相隔242年。[①]

**东周王朝世系表**[②]

1. 平王→2. 桓王→3. 庄王→4. 釐王→5. 惠王→6. 襄王→7. 顷王→8. 匡王→9. 定王→10. 简王→11. 灵王→12. 景王→13. 敬王→14. 元王→15. 贞定王→16. 考王→17. 威烈王→18. 安王→19. 烈王→20. 显王→21. 慎靓王→22. 赧王

## 第一节　春秋五霸

春秋五霸包括齐桓公、晋文公、秦穆公、宋襄公、楚庄王。另一说是指齐桓公、晋文公、楚庄王、吴王夫差、越王勾践。这五位公侯在春秋时期先后称霸诸侯，故史

---

① 参见万国鼎编，万斯年、陈梦家补订《中国历史纪年表》，中华书局1978年版，第62页。
② 同上，另参见方诗铭编《中国历史纪年表》，第4—30页。

称“春秋五霸”。

## 一、齐桓公

齐桓公即公子小白，姜太公后裔，齐釐公子，继齐襄公之后为齐君。

> 初，襄公之醉杀鲁桓公，通其夫人，杀诛数不当，淫于妇人，数欺大臣，群弟恐祸及，故次弟纠奔鲁。其母鲁女也。管仲、召忽傅之。次弟小白奔莒，鲍叔傅之。小白母，卫女也，有宠于釐公。小白自少好善大夫高傒。及雍林人杀无知，议立君，高、国先阴召小白于莒。鲁闻无知死，亦发兵送公子纠，而使管仲别将兵遮莒道，射中小白带钩。小白详死，管仲使人驰报鲁。鲁送纠者行益迟，六日至齐，则小白已入，高傒立之，是为桓公。（《史记·齐太公世家第二》）

小白为齐君后，鲁国人杀公子纠，召忽自杀，管仲被囚。桓公发兵攻鲁，欲杀管仲。鲍叔牙谏桓公曰：“君将治齐，即高傒与叔牙是也；君且欲霸王，非管夷吾不可。”于是，桓公释放管仲，厚礼以为大夫，委齐国政于管仲。

桓公既得管仲，与鲍叔、隰朋、高傒修齐国政，连五家之兵，设轻重鱼盐之利，以赡贫穷，禄贤能，齐人皆说。二年，伐灭郯，郯子奔莒。五年，伐鲁，鲁将师败。七年，诸侯会桓公于甄，而桓公于是始霸焉。

桓公十四年，陈厉公子完，也就是田成子常之祖，号敬仲，来奔齐。齐桓公欲以为卿，让；于是以为工正。后来田齐推翻了姜齐拥有齐国，那已是齐威王时代的事情了。二十三年，山戎伐燕，燕告急于齐。齐桓公救燕，遂伐山戎，至于孤竹而还。燕庄公遂送桓公入其境。桓公曰：非天子，诸侯相送不出境，吾不可以无礼于燕。于是分沟割燕君所至与燕，命燕君复修召公之政，纳贡于周，如成康之时。诸侯闻之，皆从齐。

二十七年，鲁湣公母曰哀姜，桓公女弟也。哀姜淫于鲁公子庆父，庆父弑湣公，哀姜欲立庆父，鲁人更立釐公。桓公召哀姜杀之。二十八年，卫文公有狄乱，告急于齐。齐率诸侯城楚丘而立卫君。二十九年，桓公与夫人蔡姬戏船中。蔡姬习水，荡兮，公惧，止之，不止，出船，怒，归蔡姬，弗绝。蔡亦怒，嫁其女。桓公闻而怒，兴师往伐。三十年春，齐桓公率诸侯伐蔡，蔡溃。遂伐楚。秋，齐伐陈。三十五年夏，会诸侯于葵丘。周襄王使宰孔赐桓公文武胙、彤弓矢、大路，无命拜。桓公欲许之，管仲曰不可，乃下拜受赐。是岁，晋献公卒，里克杀奚齐、卓子，迎公子夷吾为晋君。桓公于是讨晋乱，至高梁，使隰朋立晋君，还。

是时周室微，唯齐、楚、秦、晋为强。晋初与会，献公死，国内乱。秦穆公辟远，不与中国会盟。楚成王初收荆蛮有之，夷狄自置。唯独齐为中国会盟，而桓公能宣其德，故诸侯宾会。于是桓公称曰：'寡人南伐至召陵，望熊山；北伐山戎、离枝、孤竹；西伐大夏，涉流沙；束马悬车登太行，至卑耳山而还。诸侯莫违寡人。寡人兵车之会三，乘车之会六，九合诸侯，一匡天下。昔三代受命，有何以异于此乎？吾欲封泰山，禅梁父。'管仲固谏，不听；乃说桓公以远方珍怪物至乃得封，桓公乃止。(《史记·齐太公世家第二》)

三十八年，周襄王弟带与戎、翟合谋伐周，齐使管仲平戎与周。周欲以上卿礼管仲，管仲顿首曰："臣陪臣，安敢！"三让，乃受下卿礼以见。四十一年，秦穆公虏晋惠公，复归之。是岁，管仲、隰朋皆卒。管仲病，桓公问曰："群臣谁可相者？"管仲曰："知臣莫如君。"公曰："易牙如何？"对曰："杀子以适君，非人情，不可。"公曰："开方如何？"对曰："倍亲以适君，非人情，难近。"公曰："竖刀(又作竖刁)如何？"对曰："自宫以适君，非人情，难亲。"管仲死，而桓公不用管仲言，卒近用三子，三子专权。四十二年，戎伐周，周告急于齐，齐令诸侯各发卒戍周。是岁，晋公子重耳来，桓公妻之。

四十三年。初，齐桓公之夫人三：曰王姬、徐姬、蔡姬，皆无子。桓公好内，多内宠，如夫人者六人，长卫姬，生无诡；少卫姬，生惠公元；郑姬，生孝公昭；葛嬴，生昭公潘；密姬，生懿公商人；宋华子，生公子雍。桓公与管仲属孝公于宋襄公，以为太子。雍巫有宠于卫共姬，因宦者竖刀以厚献于桓公，亦有宠，桓公许之立无诡。管仲卒，五公子皆求立。冬十月乙亥，齐桓公卒。易牙入，与竖刀因内宠杀群吏，而立公子无诡为君。太子昭奔宋。桓公病，五公子各树党争立。及桓公卒，遂相攻，以故宫中空，莫敢棺。桓公尸在床上六十七日，尸虫出于户。十二月乙亥，无诡立，乃棺赴。辛巳夜，敛殡。

桓公十有馀子，要其后立者五人：无诡立三月死，无谥；次孝公；次昭公；次懿公；次惠公。孝公元年三月，宋襄公率诸侯兵送齐太子昭而伐齐。齐人恐，杀其君无诡。齐人将立太子昭，四公子之徒攻太子，太子走宋，宋遂与齐人四公子战。五月，宋败齐四公子师而立太子昭，是为齐孝公。宋以桓公与管仲属之太子，故来征之。以乱故，八月乃葬齐桓公。(《史记·齐太公世家第二》)

## 二、晋文公

晋文公即公子重耳，晋唐叔虞后裔，晋献公之子。自少好士，年十七，有贤士五人，曰：赵衰；狐偃咎犯，文公舅也；贾佗；先轸；魏武子。献公即位，重耳年二十一。献公二十一年，因骊姬谗言，逼杀恭太子申生。重耳逃奔狄；狄，其母国也。另一公子夷吾奔屈后又奔梁。献公死后，晋国内乱，后夷吾回国为君，是为晋惠公。欲使人杀重耳于狄，重耳闻之如齐，开始了他流亡生涯。

重耳在狄时，狄伐咎如，得二女，以长女妻重耳，生伯儵、叔刘；以少女妻赵衰，生赵盾。居狄五岁而晋献公卒，里克已杀奚齐、悼子，乃使人迎，欲立重耳。重耳畏杀，因固谢，不敢入。已而晋更迎其弟夷吾立之，是为惠公。惠公七年，畏重耳，乃使宦者与壮士欲杀重耳。重耳与随从欲奔齐。重耳谓其妻曰："待我二十五年不来，乃嫁。"其妻笑曰："犂二十五年，吾冢上柏大矣。虽然，妾待子。"重耳居狄凡十二年而去。

过卫，卫文公不礼焉。出于五鹿，乞食于野人，野人与之块。公子怒，欲鞭之。子犯曰："天赐也。"稽首受而载之。

及齐，齐桓公妻之，有马二十乘。公子安之。从者以为不可。将行，谋于桑下。蚕妾在其上，以告姜氏。姜氏杀之，而谓公子曰："子有四方之志，其闻之者，吾杀之矣。”公子曰：“无之。”姜曰：“行也！怀与安，实败名。”公子不可。姜与子犯谋，醉而遣之。醒，以戈逐子犯。

及曹，曹共公闻其骈胁，欲观其裸。浴，薄而观之。僖负羁之妻曰：“吾观晋公子从者，皆足以相国。若以相，夫子必反其国，反其国，必得志于诸侯。得志于诸侯，而诛无礼，曹其首也。子盍蚤自贰焉！”乃馈盘飧，寘璧焉。公子受飧反璧。

及宋，宋襄公赠之以马二十乘。

及郑，郑文公亦不礼焉。叔詹谏曰：“臣闻天之所启，人弗及也。晋公子有三焉，天其或者将建诸，君其礼焉！男女同姓，其生不蕃。晋公子，姬出也，而至于今，一也。离外之患，而天不靖晋国，殆将启之，二也。有三士，足以上人，而从之，三也。晋、郑同侪，其过子弟固将礼焉，况天之所启乎？”弗听。

及楚，楚子飨之，曰：“公子若反晋国，则何以报不谷？”对曰：“子、女、玉、帛，则君有之；羽、毛、齿、革，则君地生焉。其波及晋国者，君之余也，其何以报君？”曰：“虽然，何以报我？”对曰：“若以君之灵，得反晋国，晋、楚治兵，遇于中原，其避君三舍。若不获命，其左执鞭、弭，右属櫜、鞬，以与君周旋。”子玉请杀之。楚子曰：“晋公子广而俭，文而有礼。其从者肃而宽，忠而能力。晋侯无亲，外内恶之。吾闻姬姓唐叔之后，其后衰者也，其将由晋公子乎！天将兴之，谁能废之？违天，必有大咎。”乃送诸秦。（《左传・僖公二十三年》）

重耳至秦，缪公以宗女五人妻重耳，故子圉妻与往。重耳不欲受，司空季子曰：“其国且伐，况其故妻乎！且受以结秦亲而求入，子乃拘小礼，忘大丑乎！”遂受。缪公大欢，与重耳饮。赵衰歌《黍苗》诗。缪公曰：“知子欲急反国矣。”赵衰与重耳下，再拜曰：“孤臣之仰君，如百谷之望时雨。”是时晋惠公十四年秋。惠公以九月卒，子圉立。十一月，葬惠公。十二月，晋国大夫栾、郤等闻重耳在秦，皆阴来劝重耳、赵衰等反国，为内应甚众。于是秦缪公乃发兵与重耳归晋。晋闻秦兵来，亦发兵拒之。然皆阴知公子重耳入也。唯惠公之故贵臣吕、郤之属不欲立重耳。重耳出亡凡十九岁而得入，时年六十二矣，晋人多附焉。（《史记・晋世家第九》）

文公元年春，秦送重耳至河。咎犯曰：“臣从君周旋天下，过亦多矣。臣犹知之，况于君乎？请从此去矣。”重耳曰：“若反国，所不与子犯共者，河伯视之！”乃投璧河中，以与子犯盟。是时介子推从，在船中，乃笑曰：“天实开公子，而子犯以为己功而要市于君，固足羞也。吾不忍与同位。”乃自隐渡河。秦兵围令狐，晋军于庐柳。二月辛丑，咎犯与秦晋大夫盟于郇。壬寅，重耳入于晋师。丙午，入于曲沃。丁未，朝于武宫，即位为晋君，是为文公。群臣皆往。怀公圉奔高梁。戊申，使人杀怀公。

怀公故大臣吕省、郤芮本不附文公，文公立，恐诛，乃欲与其徒谋烧公宫，杀文公。吕、郤等党多，文公恐初入国，国人卖己，乃为微行，会秦缪公于王城，国人莫知。三月己丑，吕、郤等果反，焚公宫，不得文公。文公之卫徒与战，吕、郤等引兵欲奔，秦缪公诱吕、郤等，杀之河上，晋国复而文公得归。夏，迎夫人于秦，秦所与文公妻者卒为夫人。秦送三千人为卫，以备晋乱。(《史记·晋世家第九》)

狄人把季隗送回晋国，而请求留下她两个儿子。文公把女儿嫁给赵衰，生了原同、屏括、楼婴。赵姬请求迎接盾和他的母亲。赵衰辞谢不干。赵姬说：“得到新宠而忘记旧好，以后还怎样使用别人？一定要把他们接回来。”坚决请求，赵衰允许了。回来以后，赵姬以为赵盾有才，坚决向晋侯请求，把赵盾作为嫡子，而让她自己生的三个儿子居于赵盾之下，让叔隗作为正妻，而自己居于她之下。

晋侯赏赐跟随他逃亡的人，介子推没有提及禄位，禄位也没有给他。介之推说：“献公的儿子有九个，只有国君在世了。惠公、怀公没有亲近的人，国内国外都丢弃他。上天不绝晋国，必定会有君王。主持晋国祭祀的人，不是国君又是谁？这实在是上天立他为君，而他们几位却以为是自己的力量，这不是欺骗吗？偷别人的财物，尚且叫作盗，何况贪天之功以为自己的力量呢？下面的人把罪过当成合理，上面的人对欺骗加以赏赐，上下相互欺蒙，这就难和他们相处了。”他母亲说：“何不也去求赏？因为这样而死，又能怨谁？”介子推回答说：“明知错误而去仿效，错误就更大了。而且我口出怨言，不能吃他的俸禄。”他母亲说：“也让他知道一下，怎么样？”介子推回答说：“说话，是身体的文饰。身体将要隐藏，哪里用得着文饰？这是去求显露了。”他母亲说：“你能够这样吗？我和你一起隐居起来。”于是就隐居而死。晋侯到处找寻他没有找到，就把绵上作为他的封田，说：“用这来记载我的过失，而且表扬好人。”

晋侯一回国，就训练百姓，过了两年，就想使用他们。子犯说：“百姓还不知道道义，还没能各安其位。”晋侯就离开晋国去安定周襄王的君位，回国后致力于便利百姓，百姓就安于他们的生计了。又打算使用他们，子犯说："百姓还不知道信用，还不能明白它的作用。"就攻打原国来让百姓看到信用。百姓做买卖不求暴利，交易分明，各无贪鄙。晋侯说："行了吗？"子犯说："百姓还不知道礼义，没有产生他们的恭敬。"由此举行盛大阅兵来让百姓看到礼义，建立执秩来规定官员的职责。等到百姓听到事情能够明辨是非，然后才使用他们。赶走谷地的驻军，解除宋国的包围，一次战争而称霸诸侯，这都是文公的教化。

（晋文公）二年春，秦军河上，将入王。赵衰曰："求霸莫如入王尊周。周晋同姓，晋不先入王，后秦入之，毋以令于天下。方今尊王，晋之资也。"三月甲辰，晋乃发兵至阳樊，围温，入襄王于周。四月，杀王弟带。周襄王赐晋河内阳樊之地。四年，楚成王及诸侯围宋，宋公孙固如晋告急。先轸曰："报施定霸，于今在矣。"狐偃曰："楚新得曹而初婚于卫，若伐曹、卫，楚必救之，则宋免矣。"于是晋作三军。赵衰举郤縠将中军，郤臻佐之；使狐偃将上军，狐毛佐之，命赵衰为卿；栾枝将下军，先轸佐之；荀林父御戎，魏犨为右，往伐。冬十二月，晋兵先下山东，而以原封赵衰。

五年，夏四月己巳，晋侯、齐师、宋师、秦师及楚人战于城濮，楚师败绩（《左传·僖公二十八年》）。甲午，晋师还至衡雍，作王宫于践土。五月丁未，献楚俘于周，驷介百乘，徒兵千。天子使王子虎命晋侯为伯，赐大辂，彤弓矢百，玈弓矢千，秬鬯一卣，珪瓒，虎贲三百人。晋侯三辞，然后稽首受之。周作《晋文侯命》："王若曰：父义和，丕显文、武，能慎明德，昭登于上，布闻在下，维时上帝集厥命于文、武。恤朕身，继予一人永在其位。"于是晋文公称伯。

冬，晋侯会诸侯于温，欲率之朝周。力未能，恐其有畔者，乃使人言周襄王狩于河阳。壬申，遂率诸侯朝王于践土。孔子读史记至文公，曰："诸侯无召王。'王狩河阳'者，《春秋》讳之也。"（《史记·晋世家第九》）

晋文公在位十七年，卒后，子襄公欢立。孔子曰："晋文公谲而不正，齐桓公正而不谲。"（《论语·宪问》）

## 三、秦穆公

秦穆公为秦德公子，宣公、成公弟，名任好，在位三十九年。

缪(穆)公任好元年,自将伐茅津,胜之。四年,迎妇于晋,晋太子申生姊也。其岁,齐桓公伐楚,至邵陵。

五年,晋献公灭虞、虢,虏虞君与其大夫百里傒,以璧马赂于虞故也。既虏百里傒,以为秦缪公夫人媵于秦。百里傒亡秦走宛,楚鄙人执之。缪公闻百里傒贤,欲重赎之,恐楚人不与,乃使人谓楚曰:"吾媵臣百里傒在焉,请以五羖羊皮赎之。"楚人遂许与之。当是时,百里傒年已七十余。缪公释其囚,与语国事。谢曰:"臣亡国之臣,何足问!"缪公曰:"虞君不用子,故亡,非子罪也。"固问,语三日,缪公大说(悦),授之国政,号曰五羖大夫。百里傒让曰:"臣不及臣友蹇叔,蹇叔贤而世莫知。臣常游困于齐而乞食铚人,蹇叔收臣。臣因而欲事齐君无知,蹇叔止臣,臣得脱齐难,遂之周。周王子穨好牛,臣以养牛干之。及穨欲用臣,蹇叔止臣,臣去,得不诛。事虞君,蹇叔止臣。臣知虞君不用臣,臣诚私利禄爵,且留。再用其言,得脱;一不用,及虞君难:是以知其贤。"于是缪公使人厚币迎蹇叔,以为上大夫。

秋,缪公自将伐晋,战于河曲。晋骊姬作乱,太子申生死新城,重耳、夷吾出奔。九年,齐桓公会诸侯于葵丘。

晋献公卒。立骊姬子奚齐,其臣里克杀奚齐。荀息立卓子,克又杀卓子及荀息。夷吾使人请秦,求入晋。于是缪公许之,使百里傒将兵送夷吾。夷吾谓更:"诚得立,请割晋之河西八城与秦。"及至,已立,而使丕郑谢秦,背约不与河西城,而杀里克。丕郑闻之,恐,因与缪公谋曰:"晋人不欲夷吾,实欲重耳。今背秦约而杀里克,皆吕甥、郤芮之计也。愿君以利急召吕、郤,吕、郤至,则更入重耳便。"缪公许之,使人与丕郑归,召吕、郤。吕、郤等疑丕郑有间,乃言夷吾杀丕郑。丕郑子丕豹奔秦,说缪公曰:"晋君无道,百姓不亲,可伐也。"缪公曰:"百姓苟不便,何故能诛其大臣?能诛其大臣,此其调也。"不听,而阴用豹。

十二年,齐管仲、隰朋死。

晋旱,来请粟。丕豹说缪公勿与,因其饥而伐之。缪公问公孙支,支曰:"饥穰更事耳,不可不与。"问百里傒,傒曰:"夷吾得罪于君,其百姓何罪?”于是用百里傒、公孙支言,卒与之粟。以船漕车转,自雍相望至绛。

十四年,秦饥,请粟于晋。晋君谋之群臣。虢射曰:“因其饥伐之,可有大功。”晋君从之。十五年,兴兵将攻秦。缪公发兵,使丕豹将,自往击之。九月壬戌,与晋惠公夷吾合战于韩地。晋君弃其军,与秦争利,还而马鷔。缪公与麾下驰追之,不能得晋君,反为晋军所围。晋击缪公,缪公伤。于是岐下食善马者三百人驰冒晋军,晋军解围,遂脱缪公而反生得晋君。初,缪公亡善马,岐下野人共得而食之者三百余人,吏逐得,欲法之。缪公曰:“君子不以畜产害人。吾闻食善马肉不饮酒,伤人。”乃皆赐酒而赦之。三百人者闻秦击晋,皆求从,从而见缪公窘,亦皆推锋争死,以报食马之德。于是缪公虏晋君以归,令于国,“齐宿,吾将以晋君祠上帝。”周天子闻之,曰“晋我同姓”,为请晋君。夷吾姊亦为缪公夫人,夫人闻之,乃衰绖跣,曰:“妾兄弟不能相救,以辱君命。”缪公曰:“我得晋君以为功,今天子为请,夫人是忧。”乃与晋君盟,许归之,更舍上舍,而馈之七牢。十一月,归晋君夷吾,夷吾献其河西地,使太子圉为质于秦。秦妻子圉以宗女。是时秦地东至河。

十八年,齐桓公卒。二十年,秦灭梁、芮。

二十二年,晋公子圉闻晋君病,曰:“梁,我母家也,而秦灭之。我兄弟多,即君百岁后,秦必留我,而晋轻,亦更立他子。”子圉乃亡归晋。二十三年,晋惠公卒,子圉立为君。秦怨圉亡去,乃迎晋公子重耳于楚,而妻以故子圉妻。重耳初谢,后乃受。缪公益礼厚遇之。二十四年春,秦使人告晋大臣,欲入重耳。晋许之,于是使人送重耳。二月,重耳立为晋君,是为文公。文公使人杀子圉。子圉是为怀公。

其秋,周襄王弟带以翟伐王,王出居郑。二十五年,周王使人告难于晋、秦。秦缪公将兵助晋文公入襄王,杀王弟带。二十八年,晋文公败楚于城濮。三十年,缪公助晋文公围郑。郑使人言缪公曰:“亡郑厚晋,于晋而得矣,而秦未有利。晋之强,秦之忧也。”缪公乃罢兵归。晋亦罢。三十二年冬,晋文公卒。

郑人有卖郑于秦曰:“我主其城门,郑可袭也。”缪公问蹇叔、百里傒,对曰："径数国千里而袭人，希有得利者。且人卖郑，庸知我国人不有以我情告郑者乎？不可。"缪公曰："子不知也，吾已决矣。"遂发兵，使百里傒子孟明视，蹇叔子西乞术及白乙丙将兵。行日，百里傒、蹇叔二人哭之。缪公闻，怒曰："孤发兵而子沮哭吾军，何也？"二老曰："臣非敢沮君军。军行，臣子与往；臣老，迟还恐不相见，故哭耳。"二老退，谓其子曰："汝军即败，必于殽阨矣。"三十三年春，秦兵遂东，更晋地，过周北门。周王孙满曰："秦师无礼，不败何待！"兵至滑，郑贩卖贾人弦高，持十二牛将卖之周，见秦兵，恐死虏，因献其牛，曰："闻大国将诛郑，郑君谨修守御备，使臣以牛十二劳军士。"秦三将军相谓曰："将袭郑，郑今已觉之，往无及已。"灭滑。滑，晋之边邑也。

当是时，晋文公丧尚未葬。太子襄公怒曰："秦侮我孤，因丧破我滑。"遂墨衰绖，发兵遮秦兵于殽，击之，大破秦军，无一人得脱者。虏秦三将以归。文公夫人，秦女也，为秦三囚将请曰："缪公之怨此三人入于骨髓，原令此三人归，令我君得自快烹之。"晋君许之，归秦三将。三将至，缪公素服郊迎，向三人哭曰："孤以不用百里傒、蹇叔言以辱三子，三子何罪乎？子其悉心雪耻，毋怠。"遂复三人官秩如故，愈益厚之。

三十四年，楚太子商臣弑其父成王代立。

缪公于是复使孟明视等将兵伐晋，战于彭衙。秦不利，引兵归。

三十六年，缪公复益厚孟明等，使将兵伐晋，渡河焚船，大败晋人，取王官及鄗，以报殽之役。晋人皆城守不敢出。于是缪公乃自茅津渡河，封殽中尸，为发丧，哭之三日。乃誓于军曰："嗟士卒！听无哗，余誓告汝。古之人谋黄发番番，则无所过。"以申思不用蹇叔、百里傒之谋，故作此誓，令后世以记余过。君子闻之，皆为垂涕，曰："嗟乎！秦缪公之与人周也，卒得孟明之庆。"

三十七年，秦用由余谋伐戎王，益国十二，开地千里，遂霸西戎。天子使召公过贺缪公以金鼓。三十九年，缪公卒，葬雍。从死者百七十七人，秦之良臣子舆氏三人名曰奄息、仲行、鍼虎，亦在从死之中。秦人哀之，为作歌《黄鸟》之诗。君子曰："秦缪公广地益国，东服强晋，西霸戎夷，然不为诸侯盟主，亦宜哉。死而弃民，收其良臣而从死。且先王崩，尚犹遗德垂法，况夺之善人良臣百姓所哀者乎？是以知秦不能复东征也。"缪公子四十人，其太子罃代立，是为康公。（《史记·秦本纪第五》）

## 四、宋襄公

宋襄公乃宋桓公太子兹甫。桓公三十一年卒，太子兹甫立，是为襄公。以其庶兄目夷为相。齐桓公会诸侯于葵丘，襄公往会。

襄公七年，宋地陨星如雨，与雨偕下；六鹢退蜚，风疾也。

八年，齐桓公卒，宋欲为盟会。十二年春，宋襄公为鹿上之盟，以求诸侯于楚，楚人许之。公子目夷谏曰："小国争盟，祸也。"不听。秋，诸侯会宋公盟于盂。目夷曰："祸其在此乎？君欲已甚，何以堪之！"于是楚执宋襄公以伐宋。冬，会于亳，以释宋公。子鱼曰："祸犹未也。"十三年夏，宋伐郑。子鱼曰："祸在此矣。"秋，楚伐宋以救郑。襄公将战，子鱼谏曰："天之弃商久矣，不可。"冬，十一月，襄公与楚成王战于泓。楚人未济，目夷曰："彼众我寡，及其未济击之。"公不听。已济未陈，又曰："可击。"公曰："待其已陈。"陈成，宋人击之。宋师大败，襄公伤股。国人皆怨公。公曰："君子不困于厄，不鼓不成列。"子鱼曰："兵以胜为功，何常言与！必如公言，即奴事之耳，又何战为？"

楚成王已救郑，郑享之；去而取郑二姬而归。叔瞻曰："成王无礼，其不没乎？为礼卒于无别，有以知其不遂霸也。"

是年，晋公子重耳过宋，襄公以伤于楚，欲得晋援，厚礼重耳以马二十乘。

十四年夏，襄公病伤于泓而竟卒，子成公王臣立。（《史记·宋微子世家第八》）

太史公曰：孔子称“微子去之，箕子为之奴，比干谏而死，殷有三仁焉”。襄公之时，修行仁义，欲为盟主。襄公既败于泓，而君子或以为多，伤中国阙礼义，褒之也，宋襄之有礼也。而后人却以为泓之战，宋襄公乃“妇人之仁”也。

## 五、楚庄王

楚庄王乃楚成王孙，楚穆王商臣子。

穆王立，以其太子宫予潘崇，使为太师，掌国事。穆王三年，灭江。四年，灭六、蓼。六、蓼，皋陶之后。八年，伐陈。十二年，卒。子庄王侣立。

庄王即位三年，不出号令，日夜为乐，令国中曰：“有敢谏者死无赦！”伍举入谏。庄王左抱郑姬，右抱越女，坐钟鼓之间。伍举曰：“愿有进。”隐曰：“有鸟在于阜，三年不蜚不鸣，是何鸟也？”庄王曰：“三年不蜚，蜚将冲天；三年不鸣，鸣将惊人。举退矣，吾知之矣。”居数月，淫益甚。大夫苏从乃入谏。王曰：“若不闻令乎？”对曰：“杀身以明君，臣之愿也。”于是乃罢淫乐，听政，所诛者数百人，所进者数百人，任伍举、苏从以政，国人大说。是岁灭庸。六年，伐宋，获五百乘。

八年，伐陆浑戎，遂至洛，观兵于周郊。周定王使王孙满劳楚王。楚王问鼎小大轻重，对曰：“在德不在鼎。”庄王曰：“子无阻九鼎！楚国折钩之喙，足以为九鼎。”王孙满曰：“呜呼！君王其忘乎？昔虞夏之盛，远方皆至，贡金九牧，铸鼎象物，百物而为之备，使民知神奸。桀有乱德，鼎迁于殷，载祀六百。殷纣暴虐，鼎迁于周。德之休明，虽小必重；其奸回昏乱，虽大必轻。昔成王定鼎于郏鄏，卜世三十，卜年七百，天所命也。周德虽衰，天命未改。鼎之轻重，未可问也。”楚王乃归。

九年，相若敖氏。人或谗之王，恐诛，反攻王，王击灭若敖氏之族。十三年，灭舒。

十六年，伐陈，杀夏征舒。征舒弑其君，故诛之也。已破陈，即县之。群臣皆贺，申叔时使齐来，不贺。王问，对曰：“鄙语曰，牵牛径人田，田至取其牛。径者则不直矣，取之牛不亦乐乎？且王以陈之乱而率诸侯伐之，以义伐之而贪其县,亦何以复合于天下!”庄王乃复国陈后。

十七年春,楚庄王围郑,三月克之。入自皇门,郑伯肉袒牵羊以逆,曰:“孤不天,不能事君,君用怀怒,以及敝邑,孤之罪也。敢不惟命是听!宾之南海,若以臣妾赐诸侯,亦惟命是听。若君不忘厉、宣、桓、武,不绝其社稷,使改事君,孤之愿也,非所敢望也。敢布腹心。”楚群臣曰:“王勿许。”庄王曰:“其君能下人,必能信用其民,庸可绝乎!”庄王自手旗,左右麾军,引兵去三十里而舍,遂许之平。潘尪入盟,子良出质。夏六月,晋救郑,与楚战,大败晋师河上,遂至衡雍而归。

二十年,围宋,以杀楚使也。围宋五月,城中食尽,易子而食,析骨而炊。宋华元出告以情。庄王曰:“君子哉!”遂罢兵去。

二十三年,庄王卒,子共王审立。(《史记·楚世家第十》)

## 第二节　春秋五子

春秋时期人才辈出,散于各国,或助君王成就霸业,或治理国政屹立于诸侯,或洁身自好隐于民间,或功成身退泛舟江湖。今举管仲、子产、孙武、季札、范蠡作为其代表,记述他们的功德言行,以彰后世。

### 一、管仲

管仲夷吾者,颍上人也。少时常与鲍叔牙游,鲍叔知其贤。管仲贫困,常欺鲍叔,鲍叔终善遇之,不以为言。已而鲍叔事齐公子小白,管仲事公子纠。及小白立,为桓公,公子纠死,管仲囚焉。鲍叔遂进管仲。管仲既用,任政于齐,齐桓公以霸,九合诸侯,一匡天下,管仲之谋也。

管仲曰:“吾始困时,尝与鲍叔贾,分财利多自与,鲍叔不以我为贪,知我贫也。吾尝为鲍叔谋事而更穷困,鲍叔不以我为愚,知时有利不利也。吾尝三仕三见逐于君,鲍叔不以我为不肖,知我不遭时也。吾尝三战三走，鲍叔不以我为怯，知我有老母也。公子纠败，召忽死之，吾幽囚受辱，鲍叔不以我为无耻，知我不羞小节，而耻功名不显于天下也。生我者父母，知我者鲍子也。”

鲍叔既进管仲，以身下之。子孙世禄于齐，有封邑者十余世，常为名大夫。天下不多管仲之贤而多鲍叔能知人也。

管仲既任政相齐，以区区之齐在海滨，通货积财，富国强兵，与俗同好恶。故其称曰：“仓廪实而知礼节，衣食足而知荣辱，上服度则六亲固。四维不张，国乃灭亡。下令如流水之原，令顺民心。”故论卑而易行。俗之所欲，因而予之；俗之所否，因而去之。

其为政也，善因祸而为福，转败而为功。贵轻重，慎权衡。桓公实怒少姬，南袭蔡，管仲因而伐楚，责包茅不入贡于周室。桓公实北征山戎，而管仲因而令燕修召公之政。于柯之会，桓公欲背曹沫之约，管仲因而信之，诸侯由是归齐。故曰：“知与之为取，政之宝也。”

管仲富拟于公室，有三归、反坫，齐人不以为侈。管仲卒，齐国遵其政，常强于诸侯。后百余年而有晏子焉。（《史记·管晏列传第二》）

齐桓公使管仲平戎于周，使隰朋平戎于晋。王以上卿礼管仲。管仲辞曰：“臣贱有司也，有天子之二守国、高在。若节春秋来承王命，何以礼焉。陪臣敢辞。”王曰：“舅氏，余嘉乃勋，毋逆朕命。”管仲卒受下卿之礼而还。（《史记·周本纪第四》）

子曰：“管仲之器小哉！”

或曰：“管仲俭乎？”曰：“管氏有三归，官事不摄，焉得俭？”

“然则管仲知礼乎？”曰：“邦君树塞门，管氏亦树塞门。邦君为两君之好，有反坫，管氏亦有反坫。管氏而知礼，孰不知礼？”（《论语·八佾》）

孔子说：“管仲的器量狭小得很呀！”有人便问：“他是不是很节俭呢？”孔子道：“他收取人民的大量市租，他手下的人员，一人一职，从不兼差，如何能说是节俭呢?"那人又问:"那么,他懂得礼节吗?"孔子又道:"国君宫殿门前,立了一个塞门;管氏也立了一个塞门;国君设宴招待外国的君主,在堂上有放置酒杯的设备,管仲也有这样的设备。假若说他懂得礼节,那谁不懂得礼节呢?"①

《论语·宪问》中记载:"问管仲。曰:'人也。夺伯氏骈邑三百,饭疏食,没齿无怨言。'"有人问到管仲。孔子道:"他是人才。剥夺了伯氏骈邑三百户的采地,使伯氏只能吃粗粮,到死没有怨恨的话。"

《论语·宪问》中载:

> 子路曰:"桓公杀公子纠,召忽死之,管仲不死。"曰:"未仁乎?"子曰:"桓公九合诸侯,不以兵车,管仲之力。如其仁,如其仁。"
>
> 子贡曰:"管仲非仁者与?桓公杀公子纠,不能死,又相之。"子曰:"管仲相桓公,霸诸侯,一匡天下,民到于今受其赐。微管仲,吾其披发左衽矣。岂若匹夫匹妇之为谅也,自经于沟渎而莫之知也?"

子路道:"齐桓公杀了他哥哥公子纠,公子纠的师傅召忽因此自杀,但是他的另一个师傅管仲却活着。"接着又道:"管仲该不是有仁德的罢?"孔子道:"齐桓公多次主持诸侯间的盟会,停止了战争,都是管仲的力量。这就是管仲的仁德,这就是管仲的仁德。"

子贡道:"管仲不是仁人罢?桓公杀掉了公子纠,他不但不以身殉职,还去辅相他。"孔子道:"管仲辅相桓公,称霸诸侯,使天下一切得到匡正,人民到今天还受到他的好处。假若没有管仲,我们都会披散着头发,衣襟向左边开沦为落后民族了。他难道要像普通老百姓一样守着小节小信,在山沟中自杀,还没有人知道的吗?"由此可见,孔子总体上还是肯定管仲的。

管仲还有理论著述,就是《管子》一书。其中《心术》《白心》《内业》诸篇是他道德修为的心得体会;而《牧民》《立政》《轻重》等篇是他治国理政、发展经济的思想理论。《任法》《明法》《法禁》《重令》等篇体现了他的法家思想;《九守》篇则是他的方

---

① 杨伯峻:《论语译注》,中华书局1980年版,第31页。

法论。

## 二、子产

子产就是公孙侨，郑成公少子。为相一年，竖子不戏狎，斑白不提挈，僮子不犁畔。二年，市不豫贾。三年，门不夜关，道不拾遗。四年，田器不归。五年，士无尺籍，丧期不令而治。治郑二十六年而死，丁壮号哭，老人儿啼，曰："子产去我死乎！民将安归？"(《史记·循吏列传第五十九》)

《左传·襄公八年》载：

> 郑群公子以僖公之死也，谋子驷。子驷先之。夏四月庚辰，辟杀子狐、子熙、子侯、子丁。孙击、孙恶出奔卫。
>
> 庚寅，郑子国、子耳侵蔡，获蔡司马公子燮。郑人皆喜，唯子产不顺，曰："小国无文德，而有武功，祸莫大焉。楚人来讨，能勿从乎？从之，晋师必至。晋、楚伐郑，自今郑国不四、五年弗得宁矣。"子国怒之曰："尔何知！国有大命，而有正卿，童子言焉，将为戮矣！"

郑国在当时是伯一位的小诸侯国，介于晋、楚、秦、齐诸大国间，又有宋、蔡、陈、曹、鲁等中小诸侯的竞争。所以，如何处理好国际关系是头等大事，子产小小年纪就显示出高人一筹的战略头脑，这也成为他以后执政郑国的战略重点，故史书上称，子产善治小国。

郑简公元年，诸公子谋欲诛子驷，子驷觉之，反尽诛诸公子。二年晋伐郑，郑与盟，晋去。冬，又与楚盟。子驷畏诛，故两亲晋、楚。三年，相子驷欲自立为君，公子子孔使尉止杀相子驷而代之。子孔又欲自立。子产曰："子驷为不可，诛之，今又效之，是乱无时息也。"于是子孔从之而相郑简公。(《史记·郑世家第十二》)

当时郑国内乱，子产闻盗，为门者，庀群司，闭府库，慎闭藏，完守备，成列而后出，兵车十七乘。尸而攻盗于北宫，子蟜帅国人助之，杀尉止、子师仆，盗众尽死。侯晋奔晋，堵女父、司臣、尉翩、司齐奔宋。子孔当国，为载书，以位序、听政辟。大夫、诸司、门子弗顺，将诛之。子产止之，请为之焚书。子孔不可，曰："为书以定国，众怒而焚之，是众为政也，国不亦难乎？”子产曰：“众怒难犯，专欲难成，合二难以安国，危之道也。不如焚书以安众，子得所欲，众亦得安，不亦可乎？专欲无成，犯众兴祸，子必从之！”乃焚书于仓门之外，众而后定。（《左传·襄公十年》）

郑简公十二年，简公怒相子孔专国权，诛之，而以子产为卿。《左传·襄公十二年》载：

> 夏，晋人征朝于郑。郑人使少正公孙侨对，曰：在晋先君悼公九年，我寡君于是即位。即位八月，而我先大夫子驷从寡君以朝于执事，执事不礼于寡君，寡君惧。因是行也，我二年六月朝于楚，晋是以有戏之役。楚人犹竞，而申礼于敝邑。敝邑欲从执事，而惧为大尤，曰：“晋其谓我不共有礼”，是以不敢携二于楚。我四年三月，先大夫子蟜又从寡君以观衅于楚，晋于是乎有萧鱼之役。谓我敝邑，迩在晋国，譬诸草木，吾臭味也，而何敢差池？楚亦不競，寡君尽其土实，重之以宗器，以受齐盟。遂帅群臣随于执事，以会岁终。二于楚者，子侯、石盂，归而讨之。溴梁之明年，子蟜老矣，公孙夏从寡君以朝于君，见于尝酎，与执燔焉。间二年，闻君将靖东夏，四月，又朝以听事期。不朝之间，无岁不聘，无役不从。以大国政令之无常，国家罢病，不虞荐至，无日不惕，岂敢忘职？大国若安定之，其朝夕在庭，何辱命焉？若不恤其患，而以为口实，其无乃不堪任命，而翦为仇雠，敝邑是惧，其敢忘君命？委诸执事，执事实重图之。

范宣子在晋国执政，诸侯国朝见晋国时的贡品很重，郑国人对此感到患苦。二月，郑伯去晋国，子产寄信给子西，让他告诉范宣子，说：

“您治理晋国，四邻的诸侯不听说美德而听说要很重的贡品，我听说君子领导国家和家族的，不是担心没有财礼，而是害怕没有好名声。诸侯的财货聚集在国君家里，内部就不一致。如果您把这个作为利益，晋国的内部就不一致。诸侯的内部不一致，晋国就受到损害；晋国的内部不一致，您的家就受到损害。为什么那么不明白呢！还哪里用得着财货？好名声，是装载德行的车子；德行，是国家和家族的基础。有基础才不至于毁坏，不也应该致力于这个吗？有了德行就快乐，快乐了就能长久。《诗》说，‘快乐啊君子，是国家和家族的基础’，这就是有美德吧！‘天帝在你的上面，不要三心二意’，这就是有好名声吧！用谅解来发扬德行，那么就可以装上好名声往前走，因此远方的人来到，近处的人安心。您是宁可让人对您说‘您确实养活了我’，还是说‘您榨取我来养活自己’呢？象有了象牙而毁了自己，这是由于值钱的缘故。”

范宣子很高兴，就减轻了贡品。[①]

郑国虽小，却也进攻他国。子展、子产就曾率领七百辆战车攻打陈国，而且取得了胜利。当然喽，那是陈国会合楚国首先攻打郑国的缘故。孔子说：“《志》上有这样的话：‘言语用来完成意愿，文采用来完成言语。’不说话，谁知道他的意愿？说话没有文采，不能到达远方。晋国成为盟主，郑国进入陈国，不是善于辞令就不能成功。要谨慎地使用辞令啊！”[②]

晋国的程郑死，子产才开始了解然明。向他询问怎样施政。然明回答说：“把百姓看成像儿子一样。见到不仁的人，诛戮他，好像老鹰追赶鸟雀一样。”子产很高兴，把这些话告诉子太叔。子太叔向子产询问政事。子产说：“政事好像农活，白天黑夜想着它，想着它的开始又想着要取得好结果，早晨晚上都照想着的去做。所做的不超过所想的，好像农田里有田埂，他的过错就少了。”[③]

郑伯赏赐攻入陈国的功劳，三月初一日，设享礼招待子展，赐给他先路和三命车服，然后再赐给他八个城邑。赐给子产次路和再命的车服，然后再赐给他六个城邑。子产辞去城邑，说：“从上而下，礼数以二的书目递降，这是规定。下臣的地位在第四位，而且这是子展的功劳，下臣不敢受到赏赐的礼仪，请求辞去城邑。”郑伯坚决要给他，他就接受了三个城邑。公孙挥说：“子产恐怕将要执政了。谦让而不失去礼仪。”[④]

鲁襄公二十六年，冬十月，楚王攻打郑国，郑国人准备抵御。子产说：“晋国和楚国将要媾和，诸侯将要和睦，楚王因此冒昧来这里一趟。不如让他快意而回去，

---

① 参见《左传译文》，沈玉成，中华书局1981年版，第320—321页。

② 《左传译文》，第329页。

③ 《左传译文》，第330页。

④ 《左传译文》，第333页。

就容易媾和了。小人的本性，一有空子就表现血气之勇，在祸乱中有所贪图，以满足他的本性而追求虚名，这不符合国家的利益，怎么可以听从？”子展高兴了，就不抵御敌人。楚国人徒步渡过汜水回国去了。[①]

子产辅助郑伯去到楚国。搭了帐篷而不筑坛。外仆说：“从前先大夫辅助先君到四方各国，从没有不筑坛的。”子产说：“大国去到小国就筑坛；小国去到大国，草草地搭起帐篷就行了，哪里用得到坛？侨（子产自称）听说：大国去到小国有五样好处——赦免它的罪过，原谅它的错误，救助它的灾难，赞赏它的德行和典范，教导它所想不到的地方。小国不困乏，想念和顺服大国好像回家一样，因此筑坛来宣扬它的功德，公开告诉后代的人，不要怠惰于德业的进修。小国去到大国有五样坏处——掩饰它的罪过，请求得到它所缺乏的东西，奉行它的命令，供给它贡品，服从它的忽然而来的指示。不这样，就加重小国的财礼，用来祝贺它的喜事和吊唁它的祸事，这都是小国的祸患，哪里用得着筑坛来宣扬它的祸患？把这些告诉子孙，不要宣扬祸患就可以了。”[②]

郑国的子皮把政权交给子产，子产辞谢说：“国家小而逼近大国，家族庞大而受宠的人众多，不能治理好。”子皮说：“虎率领他们听从，谁敢触犯您？您好好地辅助国政吧。国家不在于小，小国能够事奉大国，国家就可以得到缓和了。”

子产让城市和乡村有所区别，上下尊卑各有职责。土田有四界水沟，庐舍和耕地互相适应。对卿大夫中忠诚俭朴的，听从他，亲近他；骄傲奢侈的依法惩办。

子产参与政事一年，人们念诵说：“计算我的家产而收费，丈量我的耕地而征税。谁杀死子产，我就助他一臂。”到了三年，又念诵说：“我有了子弟，子产教诲；我有土田，子产栽培；子产死了，谁来继位？”[③]

鲁襄公死去的那一月，子产辅佐郑伯去到晋国，晋侯没有会见他。子产派人全部拆毁了宾馆的围墙而安放车马，并且说出一番道理。晋侯接见郑伯，礼仪有加，宴会更加隆重，赠送更加丰富，然后让他回去。于是就建造接待诸侯的宾馆。叔向说：“辞令的不能废弃就像这样吧！子产善于辞令，诸侯因他而得利。为什么要放

---

① 《左传译文》，第338—339页。

② 《左传译文》，第349—350页。

③ 《左传译文》，第366—367页。

弃辞令呢?《诗》说:‘辞令亲热,百姓团结;辞令动听,百姓安定。’他已经懂得这个道理了。”①

子产参与政事,选择贤能而使用他们:冯简子能决断大事,子太叔美秀而有文采,子羽能了解四方诸侯的政令而且明白他们大夫的家族姓氏、官职爵位、地位贵贱、才能高低,又善于辞令。裨谌能出谋划策,在野外策划就正确,在城里策划就不行。郑国将要有外交上的事情,子产就向子羽询问四方诸侯的政令,并且让他草拟几份外交辞令稿。和裨谌一起坐车到野外去,让他策划是否可行。把结果告诉冯简子让他决断。计划完成,就交给子太叔执行,和宾客交往应对,因此很少有把事情办坏的时候。这就是北宫文子所说的合于礼。

郑国人在乡校里游玩聚会,议论国家政事。然明对子产说:“毁了乡校,怎么样?”子产说:“为什么?人们早晚事情完了到那里游玩,来议论政事的好坏。他们认为好的,我就推行它。他们所讨厌的,我就改掉它,这是我的老师。为什么要毁掉它?我听说用忠于为善来减少怨恨,没有听说用摆出权威来防止怨恨。权威难道不能很快制止议论?但是就像防止河水一样。洪水冲破大口子,伤人必然很多,我不能挽救。不如把水小小地放掉一点加以疏导,不如让我听到这些而作为药石。”……孔子听到这些话,说:“从这里来看,别人说子产不仁,我不相信。”②

郑简公二十二年,吴使延陵季子于郑,见子产如旧交,谓子产曰:“郑之执政者侈,难将至,政将及子。子为政,必以礼;不然,郑将败。”子产厚遇季子。二十三年,诸公子争宠相杀,又欲杀子产。公子或谏曰:“子产仁人,郑所以存者子产也,勿杀!”乃止。

二十五年,郑使子产于晋,问平公疾。

晋侯有疾,郑伯使公孙侨如晋聘,且问疾。叔向问焉,曰:“寡君之疾病,卜人曰‘实沈、台骀为祟’,史莫知之。敢问此何神也?”子产曰:“昔高辛氏有二子,伯曰阏伯,季曰实沈,居于旷林,不相能也,日寻干戈,以相征

① 《左传译文》,第369—370页。

② 《左传译文》,第371—372页。

讨。后帝不臧，迁阏伯于商丘，主辰。商人是因，故辰为商星。迁实沈于大夏，主参，唐人是因，以服事夏、商。其季世曰唐叔虞。当武王邑姜方震大叔，梦帝谓己：'余命而子曰虞，将与之唐，属诸参，而蕃育其子孙。'及生，有文在其手曰虞，遂以命之。及成王灭唐，而封大叔焉，故参为晋星。由是观之，则实沈，参神也。昔金天氏有裔子曰昧，为玄冥师，生允格、台骀。台骀能业其官，宣汾、洮，障大泽，以处大原。帝用嘉之，封诸汾川，沈、姒、蓐、黄实守其祀。今晋主汾而灭之矣。由是观之，则台骀，汾神也。抑此二者，不及君身。山川之神，则水旱疠疫之灾于是乎禜之；日月星辰之神，则雪霜风雨之不时，于是乎禜之。若君身，则亦出入、饮食、哀乐之事也，山川、星辰之神又何为焉？侨闻之，君子有四时：朝以听政，昼以访问，夕以修令，夜以安身。于是乎节宣其气，勿使有所壅闭湫底以露其体，兹心不爽，而昏乱百度。今无乃壹之，则生疾矣。侨又闻之，内官不及同姓，其生不殖。美先尽矣，则相生疾，君子是以恶之。故《志》曰：'买妾不知其姓，则卜之。'违此二者，古之所慎也。男女辨姓，礼之大司也。今君内实有四姬焉，其无乃是也乎？若由是二者，弗可为也已。四姬有省犹可，无则必生疾矣。"叔向曰："善哉！肸未之闻也，此皆然矣。"……

晋侯闻子产之言，曰："博物君子也。"重贿之。(《左传·昭公元年》)

子产执政有两件事是引起非议的，一是制定丘赋制度，二是把刑法铸在鼎上。而子产有自己的说辞，他认为他这样做是从实际出发。

鲁昭公十二年，三月，郑简公死。打算为安葬而清道，到达游氏的祖庙，打算拆毁它。子产就让清道的人避开游氏的祖庙。最后祖庙没有被拆毁。君子认为子产在这里懂得礼。礼，即没有毁坏别人而成全自己的事。①

郑简公在位三十六年，简公卒，子定公宁立。郑定公四年，晋昭公卒，其六卿强，公室卑。子产谓韩宣子曰："为政必以德，毋忘所以立。"六年，公欲禳之。子产曰："不如修德。"声公五年，郑相子产卒，郑人皆哭泣，悲之如亡亲戚。子产者，郑成

① 参见《左传译文》，第432页。

公少子也。为人仁爱，事君忠厚。孔子尝过郑，与子产如兄弟云。及闻子产死，孔子为泣曰："古之遗爱也。"(《史记·郑世家第十二》)

子产有病，对子太叔说："我死以后，您必然执政。只有有德的人能够用宽大来使百姓服从，其次就莫如严厉。火猛烈，百姓看着就害怕，所以很少有人死于火。水懦弱，百姓轻慢而玩弄它，死的就很多，所以宽大不容易。"病了几个月死去。

孔子说："好啊！政事宽大百姓就怠慢，怠慢就用严厉来纠正。严厉百姓就伤残，伤残就实施宽大。用宽大调剂严厉，用严厉调剂宽大，政事因此调和。《诗》说，'百姓已很辛劳，差不多可以稍稍安康；赐恩给中原各国，用以安定四方'。这是实施宽大。'不要放纵随声附和的人，以约束不良之人；应当制止侵夺残暴，他们从来不怕法度'，这是用严厉来纠正。'安抚边远，柔服近地，来安定我王'，这是用和来使国家平静。又说，'不急不缓，不刚不柔，施政从容不迫，百种福禄临头'，这是和谐的顶点。"

等到子产死去，孔子听到了，流眼泪说："他的仁爱，是古人的遗风啊。"①

## 三、孙武

孙子武者，齐人也。以兵法见于吴王阖庐。阖庐曰："子之十三篇，吾尽观之矣，可以小试勒兵乎？"对曰："可。"阖庐曰："可试以妇人乎？"曰："可。"于是许之，出宫中美女，得百八十人。孙子分为二队，以王之宠姬二人各为队长，皆令持戟。令之曰："汝知而心与左右手背乎？"妇人曰："知之。"孙子曰："前，则视心；左，视左手；右，视右手；后，即视背。"妇人曰："诺。"约束既布，乃设铁钺，即三令五申之。于是鼓之右，妇人大笑。孙子曰："约束不明，申令不熟，将之罪也。"复三令五申而鼓之左，妇人复大笑。孙子曰："约束不明，申令不熟，将之罪也；既已明而不如法者，吏士之罪也。"乃欲斩左右队长。吴王从台上观，见且斩爱姬，大骇。趣使使下令曰："寡人已知将军能用兵矣。寡人非此二姬，食不甘味，愿勿斩也。"孙子曰："臣既已受命为将，将在军，君命有所不受。"遂斩队长二人以徇。用其

① 《左传译文》，第472页。

次为队长，于是复鼓之。妇人左右前后跪起皆中规矩绳墨，无敢出声。于是孙子使使报王曰："兵既整齐，王可试下观之，唯王所欲用之，虽赴水火犹可也。"吴王曰："将军罢休就舍，寡人不愿下观。"孙子曰："王徒好其言，不能用其实。"于是阖庐知孙子能用兵，卒以为将。西破强楚，入郢，北威齐晋，显名诸侯，孙子与有力焉。

孙武既死，后百余岁有孙膑。膑生阿鄄之间，膑亦孙武之后世子孙也。(《史记·孙子吴起列传第五》)

孙武为后人留下一本兵书，就是驰名中外的《孙子兵法》。《孙子兵法》十三篇，《计第一》，《作战第二》，《谋攻第三》，《形第四》，《势第五》，《虚实第六》，《军争第七》，《九变第八》，《行军第九》，《地形第十》，《九地第十一》，《火攻第十二》，《用间第十三》。这本兵学奇书被当作"兵学圣经"，连美国西点军校也把它当作必读的教科书。"太史公曰：世俗所称师旅，皆道《孙子》十三篇。"(《史记·孙子吴起列传第五》)

《孙子兵法·计第一》：

孙子曰：

兵者，国之大事。死生之地，存亡之道，不可不察也。

故经之以五事，校之以计，而索其情：一曰道，二曰天，三曰地，四曰将，五曰法。道者，令民与上同意，可与之死，可与之生，而不畏危也；天者，阴阳、寒暑、时制也；地者，远近、险易、广狭、死生也；将者，智、信、仁、勇、严也；法者，曲制、官道、主用也。凡此五者，将莫不闻，知之者胜，不知者不胜。故校之以计，而索其情，曰：主孰有能？将孰有能？天地孰得？法令孰行？兵众孰强？士卒孰练？赏罚孰明？吾以此知胜负矣。将听吾计，用之必胜，留之；将不听吾计，用之必败，去之。

计利以听，乃为之势，以佐其外。势者，因利而制权也。兵者，诡道也。故能而示之不能，用而示之不用，近而示之远，远而示之近。利而诱之，乱而取之，实而备之，强而避之，怒而挠之，卑而骄之，佚而劳之，亲而离之。攻其无备,出其不意。此兵家之胜,不可先传也。

夫未战而庙算胜者,得算多也;未战而庙算不胜者,得算少也。多算胜少算,而况于无算乎!吾以此观之,胜负见矣。

孙子说:军事,是国家的大事。地形的死生之势(死地、生地),战场上的存亡胜败,不可以不加以了解。

所以凭下述五项衡量,通过计算,加以核实,弄清情况:一是道义,二是天时,三是地利,四是将领,五是法规。道义,是指使人民与国君同心同德,可以和国君一起死,可以一起生,而绝不违背;天时,是指阴阳向背、天气冷暖和四时变换;地利,是指地形的远近、险夷、宽窄、死生;将领,是指指挥者的智慧、诚信、仁慈、勇敢、严明;法规,是指队形编制、官吏委派、财务管理。凡此五项,身为将领,不可不加过问,知道的就能胜利,不知道的就不能胜利。所以通过计算,加以核实,弄清情况,就要问:国君哪一方有道义?将领哪一方有才能?天时地利哪一方能掌握?法规号令哪一方能执行?军队哪一方更强大?士兵哪一方更精锐?赏罚哪一方更严明?我凭这些就能判断胜负。如果受计者服从我的计谋,使用必将获胜,就留用他;如果受计者不服从我的计谋,使用必将失败,就撤掉他。

计谋有利并得到执行,才去制造“势”,用来辅助出兵国外后的行动。“势”,就是利用优势,制造机变。军事,是诡诈之道。所以能反而示以不能,用反而示以不用,近反而示以远,远反而示以近。敌贪利就诱惑它,敌混乱就袭击它,敌充实就防备它,敌强大就躲避它,敌恼怒就骚扰它,敌卑怯就使之骄傲,敌安逸就使之劳累,敌亲密就使之离心。进攻其毫无防备之处,出击其意想不到之地。这就是兵家得胜的诀窍,不可能事先传授。

凡是没有出兵交战就在庙算上先已获胜,是由于得到的“算”较多;没有出兵交战就在庙算上先已失败,是由于得到的“算”较少。得到“算”多的胜过得到“算”少的,更何况是那没有得到“算”的呢!我凭这些去看,胜负之分就一清二楚了。[①]

---

① 译文参见李零:《孙武子发微》,中华书局1997年版,第34—35页。

## 四、季札

季札，吴王寿梦少子。吴王二十五年，王寿梦卒。寿梦有子四人，长曰诸樊，次曰馀祭，次曰馀眛，次曰季札。季札贤，而寿梦欲立之，季札让不可，于是乃立长子诸樊，摄行事当国。

王诸樊元年，诸樊已除丧，让位季札。季札谢曰："曹宣公之卒也，诸侯与曹人不义曹君，将立子臧，子臧去之，以成曹君，君子曰'能守节矣'。君义嗣，谁敢干君！有国，非吾节也。札虽不材，愿附于子臧之义。"吴人固立季札，季札弃其室而耕，乃舍之。秋，吴伐楚，楚败我师。四年，晋平公初立。

十三年，王诸樊卒。有命授弟馀祭，欲传以次，必致国于季札而止，以称先王寿梦之意，且嘉季札之义，兄弟皆欲致国，令以渐至焉。季札封于延陵，故号曰延陵季子。（《史记·吴太伯世家第一》）

《左传·襄公二十九年》记载：

吴公子札来聘，见叔孙穆子，说之。谓穆子曰："子其不得死乎！好善而不能择人。吾闻君子务在择人。吾子为鲁宗卿，而任其大政，不慎举，何以堪之？祸必及子！"

请观于周乐。使工为之歌《周南》《召南》，曰："美哉！始基之矣，犹未也。然勤而不怨矣。"为之歌《邶》《鄘》《卫》，曰："美哉渊乎！忧而不困者也。吾闻卫康叔、武公之德如是，是其《卫风》乎！"为之歌《王》，曰："美哉！思而不惧，其周之东乎！"为之歌《郑》，曰"美哉！其细已甚，民弗堪也，是其先亡乎！"为之歌《齐》，曰："美哉，泱泱乎！大风也哉！表东海者，其大公乎！国未可量也。"为之歌《豳》，曰："美哉，荡乎！乐而不淫，其周公之东乎？"为之歌《秦》，曰："此之谓夏声。夫能夏则大，大之至也，其周之旧乎！"为之歌《魏》，曰："美哉，沨沨乎！大而婉，险而易行，以德辅此，则明主也。"为之歌《唐》，曰："思深哉！其有陶唐氏之遗民乎！不然，何其忧之远也？非令德之后，谁能若是？"为之歌《陈》，曰："国无主，其能久乎？"自《郐》以下无讥焉。为之歌《小雅》，曰："美哉！思而不贰，怨而不言，其周德之衰乎？犹有先王之遗民焉。”为之歌《大雅》，曰：“广哉，熙熙乎！曲而有直体，其文王之德乎！”为之歌《颂》，曰：“至矣哉！直而不倨，曲而不屈，迩而不偪，远而不携，迁而不淫，复而不厌，哀而不愁，用而不匮，广而不宣，施而不费，取而不贪，处而不底，行而不流。五声和，八风平。节有度，守有序，盛德之所同也。”

见舞《象箾》《南籥》者，曰：“美哉！犹有憾。”见舞《大武》者，曰：“美哉！周之盛也，其若此乎！”见舞《韶濩》者，曰：“圣人之弘也，而犹有惭德，圣人之难也。”见舞《大夏》者，曰：“美哉！勤而不德，非禹，其谁能修之？”见舞《韶箾》者，曰：“德至矣哉，大矣！如天之无不帱也，如地之无不载也。虽甚盛德，其蔑以加于此矣，观止矣。若有他乐，吾不敢请已。”

其出聘也，通嗣君也。故遂聘于齐，说晏平仲，谓之曰：“子速纳邑与政。无邑无政，乃免于难。齐国之政将有所归，未获所归，难未歇也。”故晏子因陈桓子以纳政与邑，是以免于栾、高之难。

聘于郑，见子产，如旧相识。与之缟带，子产献纻衣焉。谓子产曰：“郑之执政侈，难将至矣，政必及子。子为政，慎之以礼。不然，郑国将败。”

适卫，说蘧瑗、史狗、史鳅、公子荆、公叔发、公子朝，曰：“卫多君子，未有患也。”

自卫如晋，将宿于戚，闻钟声焉，曰：“异哉！吾闻之也，辩而不德，必加于戮。夫子获罪于君以在此，惧犹不足，而又何乐？夫子之在此也，犹燕之巢于幕上。君又在殡，而可以乐乎？”遂去之。文子闻之，终身不听琴瑟。

适晋，说赵文子、韩宣子、魏献子，曰：“晋国其萃于三族乎！”说叔向。将行，谓叔向曰：“吾子勉之！君侈而多良，大夫皆富，政将在家。吾子好直，必思自免于难。”

季札之初使，北过徐君。徐君好季札剑，口弗敢言。季札心知之，为使上国，未献。还至徐，徐君已死，于是乃解其宝剑，系之徐君冢树而去。从者曰：“徐君已死，尚谁予乎?”季子曰:“不然。始吾心已许之,岂以死倍吾心哉!”

王馀祭卒,弟馀眛立。四年,王馀眛卒,欲授弟季札。季札让,逃去。于是吴人曰:“先王有命,兄卒弟代立,必致季子。季子今逃位,则王馀眛后立。今卒,其子当代。”乃立王馀眛之子僚为王。(《史记·吴太伯世家第一》)

公子光使专诸刺王僚,而代立为王,是为吴王阖庐(又作阖闾)。季子至,曰:“苟先君无废祀,民人无废主,社稷有奉,乃吾君也。吾敢谁怨乎?哀死事生,以待天命。非我生乱,立者从之,先人之道也。”复命,哭僚墓,复位而待。(《史记·吴太伯世家第一》)季子到达,说:“如果先君没有废弃祭祀,百姓没有废弃主子,土地和五谷之神得到奉献,国家和家族没有颠覆,他就是我的国君,我敢怨恨谁?哀痛死去的,事奉活着的,以等待天命。不是我发起了动乱,谁立为国君,我就服从谁,这是先代的常法。”到坟墓前哭泣王僚,回到自己原来的官位上等待命令。[①]

太史公曰:孔子言“太伯可谓至德矣,三以天下让,民无得而称焉。”余读《春秋》古文,乃知中国之虞与荆蛮句吴兄弟也。延陵季子之仁心,慕义无穷,见微而知清浊。呜呼,又何其闳览博物君子也!(《史记·吴太伯世家第一》)

季子在史书中最后一次登场是在《左传·哀公十年》:冬,楚子期伐陈,吴延州来季子救陈,谓子期曰:“二君不务德,而力争诸侯,民何罪焉?我请退,以为子名,务德而安民。”乃还。算起来,季子历吴王寿梦、诸樊、馀祭、馀眛、王僚、阖闾、夫差诸王,到鲁哀公十年,应该已是个九十以上甚至一百以上高龄的人了,仁者寿,智者寿,应在季札身上不也是应该的吗?也有人认为,哀公十年时的季子可能是受封的季札的后代。

## 五、范蠡

如果说季札是礼让立国、谦退保身的模范,那范蠡就是功成名遂、进退自如的典型。“范蠡,字少伯,越之上将军也。本是楚宛三户人,佯狂倜傥负俗。”[②]与大夫

① 参见《左传译文》,第 499 页。
② 引自王蘧常主编《中国历代思想家传记汇诠》(上册),复旦大学出版社 1993 年版,第 109 页。

文种一道辅助越王勾践，卧薪尝胆，忍辱负重，最后打败吴国，洗雪前耻，称霸一时。《国语·越语下》是这样记载的：

越王勾践即位三年而欲伐吴，范蠡进谏曰："夫国家之事，有持盈，有定倾，有节事。"王曰："为三者，奈何？"对曰："持盈者与天，定倾者与人，节事者与地。王不问，蠡不敢言。天道盈而不溢，盛而不骄，劳而不矜其功。夫圣人随时以行，是谓守时。天时不作，弗为人客；人事不起，弗为之始。今君王未盈而溢，未盛而骄，不劳而矜其功，天时不作而先为人客，人事不起而创为之始，此逆于天而不和于人。王若行之，将妨于国家，靡王躬身。"王弗听。

范蠡进谏曰："夫勇者，逆德也；兵者，凶器也；争者，事之末也。阴谋逆德，好用凶器，始于人者，人之所卒也，淫佚之事，上帝之禁也，先行此者，不利。"王曰："无是二言也，吾已断之矣！"果兴师而伐吴，战于五湖，不胜，栖于会稽。

王召范蠡而问焉，曰："吾不用子之言，以至于此，为之奈何？"范蠡对曰："君王其忘之乎？持盈者与天，定倾者与人，节事者与地。"王曰："与人奈何？"对曰："卑辞尊礼，玩好女乐，尊之以名，如此不已，又身与之市。"王曰："诺。"乃令大夫种行成于吴曰："请士女女于士，大夫女女于大夫，随之以国家之重器。"吴人不许。大夫种来而复往，曰："请委管籥属国家，以身随之，君王制之。"吴人许诺。王曰："蠡为我守于国。"对曰："四封之内，百姓之事，蠡不如种也。四封之外，敌国之制，立断之事，种亦不如蠡也。"王曰："诺。"令大夫种守于国，与范蠡入宦于吴。

三年，而吴人遣之归，及至于国，王问于范蠡曰："节事奈何？"对曰："节事者与地。唯地能包万物以为一，其事不失。生万物，容畜禽兽，然后受其名而兼其利。美恶皆成，以养其生。时不至，不可强生；事不究，不可强成。自若以处，以度天下，待其来者而正之，因时之所宜而定之。同男女之功，除民之害，以避天殃。田野开辟，府仓实，民众殷。无旷其众，以为乱梯。时将有反，事将有闲，必有以知天地之恒制，乃可以有天下之成利。事无闲，时无反，则抚民保教以须之。”

王曰：“不穀之国家，蠡之国家也，蠡其图之！”对曰：“四封之内，百姓之事，时节三乐，不乱民功，不逆天时，五谷睦熟，民乃蕃滋，君臣上下交得其志，蠡不如种也。四封之外，敌国之制，立断之事，因阴阳之恒，顺天地之常，柔而不屈，强而不刚，德虐之行，因以为常；死生因天地之刑，天因人，圣人因天；人自生之，天地形之，圣人因而成之。是故战胜而不报，取地而不反，兵胜于外，福生于内，用力甚少而名声章明，种亦不如蠡也。”王曰：“诺。”令大夫种为之。

四年，王召范蠡而问焉，曰：“先人就世，不谷即位。吾年既少，未有恒常，出则禽荒，入则酒荒。吾百姓之不图，唯舟与车。上天降祸于越，委制于吴。吴人之那不谷，亦又甚焉。吾欲与子谋之，其可乎？”对曰：“未可也。蠡闻之，上帝不考，时反是守，强索者不祥，得时不成，反受其殃。失德灭名，流走死亡。有夺，有予，有不予，王无蚤图。夫吴，君王之吴也，王若蚤图之，其事又将未可知也。”王曰：“诺。”

又一年，王召范蠡而问焉，曰：“吾与子谋吴，子曰‘未可也’。今吴王淫于乐而忘其百姓，乱民功，逆天时；信谗喜优，憎辅远弼，圣人不出，忠臣解骨；皆曲相御，莫适相非，上下相偷。其可乎？”对曰：“人事至矣，天应未也，王姑待之。”王曰：“诺。”

又一年，王召范蠡而问焉，曰：“吾与子谋吴，子曰‘未可也’。今申胥骤谏其王，王怒而杀之，其可乎？”对曰：“逆节萌生。天地未形，而先为之征，其事是以不成，杂受其刑。王姑待之。”王曰：“诺。”

又一年，王召范蠡而问焉，曰：“吾与子谋吴，子曰‘未可也’。今其稻蟹不遗种，其可乎？”对曰：“天应至矣，人事未尽也，王姑待之。”王怒曰：“道固然乎，妄其欺不谷邪？吾与子言人事，子应我以天时；今天应至矣，子应我以人事。何也？”范蠡对曰：“王姑勿怪。夫人事必将与天地相参，然后乃可以成功。今其祸新民恐，其君臣上下，皆知其资财之不足以支长久也，彼将同其力，致其死，犹尚殆。王其且驰骋弋猎，无至禽荒；宫中之乐，无至酒荒；肆与大夫觞饮，无忘国常。彼其上将薄其德，民将尽其力，又使之望而不得食，乃可以致天地之殛。王姑待之。”

至于玄月，王召范蠡而问焉，曰：“谚有之曰：‘觥饭不及壶飧。’今岁晚矣，子将奈何？”对曰：“微君王之言，臣故将谒之。臣闻从时者，犹救火、追亡人也，蹶而趋之，惟恐弗及。”王曰：“诺。”遂兴师伐吴，至于五湖。

吴人闻之，出而挑战，一日五反。王弗忍，欲许之。范蠡进谏曰：“夫谋之廊庙，失之中原，其可乎？王姑勿许也。臣闻之，得时无怠，时不再来，天予不取，反为之灾。赢缩转化，后将悔之。天节固然，唯谋不迁。”王曰：“诺。”弗许。

范蠡曰：“臣闻古之善用兵者，赢缩以为常，四时以为纪，无过天极，究数而止。天道皇皇，日月以为常，明者以为法，微者则是行。阳至而阴，阴至而阳；日困而还，月盈而匡。古之善用兵者，因天地之常，与之俱行。后则用阴，先用则阳；近则用柔，远则用刚。后无阴蔽，先无阳察，用人无艺，往从其所。刚强以御，阳节不尽，不死其野。彼来从我，固守勿与。若将与之，必因天地之灾，又观其民之饥饱劳逸以参之。尽其阳节，盈吾阴节而夺之。宜为人客，刚强而力疾；阳节不尽，轻而不可取。宜为人主，安徐而重固；阴节不尽，柔而不可迫。凡陈之道，设右以为牝，益左以为牡，蚤晏无失，必顺天道，周旋无究。今其来也，刚强而力疾，王姑待之。”王曰：“诺。”弗与战。

居军三年，吴师自溃。吴王帅其贤良，与其重禄，以上姑苏。使王孙雒行成于越，曰：“昔者上天降祸于吴，得罪于会稽。今君王其图不谷，不谷请复会稽之和。”王弗忍，欲许之。范蠡进谏曰：“臣闻之，圣人之功，时为之庸。得时不成，天有还形。天节不远，五年复反，小凶则近，大凶则远。先人有言曰：‘伐柯者其则不远。’今君王不断，其忘会稽之事乎？”王曰：“诺。”不许。

使者往而复来，辞愈卑，礼愈尊，王又欲许之。范蠡谏曰：“孰使我蚤朝而晏罢者，非吴乎？与我争三江、五湖之利者，非吴邪？夫十年谋之，一朝而弃之，其可乎？王姑勿许，其事将易冀已。”王曰：“吾欲勿许，而难对其使者，子其对之。”范蠡乃左提鼓，右援枹，以应使者，曰：“昔者上天降祸于越，委制于吴，而吴不受。今将反此义以报此祸，吾王敢无听天之命，而听君王之命乎？”王孙雒曰：“子范子，先人有言曰：‘无助天为虐，助天为虐者不祥。’今吴稻蟹不遗种，子将助天为虐，不忌其不祥乎？”范蠡曰：“王孙子，昔吾先君固周室之不成子也，故滨于东海之陂，鼋鼍鱼鳖之与处，而鼃黾之与同渚。余虽靦然而人面哉，吾犹禽兽也，又安知是諓諓者乎？”王孙雒曰：“子范子将助天为虐，助天为虐不祥。雒请反辞于王。”范蠡曰：“君王已委制于执事之人矣。子往矣，无使执事之人得罪于子。”

使者辞反。范蠡不报于王，击鼓兴师以随使者，至于姑苏之宫，不伤越民，遂灭吴。

反至五湖，范蠡辞于王曰：“君王勉之，臣不复入越国矣。”王曰：“不谷疑子之所谓者何也？”对曰：“臣闻之，为人臣者，君忧臣劳，君辱臣死。昔者君王辱于会稽，臣所以不死者，为此事也。今事已济矣，蠡请从会稽之罚。”王曰：“所不掩子之恶，扬子之美者，使其身无终没于越国。子听吾言，与子分国。不听吾言，身死，妻子为戮。”范蠡对曰：“臣闻命矣。君行制，臣行意。”遂乘轻舟以浮于五湖，莫知其所终极。

王命工以良金写范蠡之状而朝礼之，浃日而令大夫朝之，环会稽三百里者以为范蠡地，曰：“后世子孙，有敢侵蠡之地者，使无终没于越国，皇天后土，四乡地主正之。”

范蠡遂去，自齐遗大夫种书曰：“蜚鸟尽，良弓藏；狡兔死，走狗烹。越王为人长颈鸟喙，可与共患难，不可与共乐。子何不去？”种见书，称病不朝。人或谗种且作乱，越王乃赐种剑曰；“子教寡人伐吴七术，寡人用其三而败吴，其四在子，子为我从先王试之。”种遂自杀。（《史记·越王勾践世家第十一》）

范蠡浮海出齐，变姓名，自谓鸱夷子皮，耕于海畔，苦身戮力，父子治产。居无几何，致产数十万。齐人闻其贤，以为相。范蠡喟然叹曰：“居家则致千金，居官则至卿相，此布衣之极也。久受尊名，不祥。”乃归相印，尽散其财，以分与知友乡党，而怀其重宝，间行以去，止于陶，以为此天下之中，交易有无之路通，为生可以致富矣。于是自谓陶朱公。复约要父子耕畜，废居，候时转物，逐什一之利。居无何，则致赀累巨万，天下称陶朱公。(《史记·越王勾践世家第十一》)

《史记·货殖列传第六十九》中记载：

> 昔者越王勾践困于会稽之上，乃用范蠡、计然。计然曰："知斗则修备，时用则知物，二者形则万货之情可得而观已。故岁在金，穰；水，毁；木，饥；火，旱。旱则资舟，水则资车，物之理也。六岁穰，六岁旱，十二岁一大饥。夫粜，二十病农，九十病末。末病则财不出，农病则草不辟矣。上不过八十，下不减三十，则农末俱利，平粜齐物，关市不乏，治国之道也。积著之理，务完物，无息币。以物相贸，易腐败而食之货勿留，无敢居贵。论其有余不足，则知贵贱。贵上极则反贱，贱下极则反贵。贵出如粪土，贱取如珠玉，财币欲其行如流水。"修之十年，国富，厚赂战士，士赴矢石，如渴得饮，遂报强吴，观兵中国，称号"五霸"。
>
> 范蠡既雪会稽之耻，乃喟然而叹曰："计然之策七，越用其五而得意。既已施于国，吾欲用之家。"……乃治产积居，与时逐而不责于人。故善治生者，能择人而任时。十九年之中三致千金，再分散与贫交疏昆弟。此所谓富好行其德者也。后年衰老而听子孙，子孙修业而息之，遂至巨万。故言富者皆称陶朱公。

陶朱公由此成了民间财神爷的代名词。据说范蠡去越还带上了曾进献给吴王为妃的西施，这真是"挽之西施共邀月，扁舟一叶泛五湖"。民间还有陶朱公登仙了的说法，莫衷一是。

## 第三节　原儒:孔孟之道

春秋战国时期最伟大的文化成就就是诞生了诸子百家。汉代学者认为三教九流、诸子百家皆出于王官系统。《汉书·艺文志》中说:

儒家者流,盖出于司徒之官,助人君顺阴阳明教化者也。游文于六经之中,留意于仁义之际,祖述尧舜,宪章文武,宗师仲尼,以重其言,于道最为高。孔子曰:"如有所誉,其有所试。"唐虞之隆,殷周之盛,仲尼之业,已试之效者也。然惑者既失精微,而辟者又随时抑扬,违离道本,苟以哗众取宠。后进循之,是以《五经》乖析,儒学浸衰,此辟儒之患。

道家者流,盖出于史官,历记成败存亡祸福古今之道,然后知秉要执本,清虚以自守,卑弱以自持,此君人南面之术也。合于尧之克让,《易》之嗛嗛,一谦而四益,此其所长也。及放者为之,则欲绝学去礼,兼弃仁义,曰独任清虚可以为治。

阴阳家者流,盖出于羲和之官,敬顺昊天,历象日月星辰,敬授民时,此其所长也。及拘者为之,则牵于禁忌,泥于小数,舍人事而任鬼神。

法家者流,盖出于理官,信赏必罚,以辅礼制。《易》曰"先王以明罚饬法",此其所长也。及刻者为之,则无教化,去仁爱,专任刑法而欲以致治,至于残害至亲,伤恩薄厚。

名家者流,盖出于礼官。古者名位不同,礼亦异数。孔子曰:"必也正名乎!名不正则言不顺,言不顺则事不成。"此其所长也。及警者为之,则苟钩析乱而已。

墨家者流,盖出于清庙之守。茅屋采椽,是以贵俭;养三老五更,是以兼爱;选士大射,是以上贤;宗祀严父,是以右鬼;顺四时而行,是以非命;以孝视天下,是以上同:此其所长也。及蔽者为之,见俭之利,因以非礼,推兼爱之意,而不知别亲疏。

纵横家者流,盖出于行人之官。孔子曰:"诵《诗》三百,使于四方,不能专对,虽多亦奚以为?”又曰:“使乎,使乎!”言其当权事制宜,受命而不受辞,此其所长也。及邪人为之,则上诈谖而弃其信。

杂家者流,盖出于议官。兼儒、墨,合名、法,知国体之有此,见王治之无不贯,此其所长也。及荡者为之,则漫羡而无所归心。

农家者流,盖出于农稷之官。播百谷,劝耕桑,以足衣食,故八政一曰食,二曰货。孔子曰“所重民食”,此其所长也。及鄙者为之,以为无所事圣王,欲使君臣并耕,悖上下之序。

小说家者流,盖出于稗官。街谈巷语,道听途说者之所造也。孔子曰:“虽小道,必有可观者焉,致远恐泥,是以君子弗为也。”然亦弗灭也。间里小知者之所及,亦使缀而不忘。如或一言可采,此亦刍荛狂夫之议也。

诸子十家,其可观者九家而已。皆起于王道既微,诸侯力政,时君世主,好恶殊方,是以九家之术蜂出并作,各引一端,崇其所善,以此驰说,取合诸侯。其言虽殊,辟犹水火,相灭亦相生也。仁之与义,敬之与和,相反而皆相成也。《易》曰:“天下同归而殊途,一致而百虑。”今异家者各推所长,穷知究虑,以明其指,虽有蔽短,合其要归,亦《六经》之支与流裔。使其人遭明王圣主,得其所折中,皆股肱之才也。仲尼有言:“礼失而求诸野。”方今去圣久远,道术缺废,无所更索,彼九家者,不犹愈于野乎?若能修六艺之术,而观此九家之言,舍短取长,则可以通万方之略矣。

## 一、孔子及其弟子

古往今来研究孔子者可谓汗牛充栋,然能把孔子解说清楚的却又寥寥无几。孔子是思想家、哲学家、教育家、政治家,在这些称谓前面都得加一个“大”字,否则都把孔子看小了,看窄了。孔子之大,大到“至圣先师”“万世师表”“素王”“圣人”,他的名字已成为中国文化的一个最具代表性的符号。《史记·孔子世家》记载:

孔子生鲁昌平乡陬邑,其先宋人也……鲁襄公二十二年而孔子生。

生而首上圩顶，故因名曰丘云。字仲尼，姓孔氏。……孔子贫且贱。及长，尝为季氏史，料量平；尝为司职吏而畜蕃息。由是为司空。已而去鲁，斥乎齐，逐乎宋、卫，困于陈蔡之间，于是反鲁。孔子长九尺有六寸，人皆谓之“长人”而异之。……孔子不仕，退而修诗书礼乐，弟子弥众，至自远方，莫不受业焉。……定公十四年，孔子年五十六，由大司寇行摄相事，有喜色。……与闻国政三月，粥羔豚者弗饰贾；男女行者别于涂；涂不拾遗；四方之客至乎邑者不求有司，皆予之以归。……孔子去曹适宋，与弟子习礼大树下。宋司马桓魋欲杀孔子，拔其树。孔子去。弟子曰：“可以速矣。”孔子曰：“天生德于予，桓魋其如予何！”……孔子居陈三岁，会晋楚争强，更伐陈，及吴侵陈，陈常被寇。孔子曰：“归与归与！吾党之小子狂简，进取不忘其初。”于是孔子去陈。……(卫)灵公老，怠于政，不用孔子。孔子喟然叹曰：“苟有用我者，期月而已，三年有成。”孔子行。……

孔子学鼓琴师襄子，十日不进。师襄子曰：“可以益矣。”孔子曰：“丘已习其曲矣，未得其数也。”有间，曰：“已习其数也，可以益矣。”孔子曰：“丘未得其志也。”有间，有所穆然深思焉，有所怡然高望而远志焉。曰：“丘得其为人，黯然而黑，几然而长，眼如望羊，如王四国，非文王其谁能为此也！”师襄子辟席再拜，曰：“师盖云《文王操》也。”……孔子自蔡如叶。叶公问政，孔子曰：“政在来远附迩。”他日，叶公问孔子于子路，子路不对。孔子闻之，曰：“由，尔何不对曰‘其为人也，学道不倦，诲人不厌，发愤忘食，乐以忘忧，不知老之将至’云尔。”……

(困于陈蔡，)孔子知弟子有愠心，乃召子路而问曰：“《诗》云‘匪兕匪虎，率彼旷野’。吾道非邪？吾何为于此？”子路曰：“意者吾未仁邪？人之不我信也。意者吾未知邪？人之不我行也。”孔子曰：“有是乎！由，譬使仁者而必信，安有伯夷、叔齐？使知者而必行，安有王子比干？”

子路出，子贡入见。孔子曰：“赐，《诗》云‘匪兕匪虎，率彼旷野’。吾道非邪？吾何为于此？”子贡曰：“夫子之道至大也，故天下莫能容夫子。夫子盖少贬焉？”孔子曰：“赐，良农能稼而不能为穑，良工能巧而不能为顺。君子能修其道，纲而纪之，统而理之，而不能为容。今尔不修尔道而求为容。赐,而志不远矣!"

子贡出,颜回入见。孔子曰:"回,《诗》云'匪兕匪虎,率彼旷野'。吾道非邪?吾何为于此?"颜回曰:"夫子之道至大,故天下莫能容。虽然,夫子推而行之,不容何病,不容然后见君子!夫道之不修也,是吾丑也。夫道既已大修而不用,是有国者之丑也。不容何病,不容然后见君子!"孔子欣然而笑曰:"有是哉颜氏之子!使尔多财,吾为尔宰。"于是使子贡至楚。楚昭王兴师迎孔子,然后得免。……孔子之去鲁凡十四岁而反乎鲁。鲁哀公问政,对曰:"政在选臣。"季康子问政,曰:"举直错诸枉,则枉者直。"康子患盗,孔子曰:"苟子之不欲,虽赏之不窃。"然鲁终不能用孔子,孔子亦不求仕。

孔子之时,周室微而礼乐废,《诗》《书》缺。追迹三代之礼,序《书传》,上纪唐虞之际,下至秦缪,编次其事。……观殷夏所损益,曰:"后虽百世可知也,以一文一质。周监二代,郁郁乎文哉。吾从周。"故《书传》《礼记》自孔氏。孔子语鲁大师:"乐其可知也。始作翕如,纵之纯如,皦如,绎如也,以成。""吾自卫反鲁,然后乐正,《雅》《颂》各得其所。"古者诗三千余篇,及至孔子,去其重,取可施于礼义,上采契后稷,中述殷周之盛,至幽厉之缺,始于衽席,故曰"《关雎》之乱以为《风》始,《鹿鸣》为《小雅》始,《文王》为《大雅》始,《清庙》为颂始"。三百五篇孔子皆弦歌之,以求合《韶》《武》《雅》《颂》之音。礼乐自此可得而述,以备王道,成六艺。

孔子晚而喜《易》,序《彖》《系》《象》《说卦》《文言》。读《易》,韦编三绝。曰:"假我数年,若是,我于《易》则彬彬矣。"孔子以诗书礼乐教,弟子盖三千焉,身通六艺者七十有二人。如颜浊邹之徒,颇受业者甚众。孔子以四教:文,行,忠,信。绝四:毋意,毋必,毋固,毋我。所慎:齐,战,疾。子罕言利与命与仁。不愤不启,举一隅不以三隅反,则弗复也。

其于乡党,恂恂似不能言者。其于宗庙朝廷,辩辩言,唯谨尔。朝,与上大夫言,訚訚如也;与下大夫言,侃侃如也。入公门,鞠躬如也;趋进,翼如也。君召使傧,色勃如也。君命召,不俟驾行矣。鱼馁,肉败,割不正,不食。席不正,不坐。食于有丧者之侧,未尝饱也。是日哭,则不歌。见齐衰、瞽者，虽童子必变。“三人行，必得我师。”“德之不修，学之不讲，闻义不能徙，不善不能改，是吾忧也。”使人歌，善，则使复之，然后和之。子不语：怪，力，乱，神。

子贡曰：“夫子之文章，可得闻也。夫子言天道与性命，弗可得闻也已。”颜渊喟然叹曰：“仰之弥高，钻之弥坚。瞻之在前，忽焉在后。夫子循循然善诱人，博我以文，约我以礼，欲罢不能。既竭我才，如有所立，卓尔。虽欲从之，蔑由也已。”达巷党人曰：“大哉孔子，博学而无所成名。”子闻之曰：“我何执？执御乎？执射乎？我执御矣。”牢曰：“子云‘不试，故艺’。”……子曰：“不怨天，不尤人，下学而上达，知我者其天乎！”……乃因史记作《春秋》，上至隐公，下讫哀公十四年，十二公。据鲁，亲周，故殷，运之三代。约其文辞而指博。故吴楚之君自称王，而《春秋》贬之曰“子”；践土之会实召周天子，而《春秋》讳之曰“天王狩于河阳”：推此类以绳当世。贬损之义，后有王者举而开之。《春秋》之义行，则天下乱臣贼子惧焉。孔子在位听讼，文辞有可与人共者，弗独有也。至于为《春秋》，笔则笔，削则削，子夏之徒不能赞一辞。弟子受《春秋》，孔子曰：“后世知丘者以《春秋》，而罪丘者亦以《春秋》。”……孔子年七十三，以鲁哀公十六年四月己丑卒。……

太史公曰：“《诗》有之：‘高山仰止，景行行止。’虽不能至，然心向往之。余读孔氏书，想见其为人。适鲁，观仲尼庙堂车服礼器，诸生以时习礼其家，余祗迴留之不能去云。天下君王至于贤人众矣，当时则荣，没则已焉。孔子布衣，传十余世，学者宗之。自天子王侯，中国言《六艺》者折中于夫子，可谓至圣矣！”

孔子创立儒家，述而不作，以述为作。其学说思想的核心理念包括：道、德、仁、义、礼、智、信、忠、恕、勇，孝、爱、中、和、直等等，其中仁是重点。仁包含了孝，包含了忠，包含了智，包含了勇，包含了信，仁成了人之全德之代名词。[①] 礼则是他的外

① 冯友兰：《中国哲学史（上册）》，中华书局1961年版，第101页。

用，孔子推崇“周礼”。由此可见，孔子的学问可以分为内外两部分。内，是指其心性学说，安身立命之道；外，是指其王道政制，社会制度的建设。二者以“仁”“礼”代之，简言之即为“内圣外王”。然而，孔子对于传统制度是持保守的态度，“先王之道斯为美”，很难从他的学说中找到“革命”的影子，这是孟子与孔子的最大区别。孔子主张“君君、臣臣、父父、子子”，注重社会的等级与秩序，但他也注重培养社会底层的贫寒之士，强调“有教无类”。正是孔子的努力，打破了以往学在王官的传统，把知识普及到下层。

孔子之所以伟大，就在于他是一个真性情的人，说的话，做的事都对，都合于道理。而他教育培养学生，也是要他们“成人”，成为真实的人，成为有用的人，成为圣贤之人，成为全德之人，真正实现了教育的人本主义目标。

孔子的言行思想主要体现在《论语》《礼记》《春秋》《易传》等典籍中，其中以《论语》最为重要。现存《论语》分为二十篇：《学而第一》《为政第二》《八佾第三》《里仁第四》《公冶长第五》《雍也第六》《述而第七》《泰伯第八》《子罕第九》《乡党第十》《先进第十一》《颜渊第十二》《子路第十三》《宪问第十四》《卫灵公第十五》《季氏第十六》《阳货第十七》《微子第十八》《子张第十九》《尧曰第二十》。

孔子的贡献，一方面是整理了以“六经”为代表的文化典籍，另一方面就是培养了一大批有用人才，形成了原儒集团。

《史记·仲尼弟子列传》记载：

> 孔子曰“受业身通者七十有七人”，皆异能之士也。德行：颜渊，闵子骞，冉伯牛，仲弓。政事：冉有，季路。言语：宰我，子贡。文学：子游，子夏。师也辟，参也鲁，柴也愚，由也喭，回也屡空。赐不受命而货殖焉，亿则屡中。
>
> 孔子之所严事：于周则老子；于卫，蘧伯玉；于齐，晏平仲；于楚，老莱子；于郑，子产；于鲁，孟公绰。数称臧文仲、柳下惠、铜鞮伯华、介山子然，孔子皆后之，不并世。

> 颜回者，鲁人也，字子渊。少孔子三十岁。颜渊问仁，孔子曰：“克己

复礼，天下归仁焉。”孔子曰：“贤哉回也！一箪食，一瓢饮，在陋巷，人不堪其忧，回也不改其乐。”“回也如愚；退而省其私，亦足以发，回也不愚。”“用之则行，舍之则藏，唯我与尔有是夫！”回年二十九，发尽白，蚤死。孔子哭之恸，曰：“自吾有回，门人益亲。”鲁哀公问：“弟子孰为好学？”孔子对曰：“有颜回者好学，不迁怒，不二过。不幸短命死矣，今也则亡。”

闵损字子骞。少孔子十五岁。孔子曰：“孝哉闵子骞！人不间于其父母昆弟之言。”不仕大夫，不食汙君之禄。“如有复我者，必在汶上矣。”

冉耕字伯牛。孔子以为有德行。伯牛有恶疾，孔子往问之，自牖执其手，曰：“命也夫！斯人也而有斯疾，命也夫！”

冉雍字仲弓。仲弓问政，孔子曰：“出门如见大宾，使民如承大祭。在邦无怨，在家无怨。”孔子以仲弓为有德行，曰：“雍也可使南面。”仲弓父，贱人。孔子曰：“犁牛之子骍且角，虽欲勿用，山川其舍诸？”

冉求字子有，少孔子二十九岁。为季氏宰。季康子问孔子曰：“冉求仁乎？”曰：“千室之邑，百乘之家，求也可使治其赋。仁则吾不知也。”复问：“子路仁乎？”孔子对曰：“如求。”求问曰：“闻斯行诸？”子曰：“行之。”子路问：“闻斯行诸？”子曰：“有父兄在，如之何其闻斯行之！”子华怪之，“敢问同问而答异？”孔子曰：“求也退，故进之。由也兼人，故退之。”

仲由字子路，卞人也。少孔子九岁。子路性鄙，好勇力，志伉直，冠雄鸡，佩豭豚，陵暴孔子。孔子设礼稍诱子路，子路后儒服委质，因门人请为弟子。子路问政，孔子曰：“先之，劳之。”请益。曰：“无倦。”子路问：“君子尚勇乎？”孔子曰：“义之为上。君子好勇而无义则乱，小人好勇而无义则盗。”子路有闻，未之能行，唯恐有闻。孔子曰：“片言可以折狱者，其由也与！”“由也好勇过我，无所取材。”“若由也，不得其死然。”“衣敝缊袍与衣狐貉者立而不耻者，其由也与！”“由也升堂矣，未入于室也。”季康子问：“仲由仁乎？”孔子曰：“千乘之国可使治其赋，不知其仁。”子路喜从游，遇长沮、桀溺、荷蓧丈人。子路为季氏宰，季孙问曰：“子路可谓大臣与？”孔子曰：“可谓具臣矣。”子路为蒲大夫，辞孔子。孔子曰：“蒲多壮士，又难治。然吾语汝：恭以敬，可以执勇；宽以正，可以比众；恭正以静，可以报上。”……(卫国内乱,子路挺身而出,结果战死。)子路曰:“君子死而冠不免”遂结缨而死。孔子闻卫乱,曰:“嗟乎,由死矣!”已而果死。孔子曰:“自吾得由,恶言不闻于耳。”

宰予字子我。利口辩辞。既受业,问:“三年之丧不已久乎?君子三年不为礼,礼必坏;三年不为乐,乐必崩。旧谷既没,新谷既升,钻燧改火,期可已矣。”子曰:“于汝安乎?”曰:“安。”“汝安则为之。君子居丧,食旨不甘,闻乐不乐,故弗为也。”宰我出,子曰:“予之不仁也!子生三年然后免于父母之怀。夫三年之丧,天下之通义也。”宰予昼寝。子曰:“朽木不可雕也,粪土之墙不可圬也。”宰我问五帝之德,子曰:“予非其人也。”宰我为临菑大夫,与田常作乱,以夷其族,孔子耻之。

端木赐,卫人,字子贡。少孔子三十一岁。子贡利口巧辞,孔子常黜其辩。问曰:“汝与回也孰愈?”对曰:“赐也何敢望回!回也闻一以知十,赐也闻一以知二。”子贡既已受业,问曰:“赐何人也?”孔子曰:“汝器也。”曰:“何器也?”曰:“瑚琏也。”陈子禽问子贡曰:“仲尼焉学?”子贡曰:“文武之道未坠于地,在人,贤者识其大者,不贤者识其小者,莫不有文武之道。夫子焉不学,而亦何常师之有!”又问曰:“孔子适是国必闻其政。求之与?抑与之与?”子贡曰:“夫子温良恭俭让以得之。夫子之求之也,其诸异乎人之求之也。”子贡问曰:“富而无骄,贫而无谄,何如?”孔子曰:“可也;不如贫而乐道,富而好礼。”田常欲作乱于齐,惮高、国、鲍、晏,故移其兵欲以伐鲁。孔子闻之,谓门弟子曰:“夫鲁,坟墓所处,父母之国,国危如此,二三子何为莫出?”子路请出,孔子止之。子张、子石请行,孔子弗许。子贡请行,孔子许之。……故子贡一出,存鲁,乱齐,破吴,强晋而霸越。子贡一使,使势相破,十年之中,五国各有变。子贡好废举,与时转货赀。喜扬人之美,不能匿人之过。常相鲁卫,家累千金,卒于齐。

言偃,吴人,字子游。少孔子四十五岁。子游既已受业,为武城宰。孔子过,闻弦歌之声。孔子莞尔而笑曰:“割鸡焉用牛刀?”子游曰:“昔者偃闻诸夫子曰,君子学道则爱人,小人学道则易使。”孔子曰:“二三子,偃之言是也。前言戏之耳。”孔子以为子游习于文学。

卜商字子夏。少孔子四十四岁。子夏问："'巧笑倩兮，美目盼兮，素以为绚兮'，何谓也？"子曰："绘事后素。"曰："礼后乎？"孔子曰："商始可与言《诗》矣。"子贡问："师与商孰贤？"子曰："师也过，商也不及。""然则师愈与？"曰："过犹不及。"子谓子夏曰："汝为君子儒，无为小人儒。"孔子既没，子夏居西河教授，为魏文侯师。其子死，哭之失明。

颛孙师，陈人，字子张。少孔子四十八岁。子张问干禄，孔子曰："多闻阙疑，慎言其余，则寡尤；多见阙殆，慎行其余，则寡悔。言寡尤，行寡悔，禄在其中矣。"他日从在陈蔡间，困，问行。孔子曰："言忠信，行笃敬，虽蛮貊之国行也；言不忠信，行不笃敬，虽州里行乎哉！立则见其参于前也，在舆则见其倚于衡，夫然后行。"子张书诸绅。子张问："士何如斯可谓之达矣？"孔子曰："何哉，尔所谓达者？"子张对曰："在国必闻，在家必闻。"孔子曰："是闻也，非达也。夫达者，质直而好义，察言而观色，虑以下人，在国及家必达。夫闻也者，色取仁而行违，居之不疑，在国及家必闻。"

曾参，南武城人，字子舆。少孔子四十六岁。孔子以为能通孝道，故授之业。作《孝经》。死于鲁。

澹台灭明，武城人，字子羽。少孔子三十九岁。状貌甚恶。欲事孔子，孔子以为材薄。既已受业，退而修行，行不由径，非公事不见卿大夫。南游至江，从弟子三百人，设取予去就，名施乎诸侯。孔子闻之，曰："吾以言取人，失之宰予；以貌取人，失之子羽。"

宓不齐字子贱。少孔子三十岁。孔子谓"子贱君子哉！鲁无君子，斯焉取斯？"子贱为单父宰，反命于孔子，曰："此国有贤不齐者五人，教不齐所以治者。"孔子曰："惜哉不齐所治者小，所治者大则庶几矣。"

原宪字子思。子思问耻。孔子曰："国有道，谷。国无道，谷，耻也。"子思曰："克伐怨欲不行焉，可以为仁乎？"孔子曰："可以为难矣，仁则吾弗知也。"孔子卒，原宪遂亡在草泽中。子贡相卫，而结驷连骑，排藜藿入穷阎，过谢原宪。宪摄敝衣冠见子贡。子贡耻之，曰："夫子岂病乎？"原宪曰："吾闻之，无财者谓之贫，学道而不能行者谓之病。若宪，贫也，非病也。"子贡惭，不怿而去，终身耻其言之过也。

公冶长，齐人，字子长。孔子曰：“长可妻也，虽在累绁之中，非其罪也。”以其子妻之。

南宫括字子容。问孔子曰：“羿善射，奡荡舟，俱不得其死然；禹稷躬稼而有天下？”孔子弗答。容出，孔子曰：“君子哉若人！上德哉若人！”“国有道，不废；国无道，免于刑戮。”三复“白珪之玷”，以其兄之子妻之。

公皙哀字季次。孔子曰：“天下无行，多为家臣，仕于都；唯季次未尝仕。”

曾点字皙。侍孔子，孔子曰：“言尔志。”点曰：“春服既成，冠者五六人，童子六七人，浴乎沂，风乎舞雩，咏而归。”孔子喟尔叹曰：“吾与点也！”

颜无繇字路。路者，颜回父，父子尝各异时事孔子。颜回死，颜路贫，请孔子车以葬。孔子曰：“材不材，亦各言其子也。鲤也死，有棺而无椁，吾不徒行以为之椁，以吾从大夫之后，不可以徒行。”

商瞿，鲁人，字子木。少孔子二十九岁。孔子传《易》于瞿，瞿传楚人馯臂子弘，弘传江东人矫子庸疵，疵传燕人周子家竖，竖传淳于人光子乘羽，羽传齐人田子庄何，何传东武人王子中同，同传菑川人杨何。何元朔中以治《易》为汉中大夫。

高柴字子羔。少孔子三十岁。子羔长不盈五尺，受业孔子，孔子以为愚。子路使子羔为费郈宰，孔子曰：“贼夫人之子！”子路曰：“有民人焉，有社稷焉，何必读书然后为学！”孔子曰：“是故恶夫佞者。”

漆彫开字子开。孔子使开仕，对曰：“吾斯之未能信。”孔子说。

公伯缭字子周。周愬子路于季孙，子服景伯以告孔子，曰：“夫子固有惑志，缭也吾力犹能肆诸市朝。”孔子曰：“道之将行，命也；道之将废，命也。公伯缭其如命何！”

司马耕字子牛。牛多言而躁。问仁于孔子，孔子曰：“仁者其言也讱。”曰：“其言也讱，斯可谓之仁乎？”子曰：“为之难，言之得无讱乎！”问君子，子曰：“君子不忧不惧。”曰：“不忧不惧，斯可谓之君子乎？”子曰：“内省不疚，夫何忧何惧！”

樊须字子迟。少孔子三十六岁。樊迟请学稼，孔子曰：“吾不如老农。”请学圃，曰：“吾不如老圃。”樊迟出，孔子曰：“小人哉樊须也！上好礼，则民莫敢不敬；上好义，则民莫敢不服；上好信，则民莫敢不用情。夫如是，则四方之民襁负其子而至矣，焉用稼！”樊迟问仁，子曰：“爱人。”问智，曰：“知人。”

有若少孔子四十三岁。有若曰：“礼之用，和为贵，先王之道斯为美。小大由之，有所不行；知和而和，不以礼节之，亦不可行也。”“信近于义，言可复也；恭近于礼，远耻辱也；因不失其亲，亦可宗也。”孔子既没，弟子思慕，有若状似孔子，弟子相与共立为师，师之如夫子时也。他日，弟子进问曰：“昔夫子当行，使弟子持雨具，已而果雨。弟子问曰：‘夫子何以知之？’夫子曰：‘《诗》不云乎？“月离于毕，俾滂沱矣。”昨暮月不宿毕乎？’他日，月宿毕，竟不雨。商瞿年长无子，其母为取室。孔子使之齐，瞿母请之。孔子曰：‘无忧，瞿年四十后当有五丈夫子。’已而果然。敢问夫子何以知此？”有若默然无以应。弟子起曰：“有子避之，此非子之座也！”

公西赤字子华，少孔子四十二岁。子华使于齐，冉有为其母请粟。孔子曰：“与之釜。”请益，曰：“与之庾。”冉子与之粟五秉。孔子曰：“赤之适齐也，乘肥马，衣轻裘。吾闻君子周急不继富。”

巫马施字子旗。少孔子三十岁。陈司败问孔子曰：“鲁昭公知礼乎？”孔子曰：“知礼。”退而揖巫马旗曰：“吾闻君子不党，君子亦党乎？鲁君娶吴女为夫人，命之为孟子。孟子姓姬，讳称同姓，故谓之孟子。鲁君而知礼，孰不知礼！”施以告孔子，孔子曰：“丘也幸，苟有过，人必知之。臣不可言君亲之恶，为讳者，礼也。”

梁鳣字叔鱼，少孔子二十九岁。

颜幸字子柳，少孔子四十六岁。

冉孺字子鲁，少孔子五十岁。

曹卹字子循，少孔子五十岁。

伯虔字子析，少孔子五十岁。

公孙龙字子石，少孔子五十三岁。

自子石已上三十五人，显有年名及受业闻见于书传。其四十有二人，无年及不见书传者纪于下：

冉季字子产。

公祖句兹字子之。

秦祖字子南。

漆雕哆字子敛。

颜高字子骄。

漆雕徒父。

壤驷赤字子徒。

商泽。

石作蜀字子明。

任不齐字选。

公良孺字子正。

后处字子里。

秦冉字开。

公夏首字乘。

奚容箴字子皙。

公肩定字子中。

颜祖字襄。

鄡单字子家。

句井疆。

罕父黑字子索。

秦商字子丕。

申党字周。

颜之仆字叔。

荣旂字子祈。

县成字子祺。

左人郢字行。

燕伋字思。

郑国字子徒。

秦非字子之。

施之常字子恒。

颜哙字子声。

步叔乘字子车。

原亢籍。

乐欬字子声。

廉絜字庸。

叔仲会字子期。

颜何字冉。

狄黑字皙。

邦巽字子敛。

孔忠。

公西舆如字子上。

公西葴字子上。

太史公曰：学者多称七十子之徒，誉者或过其实，毁者或损其真，钧之未睹厥容貌，则论言弟子籍，出孔氏古文近是。余以弟子名姓文字悉取《论语》弟子问并次为篇，疑者阙焉。

## 二、孟子十论

自孔子卒后，七十子之徒散游诸侯，大者为师傅卿相，小者友教士大夫，或隐而不见。故子路居卫，子张居陈，澹台子羽居楚，子夏居西河，子贡终于齐。如田子方、段干木、吴起、禽滑釐之属，皆受业于子夏之伦，为王者师。是时独魏文侯好学。后陵迟以至于始皇，天下并争于战国，儒术既绌焉，然齐鲁之间，学者独不废也。于威、宣之际，孟子、荀卿之列，咸遵夫子之业而润色之，以学显于当世。（《史记·儒林列传第六十一》）

《史记·孟子荀卿列传》载：

太史公曰，余读《孟子书》，至梁惠王问“何以利吾国”，未尝不废书而叹也。曰：嗟乎，利诚乱之始也！夫子罕言利者，常防其原也。故曰“放于利而行，多怨”。自天子至于庶人，好利之弊何以异哉！

孟轲，邹人也。受业子思之门人。道既通，游事齐宣王，宣王不能用。适梁，梁惠王不果所言，则见以为迂远而阔于事情。当是之时，秦用商君，富国强兵；楚魏用吴起，战胜弱敌；齐威王、宣王用孙子、田忌之徒，而诸侯东面朝齐。天下方务于合纵连衡，以攻伐为贤，而孟轲乃述唐、虞、三代之德，是以所如者不合。退而与万章之徒序《诗》《书》，述仲尼之意，作《孟子》七篇。

孟子生卒年《史记》不详。据考证，孟子大约生于周烈王四年(公元前372年)，卒于周赧王二十六年(公元前289年)。孟子邹人，邹与鲁极近，皆为儒家之根据地。孔子一生职志为继文王、周公之业，孟子一生之职志为继孔子之业。故曰：“如欲平治天下，当今之世，舍我其谁?”(《孟子·公孙丑(下)》)俨然为儒家之正宗继道统者也。孟子被后世称为“亚圣”。孟子的学说思想主要集中在《孟子》一书中。《孟子》七篇：《梁惠王》《公孙丑》《滕文公》《离娄》《万章》《告子》《尽心》。

**1. 人性本善论**

人性论是先秦诸子讨论的一个重大课题。孔子主张“性相近”论，告子主张“性无善无不善”论，荀子主张“性恶”论，还有“性好利”论，“性可以善，可以为不善”论，及“有性善，有性不善”论等等。孟子则主张“性善”论。“人性之善，犹水之就下也。人无有不善，水无有不下。”“恻隐之心，人皆有之；羞恶之心，人皆有之；恭敬之心，人皆有之；是非之心，人皆有之。恻隐之心，仁也；羞恶之心，义也；恭敬之心，礼也；是非之心，智也。仁义礼智，非由外铄我也，我固有之也。”(《孟子·告子(上)》)“人之所不学而能者，其良能也；所不虑而知者，其良知也。”“君子所性，仁义礼智根于心，其生色也睟然，见于面，盎于背，施于四体，四体不言而喻。”(《孟子·尽心(上)》)

孟子曰：“人皆有不忍人之心。先王有不忍人之心，斯有不忍人之政矣。以不忍人之心，行不忍人之政，治天下可运之掌上。所以谓人皆有不忍人之心者，今人乍见孺子将入于井，皆有怵惕恻隐之心——非所以内交于孺子之父母也，非所以要誉乡党朋友也，非恶其声而然也。由是观之，无恻隐之心，非人也；无羞恶之心，非人也；无辞让之心，非人也；无是非之心，非人也。恻隐之心，仁之端也；羞恶之心，义之端也；辞让之心，礼之端也；是非之心，智之端也。人之有是四端也，犹其有四体也。有是四端而自谓不能者，自贼者也；谓其君不能者，贼其君者也。凡有四端于我者，知皆扩而充之矣，若火始然，泉之始达。苟能充之，足以保四海；苟不充之，不足以事父母。"(《孟子·公孙丑(上)》)

由此人性论，推导出圣人与民同类说。"麒麟之于走兽，凤凰之于飞鸟，泰山之于丘垤，河海之于行潦，类也。圣人之于民，亦类也。"(《孟子·公孙丑(上)》)"圣人与我同类者。""尧舜与人同耳。"(《孟子·离娄(下)》)对于所有的人，只要修养反性，"服尧之服，诵尧之言，行尧之行，是尧而已矣。"即都可以成为尧那样的人。所以说，"人皆可以为尧舜。"(《孟子·告子(下)》)

**2. 仁政义政论**

仁政义政论从理论上说出自性善论。"有不忍人之心，斯有不忍人之政矣。以不忍人之心，行不忍人之政，治天下可运之掌上。"孟子说，"地方百里而可以王。王如施仁政与民，省刑罚，薄税敛，深耕易耨；壮者以暇日修其孝悌忠信，入以事其父兄，出以事其长上，可使制梃以挞秦楚之坚甲利兵矣。"(《梁子·梁惠王(上)》)"当今之时，万乘之国行仁政，民之悦之，犹解倒悬也。"(《孟子·公孙丑(上)》)

孟子曰："……夫仁政，必自经界始。经界不正，井地不钧，谷禄不平。是故暴君汙吏必慢其经界。经界既正，分田制禄可坐而定也。……请野九一而助，国中什一使自赋。卿以下必有圭田，圭田五十亩；余夫二十五亩。死徙无出乡，乡田同井，出入相友，守望相助，疾病相扶持，则百姓亲睦。方田而井，井九百亩，其中为公田。八家皆私百亩，同养公田；公事毕，然后敢治私事，所以别野人也。此其大略也。"(《孟子·滕文公(上)》)

可见，仁政义政是有其具体的经济内容的。在孟子看来，“尧舜之道，不以仁政，不能平治天下”。“是以惟仁者在高位。不仁而在高位，是播其恶于众也。”（《孟子·离娄（上）》）“三代之得天下也以仁，其失天下也以不仁。国之所以废兴存亡者亦然。天子不仁，不保四海；诸侯不仁，不保社稷；卿大夫不仁，不保宗庙；士庶人不仁，不保四体。”“夫国君好仁，天下无敌。”“仁，人之安宅也；义，人之正路也。”“君仁，莫不仁；君义，莫不义；君正，莫不正。一正君而国定矣。”（《孟子·离娄（上）》）

孟子将仁义并提，“仁，人心也；义，人路也。”“生亦我所欲也，义亦我所欲也；二者不可得兼，舍生而取义者也。”（《孟子·告子（上）》）他的这个思想，影响中国几千年，所以后来才有文天祥那样“舍生取义”的英雄。在孟子看来，“君子之事君也，务引其君以当道，志于仁而已”。（《孟子·告子（下）》）“不仁而得国者，有之矣；不仁而得天下者，未之有也。”（《孟子·尽心（下）》）

**3. 王道霸道论**

孟子贵王贱霸，以为“仲尼之徒，无道桓文之事者”。“养生丧死无憾，王道之始也。”（《梁子·梁惠王（上）》）

> 孟子曰：“以力假仁者霸，霸必有大国；以德行仁者王，王不待大——汤以七十里，文王以百里。以力服人者，非心服也，力不赡也；以德服人者，中心悦而诚服也，如七十子之服孔子也。《诗》云：‘自西自东，自南自北，无思不服。’此之谓也。”（《孟子·公孙丑（上）》）

在孟子看来，“五霸者，三王之罪人也；今之诸侯，五霸之罪人也；今之大夫，今之诸侯之罪人也”。（《孟子·告子（下）》）然霸亦有“霸道”：“五霸，桓公为盛。葵丘之会，诸侯束牲载书而不歃血。初命曰，诛不孝，无易树子，无以妾为妻。再命曰，尊贤育才，以彰有德。三命曰，敬老慈幼，无忘宾旅。四命曰，士无世官，官事无摄，取士必得，无专杀大夫。五命曰，无曲防，无遏籴，无有封而不告。曰，凡我同盟之人，既盟之后，言归于好。今之诸侯皆犯此五禁，故曰，今之诸侯，五霸之罪人也。”（《孟子·告子（下）》）

孟子把尧舜禅让当作王道政治的典型。“得道者多助，失道者寡助。寡助之至，亲戚畔之；多助之至，天下顺之。”（《孟子·公孙丑（下）》）那在其当时，如何实行王道呢？

孟子说：“尊重有道德的人，使用有能力的人，杰出的人物都有官位，那么，天下的士子都会高兴，愿意到那个朝廷找个一官半职了；在市场，给与空地以储藏货物，却不征收货物税；如果滞销，依法征购，不让它长久积压，那么，天下的商人都会高兴，愿意把货物存放在市场上了；关卡只稽查而不征税，那么天下的旅客都会高兴，愿意经过那里的道路了；对耕田的人，实行井田制，只助耕公田，不再征税，那么，天下的农夫都会高兴，愿意在那里的田野上种庄稼了；人们居住的地方，没有那一些额外的雇役钱和地税，那么，天下的百姓都会高兴，愿意在那里侨居了。真正能够做到这五项，那么，邻近国家的老百姓都会像对待爹娘一样地爱慕他了。率领他的儿女来攻打他们的父母，从有人类以来，这种事情没有能够成功的。像这样，就会天下无敌。天下无敌的人就叫作‘天吏’。如此而不能统一天下的，是从来不曾有过的。”①

孟子继孔子“富之、教之”的思想，提出教育人民的主张。“学则三代共之，皆所以明人伦也。人伦明于上，小民亲于下。”（《孟子·滕文公（上）》）人人皆能生活，“养生丧死无憾”，不过为“王道之始”；必也人人受教育，“明人伦”，方为王道之完成。

**4. 民贵君轻论**

孟子以一切政治经济的制度皆为民设，所谓君亦为民设。故曰：“民为贵，社稷次之，君为轻。是故得乎丘民而为天子，得乎天子为诸侯，得乎诸侯为大夫。”（《孟子·尽心（下）》）“贵”指的是民的重要性，民的重要性有两方面含义。其一，民之向背关系国家兴亡。“暴其民甚则身弑国亡，不甚则身危国削。”“桀纣之失天下也，失其民也；失其民者，失其心也。得天下有道：得其民，斯得天下矣；得其民有道：得其心，斯得民矣；得其心有道：所欲与之聚之，所恶勿施尔也。”（《孟子·离娄（上）》）其二，民是统治者的财用之源。无民就断了君主的财源，无民则君主不能行事。“诸侯之宝三：土地、人民、政事。”（《孟子·尽心（下）》）“天时不如地利，地利不如人

---

①　参见杨伯峻：《孟子译注》，中华书局1960年版，第77—78页。

和。”(《孟子·公孙丑(下)》)孟子强调,君应与民同乐,与民同忧,“乐民之乐者,民亦乐其乐;忧民之忧者,民亦忧其忧。”(《孟子·梁惠王(下)》)关于君主的起源,孟子承继了天命论,即君权神授论。“天降下民,作之君,作之师。”(《孟子·梁惠王(下)》)由于王位天授,因此王本身不能把王位当作纯粹的个人私有物,王位不能私自处理,“天子不能以天下与人”。因此,他反对私相禅让。孟子认为历史的进程是一治一乱。治是“圣王”之功,乱是“暴君”之过。“君子之德,风也;小人之德,草也。草尚之风,必偃。”(《孟子·滕文公(上)》)君主身正而天下归之,“天下之本在国,国之本在家,家之本在身”。(《孟子·离娄(上)》)“君子之守,修其身而天下平。”(《孟子·尽心(下)》)

孟子把道义置于君臣从属关系之上,他认为君臣是一种相对关系,而不是绝对服从关系,断然反对把臣视为君主的奴仆、犬马。孟子说,“君之视臣如手足,则臣视君如腹心;君之视臣如犬马,则臣视君如国人;君之视臣如土芥,则臣视君如寇仇。”(《孟子·离娄(下)》)孟子还特别强调,臣中之圣人地位虽不及王,道德却高于王。王的权力可以指挥一世,圣人之教却百代不衰,“圣人,百世之师也”。这里就引出了王统与道统,治统与教统的二元分野,成为后世人讨论的话题。依孟子之见,伊尹、伯夷、柳下惠都是圣人,而孔子则是生民以来最伟大的圣人,“自生民以来,未有盛于孔子也”。孔子就成了春秋战国礼坏乐崩之后道统、教统的代表人物。

5. **恒产恒心论**

孟子说:“民之为道也,有恒产者有恒心,无恒产者无恒心。苟无恒心,放辟邪侈,无不为已。”(《孟子·滕文公(上)》)“无恒产而有恒心者,惟士为能。若民,则无恒产,因无恒心。”“是故明君制民之产,必使仰足以事父母,俯足以畜妻子,乐岁终身饱,凶年免于死亡;然后驱而之善,故民之从之也轻。”(《孟子·梁惠王(上)》)“今也制民之产,仰不足以事父母,俯不足以畜妻子;乐岁终身苦,凶年不免于死亡。此惟救死而恐不赡,奚暇治礼义哉?”(《孟子·梁惠王(上)》)

所谓恒产就是固定的产业,主要指土地和宅园。孟子提出了“制民之产”的现实方案:

五亩之宅,树之以桑,五十者可以衣帛矣。鸡豚狗彘之畜,无失其时,

> 七十者可以食肉矣。百亩之田，勿夺其时，八口之家可以无饥矣。谨庠序之教，申之以孝悌之义，颁白者不负戴于道路矣。七十者衣帛食肉，黎民不饥不寒，然而不王者，未之有也。（《孟子·梁惠王（上）》）

“制民之产”的另一个方案就是实行井田制。在孟子看来，当时的政治都与王道相违背，当时的诸侯收取赋税像强盗一样残暴，为了争夺土地而陷民于死地。“争地以战，杀人盈野；争城以战，杀人盈城。此所谓率土地而食人肉，罪不容于死。”（《孟子·离娄（上）》）然而这也是行王道的最好时机，在“春秋无义战”的情况下，只要实行一点点仁政，就能争得人民，“虽有智慧，不如乘势”，当时正是乘势之时。

**6. 劳心劳力论**

孟子的劳心劳力分工说，在他论证阶级、等级、社会分层合理性的理论中，具有特殊的地位。劳心劳力分工说并非出自孟子，早在春秋初曹刿就已提出“君子劳心，小人劳力”。孟子进一步发挥了这一思想。“或劳心，或劳力；劳心者治人，劳力者治于人；治于人者食人，治人者食于人，天下之通义也。”（《孟子·滕文公（上）》）“无君子，莫治野人；无野人，莫养君子。”（《孟子·滕文公（上）》）根据此分工原则，谁应为治人者，谁应为治于人者，孟子以为：“天下有道，小德役大德，小贤役大贤；天下无道，小役大，弱役强。斯二者，天也。顺天者存，逆天者亡。”（《孟子·离娄（上）》）

由劳心劳力引申出“大人”与“小人”，“君子”与“野人”之别。孟子认为：“养其小者为小人，养其大者为大人。”“从其大体为大人，从其小体为小人。”（《孟子·告子（上）》）“大人者，不失其赤子之心者也。”“君子之泽五世而斩，小人之泽五世而斩。”“君子以仁存心，以礼存心。仁者爱人，有礼者敬人。爱人者，人恒爱之；敬人者，人恒敬之。”“是故君子有终身之忧，无一朝之患也。”“君子深造之以道，欲其自得之也。自得之，则居之安；居之安，则资之深；资之深，则取之左右逢其原，故君子欲其自得之也。”（《孟子·离娄（下）》）君子多半是指有道德、有地位的人；小人则多半是道德低下的下层劳动者。

### 7. 天爵人爵论

孟子曰："有天爵者，有人爵者。仁义忠信，乐善不倦，此天爵也；公卿大夫，此人爵也。古之人修其天爵，而人爵从之。今之人修其天爵，以要人爵；既得人爵，而弃其天爵，则惑之甚者也，终亦必亡而已矣。"（《孟子·告子（上）》）

在孟子看来，"古之人，得志，泽加于民；不得志，修身见于世。穷则独善其身，达则兼善天下。"（《孟子·尽心（上）》）"故天将降大任于斯人也，必先苦其心志，劳其筋骨，饿其体肤，空乏其身，行拂乱其所为，所以动心忍性，曾益其所不能。……然后知生于忧患而死于安乐也。"（《孟子·告子（下）》）"天下有达尊三：爵一，齿一，德一。朝廷莫如爵，乡党莫如齿，辅世长民莫如德。"（《孟子·公孙丑（下）》）

有德者谓之君子，"君子有三乐，而王天下不与存焉。父母俱存，兄弟无故，一乐也；仰不愧于天，俯不怍于人，二乐也；得天下英才而教育之，三乐也。君子有三乐，而王天下不与存焉"。（《孟子·尽心（上）》）"君子之所以教者五：有如时雨化之者，有成德者，有达财者，有答问者，有私淑艾者。此五者，君子之所以教也。"（《孟子·尽心（上）》）此类君子又称为"大丈夫"：

居天下之广居，立天下之正位，行天下之大道；得志，与民由之；不得志，独行其道。富贵不能淫，贫贱不能移，威武不能屈，此之谓大丈夫。（《孟子·滕文公（下）》）

### 8. 浩然之气论

孟子说："我善养吾浩然之气。"（《孟子·公孙丑（上）》）所谓浩然之气，即个人在最高境界中之精神状态。[①]

---

① 冯友兰：《中国哲学史（上册）》，第166页。

> 其为气也，至大至刚，以直养而无害，则塞于天地之间。其为气也，配义与道；无是，馁也。是集义所生者，非义袭而取之也。行有不慊于心，则馁矣。我故曰，告子未尝知义，以其外之也。必有事焉，而勿正，心勿忘，勿助长也。(《孟子·公孙丑(上)》)

孟子认为，“存乎人者，莫良于眸子。眸子不能掩其恶。胸中正，则眸子瞭焉；胸中不正，则眸子眊焉。听其言也，观其眸子，人焉廋哉?”(《孟子·离娄(上)》)孟子还提到“夜气”“平旦之气”，都与养气有关。

> 虽存乎人者，岂无仁义之心哉？其所以放其良心者，亦犹斧斤之于木也，旦旦而伐之，可以为美乎？其日夜之所息，平旦之气，其好恶与人相近也者几希，则其旦昼之所为，有梏亡之矣。梏之反覆，则其夜气不足以存；夜气不足以存，则其违禽兽不远矣。人见其禽兽也，而以为未尝有才焉者，是岂人之情也哉？故苟得其养，无物不长；苟失其养，无物不消。(《孟子·告子(上)》)

善养志、养气者，自然就有“大丈夫”的气概。“说大人，则藐之，勿视其巍巍然。堂高数仞，榱题数尺，我得志，弗为也。食前方丈，侍妾数百人，我得志，弗为也。般乐饮酒，驱骋田猎，后车千乘，我得志，弗为也。在彼者，皆我所不为也；在我者，皆古之制也，吾何畏彼哉?”孟子曰：“养心莫善于寡欲。其为人也寡欲，虽有不存焉者，寡矣；其为人也多欲，虽有存焉者，寡矣。”(《孟子·尽心(下)》)“学问之道无他，求其放心而已矣。”(《孟子·告子(上)》)

**9. 变置革命论**

孟子说：“诸侯危社稷，则变置。”(《孟子·尽心(下)》)意思是说诸侯危害国家，那就改立。一句话说得王侯勃然变色。这就是孟子的“变置”说，前无古人。

> 齐宣王问卿。孟子曰：“王何卿之问也?”王曰：“卿不同乎?”曰：“不同；有贵戚之卿，有异姓之卿。”王曰：“请问贵戚之卿。”曰：“君有大过则

> 谏;反覆之而不听,则易位。"王勃然变乎色。曰:"王勿异也。王问臣,臣不敢不以正对。"王色定,然后请问异姓之卿。曰:"君有过则谏,反覆之而不听,则去。"(《孟子·万章(下)》)

孟子说,君王若有重大错误,他便加以劝阻;如果反复劝阻了还不听从,就把他废弃,改立别人。齐宣王听了变了脸色。孟子说,王不要奇怪。王问我,我不敢不拿老实话答复。孟子之所以持如此观点,一来他本人是贵族,二来当时也的确有这种宫廷内部的"废立。"但是,有人认为,孟子的这种"激进"说法,为一些贵族、大臣们"抢班夺权"留下了口舌。其实孟子的"变置"跟"革命"还不是一回事,"变置"只是公室内部的非暴力权力斗争,是非常时期的非常手段,这也符合他的"民贵君轻"思想。

比"变置"更极端的那便是"革命"了。孟子多次说到"汤武革命",认为那是"顺乎天,应乎人"的事情。

> 齐宣王问曰:"汤放桀,武王伐纣,有诸?"孟子对曰:"于传有之。"曰:"臣弑其君,可乎?"曰:"贼仁者谓之'贼',贼义者谓之'残'。残贼之人谓之'一夫'。闻诛一夫纣矣,未闻弑君也。"(《孟子·梁惠王(下)》)

《孟子·梁惠王(下)》又说:

> 臣闻七十里为政于天下者,汤是也。未闻以千里畏人者也。《书》曰:"汤一征,自葛始。"天下信之,东面而征,西夷怨;南面而征,北狄怨,曰:"奚为后我?"民望之,若大旱之望云霓也。归市者不止,耕者不变,诛其君而吊其民,若时雨降。民大悦。……王往而征之,民以为将拯己于水火之中也,箪食壶浆以迎王师。

孟子是原儒中对"革命"阐述最多、最深刻的一位思想家。

10. **圣神境界论**

孟子曰："规矩，方圆之至也；圣人，人伦之至也。欲为君，尽君道；欲为臣，尽臣道。二者皆法尧舜而已矣。"(《孟子·离娄(上)》)在孟子看来，"伯夷，圣之清者也；伊尹，圣之任者也；柳下惠，圣之和者也；孔子，圣之时者也。孔子之谓集大成。集大成者也，金声而玉振之也。"(《孟子·万章(下)》)

孟子是这样来论述他的境界论的："可欲之谓善，有诸己之谓信，充实之谓美，充实而有光辉之谓大，大而化之之谓圣，圣而不可知之之谓神。"(《孟子·尽心(下)》)他的结论是：五百年必有王者兴。而这些兴起的王者，都是"善、信、美、大、圣、神"之人。

> 孟子曰："由尧舜至于汤，五百有余岁；若禹、皋陶，则见而知之；若汤，则闻而知之。由汤至于文王，五百有余岁，若伊尹、莱朱，则见而知之；若文王，则闻而知之。由文王至于孔子，五百有余岁，若太公望、散宜生，则见而知之；若孔子则闻而知之。由孔子而来至于今，百有余岁，去圣人之世若此其未远也，近圣人之居若此其甚也，然而无有乎尔，则亦无有乎尔。"(《孟子·尽心(下)》)

## 第四节　原道：老庄之学

《史记·太史公自序》中说：

> 道家使人精神专一，动合无形，赡足万物。其为术也，因阴阳之大顺，采儒墨之善，撮名法之要，与时迁移，应物变化，立俗施事，无所不宜，指约而易操，事少而功多。……
>
> 道家无为，又曰无不为，其实易行，其辞难知。其术以虚无为本，以因循为用。无成执，无常形，故能究万物之情。不为物先，不为物后，故能为万物主。有法无法，因时为业；有度无度，因物与合。故曰"圣人不朽，时

变是守。虚者道之常也,因者君之纲”也。群臣并至,使各自明也。其实中其声者谓之端,实不中其声者谓之窾。窾言不听,奸乃不生,贤不肖自分,白黑乃形。在所欲用耳,何事不成。乃合大道,混混冥冥。光耀天下,复反无名。凡人所生者神也,所托者形也。神大用则竭,形大劳则敝,形神离则死。死者不可复生,离者不可复反,故圣人重之。由是观之,神者生之本也,形者生之具也。不先定其神,而曰“我有以治天下”,何由哉?

## 一、老子与《道德经》

《史记·老子韩非列传第三》载:

老子者,楚苦县厉乡曲仁里人也,姓李氏,名耳,字聃,周守藏室之史也。孔子适周,将问礼于老子。老子曰:“子所言者,其人与骨皆已朽矣,独其言在耳。且君子得其时则驾,不得其时则蓬累而行。吾闻之,良贾深藏若虚,君子盛德,容貌若愚。去子之骄气与多欲、态色与淫志,此皆无益于子之身。吾所以告子,若是而已。”孔子去,谓弟子曰:“鸟,吾知其能飞;鱼,吾知其能游;兽,吾知其能走。走者可以为罔,游者可以为纶,飞者可以为矰。至于龙吾不能知,其乘风云而上天。吾今日见老子,其犹龙邪!”

老子修道德,其学以自隐无名为务。居周久之,见周之衰,乃遂去。至关,关令尹喜曰:“子将隐矣,强为我著书。”于是老子乃著书上下篇,言道德之意五千余言而去,莫知其所终。

或曰:老莱子亦楚人也,著书十五篇,言道家之用,与孔子同时云。盖老子百有六十余岁,或言二百余岁,以其修道而养寿也。自孔子死之后百二十九年,而史记周太史儋见秦献公曰:“始秦与周合,合五百岁而离,离七十岁而霸王者出焉。”或曰儋即老子,或曰非也,世莫知其然否。老子,隐君子也。

老子之子名宗,宗为魏将,封于段干。宗子注,注子宫,宫玄孙假,假仕于汉孝文帝。而假之子解为胶西王卬太傅,因家于齐焉。

世之学老子者则绌儒学，儒学亦绌老子。"道不同不相为谋"，岂谓是邪？李耳无为自化，清静自正。

### 1. 道与德

《老子》一书分《道篇》(第一章—第三十七章)与《德篇》(第三十八章—第八十一章)，故又名《道德经》。也有人把《德经》放在前，《道经》放在后，故又称《德道经》。《道德经》的核心概念就是"道"与"德"。它是老子思想的主干，也是道家理论的精髓，所以有人也把道家称为道德家。

老子云：

道可道，非常道；名可名，非常名。无名天地之始，有名万物之母。故常无欲，以观其妙；常有欲，以观其徼。此两者，同出而异名，同谓之玄。玄之又玄，众妙之门。(《道德经》一章，下引只注章节)[①]

有物混成，先天地生。寂兮寥兮，独立而不改，周行而不殆，可以为天地母。吾不知其名，强字之曰道，强为之名曰大。大曰逝，逝曰远，远曰反。故道大，天大，地大，王亦大。域中有四大，而王居其一焉。人法地，地法天，天法道，道法自然。(二十五章)

道生一，一生二，二生三，三生万物。万物负阴而抱阳，冲气以为和。(四十二章)

道之为物，惟恍惟惚。惚兮恍兮，其中有象；恍兮惚兮，其中有物。窈兮冥兮，其中有精；其精甚真，其中有信。(二十一章)

视之不见，名之曰微。听之不闻，名之曰希。搏之不得，名之曰夷。此三者不可致诘，故混而为一。其上不皦，其下不昧，绳绳兮不可名，复归于无物。是谓无状之状，无物之象，是谓惚恍。迎之不见其首，随之不见其后。执古之道，以御今之有。能知古始，是谓道纪。(十四章)

---

① 引文参考了许抗生：《帛书老子注译与研究》(浙江人民出版社 1982 年版)与陈鼓应：《老子注释及评介》(中华书局 1984 年版)等著述。

道为天地万物所以生之总原理,德为一物所以生之原理。[①] 故曰:

孔德之容,惟道是从。(二十一章)

道生之,德畜之,物形之,势成之。是以万物莫不尊道而贵德。道之尊也,德之贵也,夫莫之命而常自然。故道生之,畜之,长之,遂之,亭之,毒之,养之,覆之。生而不有,为而不恃,长而不宰,是谓玄德。(五十一章)

知其雄,守其雌,为天下溪。为天下溪,常德不离,复归于婴儿。知其白,守其黑,为天下式。为天下式,常德不忒,复归于无极。知其荣,守其辱,为天下谷。为天下谷,常德乃足,复归于朴。朴散则为器,圣人用之,则为官长,故大制不割。(二十八章)

上德不德,是以有德;下德不失德,是以无德。上德无为而无不为;下德无为而有以为。(三十八章)

善建者不拔,善抱者不脱,子孙以祭祀不辍。修之于身,其德乃真。修之于家,其德乃余。修之于乡,其德乃长。修之于邦,其德乃丰。修之于天下,其德乃普。故以身观身,以家观家,以乡观乡,以邦观邦,以天下观天下。吾何以知天下然哉?以此。(五十四章)

治人事天莫若啬。夫唯啬,是谓早服。早服谓之重积德。重积德则无不克,无不克则莫知其极。莫知其极可以有国。有国之母可以长久。是谓深根固柢,长生久视之道。(五十九章)

上士闻道,勤而行之。中士闻道,若存若亡。下世闻道,大笑之,不笑不足以为道。故建言有之:明道若昧,进道若退,夷道若类。上德若谷,大白若辱,广德若不足,建德若偷,质真若渝。大方无隅,大器晚成,大音希声,大象无形,道隐无名。夫唯道,善始且善成。(四十一章)

故从事于道者,同于道;德者,同于德;失者,同于失。同于道者,道亦乐得之;同于德者,德亦乐得之;同于失者,失亦乐得之。信不足焉,有不

① 冯友兰:《中国哲学史(上册)》,第222页。

信焉。(二十三章)

以道莅天下,其鬼不神。非其鬼不神也,其神不伤人也。非其神不伤人,圣人亦不伤人。夫两不相伤,故德交归焉。(六十章)

大小多少,报怨以德。(六十三章)

《管子·心术上》云:“虚无无形谓之道。化育万物谓之德。”“德者道之舍,物得以生生,知得以职道之精。故德者,得也。得也者,其谓所得以然也。以无为之谓道,舍之之谓德。故道之与德无间,故言之者不别也。”“德者道之舍。”舍当是舍寓之意,言德乃道之寓于物者。换言之,德即物之所得于道,而以成其物者。此解说道与德之关系,其言甚精。①

昔之得一者:天得一以清,地得一以宁,神得一以灵,谷得一以盈,万物得一以生,侯王得一以为天下正。其致之也,谓天无以清将恐裂,地无以宁将恐废,神无以灵将恐歇,谷无以盈将恐竭,万物无以生将恐灭,侯王无以正将恐蹶。故贵以贱为本,高以下为基。是以侯王自称孤、寡、不穀。此非以贱为本耶?非乎?故致数誉无誉。是故不欲琭琭如玉,珞珞如石。

道又可分为“天道”与“人道”,“有道”与“无道”。“天之道利而不害,人之道,为而弗争。”(八十一章)“天道无亲,恒与善人。”(七十九章)

天下有道,却走马以粪。天下无道,戎马生于郊。祸莫大于不知足,咎莫大于欲得。故知足之足,常足矣。(四十六章)

使我介然有知,行于大道,唯施是畏。大道甚夷,而人好径。朝甚除,田甚芜,仓甚虚,服文采,带利剑,厌饮食,财货有余,是为盗夸。盗夸,非道也。(五十三章)

物壮则老,谓之不道,不道早已。(五十五章)

---

① 冯友兰:《中国哲学史(上册)》,第222页。

天之道，其犹张弓者也，高者抑之，下者举之，有余者损之，不足者补之。天之道，损有余而补不足。人之道则不然，损不足而奉有余。孰能有余以奉天下，唯有道者。是以圣人为而不恃，功成而不处，其不欲见贤。（七十七章）

大道废，有仁义；智慧出，有大伪；六亲不和，有孝慈；国家昏乱，有忠臣。（十八章）

修道德也有其特殊的方法，后世道家在老子基础上提出了很多修炼的方法，然大多都本于老子。老子云：

天下有始，以为天下母。既得其母，以知其子，既知其子，复守其母，没身不殆。塞其兑，闭其门，终身不勤。开其兑，济其事，终身不救。见小曰明，守柔曰强。用其光，复归其明，无遗身殃，是为袭常。（五十二章）

载营魄抱一，能毋离乎？抟气至柔，能婴儿乎？涤除玄鉴，能无疵乎？爱民治国，能无知乎？天门开阖，能为雌乎？明白四达，能无为乎？生之，畜之。生而不有，长而不宰。是为玄德。（十章）

致虚极，守静笃。万物并作，吾以观复。夫物芸芸，各复归其根。归根曰静，静曰复命。复命曰常，知常曰明。不知常，妄作凶。知常容，容乃公，公乃王，王乃天，天乃道，道乃久，没身不殆。（十六章）

**2. 无，无为，无为而无不为**

在老子那里，无与有是一对本体论的范畴。无表示体，有表示用。

天下万物生于有，有生于无。（四十章）

道隐无名。（四十一章）

道常无名。朴虽小而天下莫能臣。侯王若能守之，万物将自宾。天地相合，以降甘露，民莫之令而自均。始制有名，名亦既有，夫亦将知止，知止可以不殆。譬道之在天下，犹川谷之于江海。（三十二章）

由“无”引申出“无为”“无名”“无欲”“无事”“无争”等无为政治的思想。

上德无为而无不为。（三十八章）

天下之至柔，驰骋天下之至坚。无有入于无间，吾是以知无为之有益也。不言之教，无为之益，天下希能及之矣。（四十三章）

为学日益，为道日损。损之又损，以至于无为。无为而无不为。取天下常以无事，及其有事，不足以取天下。（四十八章）

以正治邦，以奇用兵，以无事取天下。吾何以知其然哉？以此：天下多忌讳，而民弥贫；人多利器，国家滋昏；人多伎巧，奇物滋起；法令滋彰，盗贼多有。故圣人云：我无为而民自化，我好静而民自正，我无事而民自富，我欲不欲而民自朴。（五十七章）

为无为，事无事，味无味。大小多少，报怨以德。（六十三章）

是以圣人无为也，故无败也；无执也，故无失也。民之从事，常于几成而败之。慎终若始，则无败事。是以圣人欲不欲，不贵难得之货；学不学，复众人之所过；能辅万物之自然而不敢为。（六十四章）

老子把当时很多社会的弊端，全都归结为统治者“有为”的结果。

人之饥也，以其上食税之多，是以饥。民之难治，以其上之有为，是以难治。民之轻死，以其上求生之厚，是以轻死。夫唯无以生为者，是贤于贵生。（七十五章）

不上贤，使民不争。不贵难得之货，使民不为盗。不见可欲，使民不乱。是以圣人之治也，虚其心，实其腹，弱其志，强其骨。常使民无知无欲。使夫知者不敢为也。为无为，则无不治。（三章）

五色令人目盲；五音令人耳聋；五味令人口爽；驰骋田猎令人心发狂；难得之货令人行妨。是以圣人为腹不为目，故去彼取此。（十二章）

老子特别反对战争，他犀利地指出：

以道佐人主，不以兵强天下。其事好还。师之所处，荆棘生焉。大军之后，必有凶年。善有果而已，不敢以取强。果而勿矜，果而勿伐，果而勿骄，果而不得已，果而勿强。物壮则老，是谓不道，不道早已。（三十章）

夫兵者，不祥之器。物或恶之，故有道者不处。君子居则贵左，用兵则贵右。故兵者不祥之器，非君子之器，不得已而用之。恬淡为上。胜而不美，而美之者，是乐杀人。夫乐杀人者，则不可得志于天下矣。吉事尚左，凶事尚右。偏将军居左，上将军居右。言以丧礼处之。杀人之众，以悲哀莅之，战胜以丧礼处之。（三十一章）

如何来解决当时尖锐的社会矛盾，老子开出了处方。

绝圣弃知，民利百倍。绝仁弃义，民复孝慈。绝巧弃利，盗贼无有。此三者以为文不足。故令有所属：见素抱朴，少私寡欲，绝学无忧。（十九章）

是以圣人居无为之事，行不言之教，万物作而弗始也，为而弗恃也，成功而弗居也。夫唯弗居，是以弗去。（二章）

我恒有三宝，持而保之：一曰慈，二曰俭，三曰不敢为天下先。夫慈故能勇，俭故能广，不敢为天下先，故能为成事长。今舍其慈且勇，舍其俭且广，舍其后且先，则死矣。夫慈，以战则胜，以守则固。天将建之，如以慈垣之。（六十七章）

将欲取天下而为之，吾见其不得已。天下神器，不可为也，不可执也。为者败之，执者失之。是以圣人无为，故无败；无执，故无失。夫物或行或随，或嘘或吹，或强或羸，或载或隳。是以圣人去甚，去奢，去泰。（二十九章）

老子的无为而治，被梁启超说成是“无治主义”（详见梁著《先秦政治思想史》），好像跟后世的无政府主义有点联系，其实老子不是无政府主义，他明确指出“立天子，置三公，虽有拱璧以先驷马”（六十二章）。老子只是小政府主义，或者说自由社会主义，他一再强调“无为而无不为”（三十七章、三十八章、四十八章），就是要人们进入那种自由状态，如同庄子的“无待之逍遥”。他的无为而治思想在政治上的运用，就是“治大国若烹小鲜”（六十章），意思就是统治者不要瞎折腾，一切顺其自然，以进入道的状态。

### 3. 弱用之术

《老子》常被当作人君南面之术，法家更是对其推崇备至。这一系统的思想主要表现在弱用之术上。老子的弱用之术主要体现在以下方面：

(1) 静观。老子说：“致虚极，守静笃。万物并作，吾以观复。”（十六章）“不出户，知天下。不窥牖，见天道。其出弥远，其知弥少。是以圣人不行而知，不见而明，不为而成。”（四十七章）老子把静视为事物的本态，把动视为变态。主张“静为躁君”（二十六章），以静制动。

(2) 愚民。老子云：“古之善为道者，非以明民，将以愚之。民之难治，以其智多。故以智治国，国之贼；不以智治国，国之福。知此两者亦稽式。常知稽式，是谓玄德。玄德深矣，远矣，与物反矣，然后乃至大顺。”（六十五章）“天地不仁，以万物为刍狗。圣人不仁，以百姓为刍狗。”（五章）“是以圣人之治，虚其心，实其腹，弱其志，强其骨。常使民无知无欲。”（三章）

(3) 守弱用柔。老子云：“反者道之动，弱者道之用。”（四十章）“人之生也柔弱，其死也坚强。万物草木之生也柔脆，其死也枯槁。故坚强者死之徒，柔弱者生之徒。是以兵强则灭，木强则折。强大处下，柔弱处上。”（七十六章）“强梁者不得其死。”（四十二章）“天下之至柔，驰骋天下之至坚。”（四十三章）“天下莫柔弱于水，而攻坚强者莫之能胜，以其无以易之。弱之胜强，柔之胜刚，天下莫不知，莫能行。是以圣人云：受国之垢是谓社稷主，受邦之不祥是为天下王。正言若反。”（七十八章）“柔弱胜刚强。”（三十六章）

(4) 知盈处虚。老子说：“持而盈之，不如其已。揣而锐之，不可常保。金玉满堂，莫之能守。富贵而骄，自遗其咎。功遂身退，天之道也。”（九章）“多藏必厚亡。”（四十四章）在老子眼里，圣人“以其终不自为大，故能成其大”（三十四章）。

(5) 居上谦下。老子思想中有很多对范畴，如“上下”“高低”“贵贱”“有无”“先后”“虚实”“大小”“多少”“刚柔”“强弱”“生死”“进退”“智愚”“老幼”“损益”“天地”

“取予”等等，后人因此把老子当作辩证法大师。老子曰：“江海所以能为百谷王者，以其善下之，故能为百谷王。是以圣人欲上民，必以言下之；欲先民，必以身后之。是以圣人处上而民不重，处前而民不害。是以天下乐推而不厌。以其不争，故天下莫能与之争。”（六十六章）“善用人者为之下。”（六十八章）“故贵以贱为本，高以下为基。是以侯王自谓孤、寡、不穀。此非以贱为本邪？非乎？”（三十九章）

（6）不争之争。老子云：“以其不争，故天下莫能与之争。”（六十六章）“上善若水。水善利万物而不争，处众人之所恶，故几于道。居善地，心善渊，与善仁，言善信，政善治，事善能，动善时。夫唯不争，故无尤。”（八章）“不自见故明，不自是故彰，不自伐故有功，不自矜故长。夫唯不争，故天下莫能与之争。”（二十二章）“圣人无常心，以百姓心为心。善者吾善之，不善者吾亦善之，德善。信者吾信之，不信者吾亦信之，德信。圣人在天下，歙歙焉，为天下浑其心，百姓皆注其耳目，圣人皆孩子。”（四十九章）

（7）知微、治于未乱。“其安易持，其未兆易谋。其脆易泮，其微易散。为之于未有，治之于未乱。合抱之木，生于毫末。九层之台，起于累土。千里之行，始于足下。为者败之，执者失之。是以圣人无为故无败。”（六十四章）

（8）欲擒故纵。老子曰：“将欲歙之，必固张之。将欲弱之，必固强之。将欲废之，必固兴之。将欲夺之，必固与之。是谓微明。”（三十六章）这段话被人们视为辩证法的绝唱。同时也被当作耍阴谋诡计的依据。其实，老子并非要教人们使阴谋玩诡计，老子只是说出了事物发展的本态，那就是物极必反。由此道理引申出处事处世的计谋和方法。实为权术，而非阴谋。

（9）以曲求全。“曲则全，枉则直，洼则盈，敝则新，少则得，多则惑。是以圣人抱一为天下式。”（二十二章）人们常说的委曲求全就是从老子这儿来的。

（10）深藏不露。“古之善为道者，微妙玄达，深不可志。”（十五章）“善行无辙迹，善言无瑕谪，善数不用筹策，善闭无关键而不可开，善结无绳约而不可解。”（二十七章）“邦之利器不可以示人。”（三十六章）“塞其兑，闭其门，终身不勤。开其兑，济其事，终身不救。”（五十二章）“是以圣人被褐而怀玉。”（七十章）因为锋芒不露，所以圣人能够“和其光，同其尘”（五十六章），自在处世。

### 4. 理想人格与理想社会

老子言及有修养的人，常以“婴儿”“赤子”“愚人”“圣人”等比之。老子曰：

我独泊兮其未兆，沌沌兮，如婴儿之未孩。儽儽兮，若无所归。众人皆有余，而我独若遗。我愚人之心也哉，沌沌兮！俗人昭昭，我独昏昏。俗人察察，我独闷闷。澹兮其若海，飂兮若无止。众人皆有以，而我独顽且鄙。我独异于人，而贵食母。（二十章）

常德不离，复归于婴儿。（二十八章）

抟气至柔，能婴儿乎？（十章）

含德之厚，比于赤子。毒虫不螫，猛兽不据，攫鸟不搏。骨弱筋柔而握固。未知牝牡之合而朘作，精之至也。终日号而不嗄，和之至也。知和曰常，知常曰明。益生曰祥。心使气曰强。（五十五章）

在老子心目中，有道德的人称之为“圣人”。圣人治天下，亦欲使天下人皆如婴儿，故曰：

圣人在天下，歙歙焉为天下浑其心，百姓皆注其耳目，圣人皆孩之。（四十九章）

是以圣人不行而知，不见而明，弗为而成。（四十七章）

是以圣人方而不割，廉而不刿，直而不肆，光而不耀。（五十八章）

圣人不积，既以为人己愈有，既以予人己愈多。（八十一章）

天下之难作于易，天下之大作于细。是以圣人终不为大，故能成其大。夫轻诺者必寡信，多易必多难，是以圣人犹难之，故终于无难。（六十三章）

是以圣人自知而不自见也，自爱而不自贵也。（七十二章）

和大怨，必有余怨，焉可以为善？是以圣人执左契而不责于人。故有德司契，无德司彻。夫天道无亲，恒与善人。（七十九章）

吾言甚易知也，甚易行也；而人莫之能知也，莫之能行也。言有宗，事

有君。夫唯无知也，是以不我知。知我者希，则我贵矣。是以圣人被褐而怀玉。（七十章）

知不知，尚矣。不知知，病矣。是以圣人之不病也，以其病病也，是以不病。（七十一章）

意思是说，知而不以为知，这是好的。不知而自以为知，这是毛病。所以圣人没有过错，就因为他把不知而以为知看作是毛病，因此他不会犯过错。[①] 这是老子的认识论，很有意思，有点像古希腊哲学家苏格拉底的“我只知道我不知道”。由此想到老子的“愚”。老子说，“我愚人之心也哉”，“古之善为道者，非以明民，将以愚之”。实际上老子这儿的“愚”是指“少私寡欲”，“淡泊无为”，“清净自化”而言，是有修养的人的一种特质，乃圣人之愚，即“大智若愚”之愚也。也就是孔子所认为老子的“愚不可及”之愚。与此相似的还有“大成若缺”“大盈若冲”“大直若曲”“大巧若拙”“大辩若讷”“大白若辱”等。因为圣人有如此之愚，所以才能“韬光养晦”“和光同尘”。

是以圣人常善救人，故无弃人；常善救物，故无弃物。是谓袭明。故善人者，不善人之师；不善人者，善人之资。不贵其师，不爱其资，虽智大迷，是谓要妙。（二十七章）

后世道家认为人可以修为到长生不死的境地，这实际上就是老子所说的“善摄生者”：

出生入死。生之徒，十有三；死之徒，十有三；人之生，动之于死地，亦十有三。夫何故？以其生之厚。盖闻善摄生者，陆行不遇兕虎，入军不被甲兵；兕无所投其角，虎无所用其爪，兵无所容其刃。夫何故？以其无死地。（五十章）

---

① 参见许抗生：《帛书老子注译与研究》，浙江人民出版社 1982 年版，第 55 页。

善为士者,不武;善战者,不怒;善胜敌者,不与;善用人者,为之下。是谓不争之德,是谓用人之力,是谓配天,古之极也。(六十八章)

天长地久。天地之所以能长且久者,以其不自生,故能长生。是以圣人后其身而身先,外其身而身存。非以其无私邪?故能成其私。(七章)

知人者智,自知者明。胜人者有力,自胜者强。知足者富。强行者有志。不失其所者久。死而不亡者寿。(三十三章)

天下皆知美之为美,斯恶已。皆知善之为善,斯不善已。有无相生,难易相成,长短相形,高下相盈,音声相和,前后相随,恒也。是以圣人处无为之事,行不言之教。(二章)

是以圣人之治,虚其心,实其腹,弱其志,强其骨。常使民无知无欲。(三章)

由此铸就理想人格,达成理想社会。

小国寡民。使有什伯之器而不用,使民重死而不远徙。虽有舟舆,无所乘之;虽有甲兵,无所陈之。使民复结绳而用之。甘其食,美其服,安其居,乐其俗。邻国相望,鸡犬之声相闻,民至老死不相往来。(八十章)

### 5. 孔老相会:原儒与原道之融通

孔子与老子相会,是中国文化史上的一件大事,也是世界文化史上的一件大事。它标志着儒家与道家二者的交流与汇合,碰撞与冲突,融通与互补。《史记·孔子世家》载:

(孔子)适周问礼,盖见老子云。辞去,而老子送之曰:“吾闻富贵者送人以财,仁人者送人以言。吾不能富贵,窃仁人之号,送子以言,曰:‘聪明深察而近于死者,好议人者也。博辩广大危其身者,发人之恶者也。为人子者毋以有己,为人臣者毋以有己。’”孔子自周反于鲁,弟子稍益进焉。

关于孔老相会，除《史记》以外，《庄子》《礼记》《孔子家语》《吕氏春秋》等书均有记载。两人到底有几次会面，现代学者认为有四次之多。[①]

第一，孔子十七岁时问礼于老子。《礼记·曾子问》中记载孔子从老子助葬于巷党时曾“日有食之”，而《左传》昭公七年(公元前535年)有日食的记载，是年孔子十七岁。《礼记·曾子问》中载：

> 曾子问曰：“葬引至于堩，日有食之，则有变乎？且不乎？”孔子曰：“昔者吾从老聃助葬于巷党，及堩，日有食之，老聃曰：‘丘！止柩就道右，止哭以听变。’既明反，而后行，曰‘礼也’。反葬而丘问之曰：‘夫柩不可以反者也。日有食之，不知其已之迟数，则岂如行哉？’老聃曰：‘诸侯朝天子，见日而行，逮日而舍奠。大夫使，见日而行，逮日而舍。夫柩不蚤出，不莫宿。见星而行者，唯罪人与奔父母之丧者乎！日有食之，安知其不见星也？且君子行礼，不以人之亲痁患。’吾闻诸老聃云。”

《礼记·曾子问》中有四处提到“孔子曰：‘吾闻诸老聃曰’”，大多问的是丧葬、迁庙主等事情。

第二，孔子三十四岁时问礼于老子。根据《礼记·曾子问》中关于孔子从老子助葬时发生日食的记载，以及《左传》昭公二十四年有日食的记载，推算出当时孔子的年龄是三十四岁。

第三，孔子五十一岁时问道于老子。《庄子·天运》篇记载：

> 孔子行年五十有一而不闻道，乃南之沛见老聃。老聃曰：“子来乎？吾闻子，北方之贤者也！子亦得道乎？”孔子曰：“未得也。”老子曰：“子恶乎求之哉？”曰：“吾求之于度数，五年而未得也。”老子曰：“子又恶乎求之哉？”曰：“吾求之于阴阳，十有二年而未得也。”老子曰：“然，使道而可献，则人莫不献之于其君；使道而可进，则人莫不进之于其亲；使道而可以告

① 详见陈鼓应、白奚：《老子评传》，南京大学出版社2001年版，第80—82页。

> 人，则人莫不告其兄弟；使道而可以与人，则人莫不与其子孙。然而不可者，无佗也，中无主而不止，外无正而不行。由中出者，不受于外，圣人不出；由外入者，无主于中，圣人不隐。名，公器也，不可多取。仁义，先王之蘧庐也，止可以一宿而不可久处。觏而多责。古之至人，假道于仁，托宿于义，以游逍遥之虚，食于苟简之田，立于不贷之圃。逍遥，无为也；苟简，易养也；不贷，无出也。古者谓是采真之游。以富为是者，不能让禄；以显为是者，不能让名。亲权者，不能与人柄，操之则栗，舍之则悲，而一无所鉴，以窥其所不休者，是天之戮民也。怨、恩、取、与、谏、教、生、杀八者，正之器也，唯循大变无所湮者为能用之。故曰：正者，正也。其心以为不然者，天门弗开矣。”

《庄子·天运》中还记载了孔子问道、修道和得道的经过，以及老子对其的印证：

> 孔子谓老聃曰：“丘治《诗》《书》《礼》《乐》《易》《春秋》六经，自以为久矣，孰知其故矣，以奸者七十二君，论先王之道而明周、召之迹，一君无所钩用。甚矣！夫人之难说也？道之难明邪？”老子曰：“幸矣，子之不遇治世之君也！夫六经，先王之陈迹也，岂其所以迹哉！今子之所言，犹迹也。夫迹，履之所出，而迹岂履哉！……性不可易，命不可变，时不可止，道不可壅。苟得于道，无自而不可；失焉者，无自而可。”孔子不出三月，复见，曰：“丘得之矣。……”老子曰：“可，丘得之矣！”

第四，孔子五十七岁见老子。根据《曾子问》中“日有食之”的记载，以及《左传》定公十五年有日食的记载，确定孔子是五十七岁那年又见到了老子。

孔老相会的地点也有四处之说，一是“问礼于周”，即今河南洛阳；二是“助葬于巷党”，巷党可能是鲁地；三是“南之沛见老聃”，沛为宋地，今江苏沛县；四是“居陈三岁”，而老子是苦县人，苦县原来属陈，故很可能孔、老在陈相遇。

孔子问礼于老子，礼的内容有广义与狭义之分，广义的“礼”是指典章制度方面,狭义的“礼”是指婚丧朝聘的礼仪、仪式方面。老子是一个通礼的“古之博大真人”,自然就成了孔子的老师。

历来学者以为儒家重视礼治主义,道家重视自然主义;儒家推崇传统,道家批判传统;儒家重显,道家重隐;儒家重视知识的传承,而道家主张绝学无忧。然二者又是对立的统一,正如冯友兰先生所指出的:“中国思想的两个主要趋势道家和儒家的根源,它们是彼此不同的两极,但又是同一轴杆的两极。”儒道的根本都在于“道德”,儒道的共通点在于他们都主张“内圣外王”。正是因为有了儒家和道家,才使得中国文化有了阴阳两面,有了刚柔双性,有了在盛世用得上的理论,又有了在衰世起作用的思想。这种融通和互补,已经深入到中国社会的各个方面,已经成为中华民族骨子里的东西。

## 二、庄子与《南华经》

《史记·老子韩非列传》中载:

> 庄子者,蒙人也,名周。周尝为蒙漆园吏,与梁惠王、齐宣王同时。其学无所不窥,然其要本归于老子之言。故其著书十余万言,大抵率寓言也。作《渔父》《盗跖》《胠箧》,以诋訿孔子之徒,以明老子之术。《畏累虚》《亢桑子》之属,皆空语无事实。然属书离辞,指事类情,用剽剥儒、墨,虽当世宿学不能自解免也。其言洸洋自恣以适己,故自王公大人不能器之。
>
> 楚威王闻庄周贤,使使厚币迎之,许以为相。庄周笑谓楚使者曰:“千金,重利;卿相,尊位也。子独不见郊祭之牺牛乎?养食之数岁,衣以文绣,以入大庙。当是之时,虽欲为孤豚,岂可得乎?子亟去,无污我。我宁游戏污渎之中自快,无为有国者所羁,终身不仕,以快吾志焉。”

《庄子》一书又名《南华经》,分内篇、外篇、杂篇,现存三十三篇,内篇七、外篇十五、杂篇十一。内篇包括《逍遥游第一》《齐物论第二》《养生主第三》《人间世第四》《德充符第五》《大宗师第六》《应帝王第七》。一般认为内篇为庄周手笔,外、杂篇则可能为庄周后学所作。

《庄子》一书瑰丽奇谲，气象万千，然又十分难读。难读之处就在于庄子有自己一整套的概念群，这些概念多半是庄子独创，如逍遥、齐物、物化、外物、外天下、外生、天钧、天倪、天府、天乐、反衍、谢施、芒芴、悬解、朝彻、见独、心斋、坐忘、撄宁、造化、大块、六合、泰初、照旷、天运、天门、天行、忧患、精神、卫生、宇宙、虚空、葆光、吊诡、坐驰、遁天倍情、万物之理等等。如果把庄子的这些概念都弄清楚了，那么，读《庄子》就是一种无比的享受。现从五个方面来梳理庄子之道。

**1. 自然之道**

庄子所言自然，包括“天地”“万物”“大块”“造化”“宇宙”“六合”“无穷”“大通”“天下”等概念，但最主要的还是落实在“道”上。庄子曰：“天下莫大于秋毫之末，而大山为小；莫寿于殇子，而彭祖为夭。天地与我并生，而万物与我为一。”(《庄子·齐物论》，下文引述只注《庄子》篇名。)

庄子说：“夫大块载我以形，劳我以生，佚我以老，息我以死。”(《大宗师》)“夫道有情有信，无为无形；可传而不可受，可得而不可见；自本自根，未有天地，自古以固存；神鬼神帝，生天生地；在太极之先而不为高，在六极之下而不为深，先天地生而不为久，长于上古而不为老。”(《大宗师》)“天无私覆，地无私载。”(同上)

在庄子看来，自然中的万物本原上都是统一的，物与物的区别都是人为的、主观的。庄子云：

> 民湿寝则腰疾偏死，鳅然哉乎哉？木处则惴栗恂惧，猿猴然乎哉？三者孰知正处？民食刍豢，麋鹿食荐，蝍蛆甘带，鸱鸦耆鼠，四者孰知正味？猿猵狙以为雌，麋与鹿交，鳅与鱼游。毛嫱丽姬，人之所美；鱼见之深入，鸟见之高飞，麋鹿见之决骤，四者孰知天下之正色哉？自我观之，仁义之端，是非之涂，樊然淆乱，吾恶能知其辩！(《齐物论》)

庄子的自然之道是无时不在，无处不有的。《知北游》中说：

> 东郭子问于庄子曰：“所谓道，恶乎在？”庄子曰：“无所不在。”东郭子曰：“期而后可。”庄子曰：“在蝼蚁。”曰：“何其下邪？”曰：“在稊稗。”曰：“何其

愈下邪?”曰:“在瓦甓。”曰:“何其愈甚邪?”曰:“在屎溺。”东郭子不应。庄子曰:“夫子之问也,固不及质。正获之问于监市履狶也,‘每下愈况’。汝唯莫必,无乎逃物。至道若是,大言亦然。周遍咸三者,异名同实,其指一也。”

在《天地》篇中,庄子是这样来论述他的自然之道的:

泰初有无,无有无名。一之所起,有一而未形。物得以生谓之德;未形者有分,且然无间谓之命;留动而生物,物成生理谓之形;形体保神,各有仪则谓之性;性修反德,德至同于初。同乃虚,虚乃大。合喙鸣。喙鸣合,与天地为合。其合缗缗,若愚若昏,是谓玄德,同乎大顺。

《秋水》中说:

以道观之,物无贵贱。以物观之,自贵而相贱。以俗观之,贵贱不在己。以差观之,因其所大而大之,则万物莫不大;因其所小而小之,则万物莫不小。知天地之为稊米也,知毫末之为丘山也,则差数睹矣。以功观之,因其所有而有之,则万物莫不有;因其所无而无之,则万物莫不无。知东西之相反而不可以相无,则功分定矣。以趣观之,因其所然而然之,则万物莫不然;因其所非而非之,则万物莫不非。……以道观之,何贵何贱,是谓反衍。无拘而志,与道大蹇。何少何多,是谓谢施。无一而行,与道参差。严乎若国之有君,其无私德;繇繇乎若祭之有社,其无私福。泛泛乎其若四方之无穷,其无所畛域。兼怀万物,其孰承翼?是谓无方。万物一齐,孰短孰长?道无终始,物有死生,不恃其成。一虚一满,不位乎其形。年不可举,时不可止。消息盈虚,终则有始。是所以语大义之方,论万物之理也。物之生也,若骤若驰。无动而不变,无时而不移。何为乎,何不为乎?夫固将自化。

明自然之道者,那就可以“无为名尸,无为谋府,无为事任,无为知主。体尽无

穷，而游无朕。尽其所受乎天而无见得，亦虚而已！至人之用心若镜，不将不迎，应而不藏，故能胜物而不伤”。(《应帝王》)

由自然之道，引申出一个“物化”的道理，那就是著名的“庄周梦蝶”。“昔者庄周梦为胡蝶，栩栩然胡蝶也。自喻适志与！不知周也。俄然觉，则蘧蘧然周也。不知周之梦为胡蝶与？胡蝶之梦为周与？周与胡蝶则必有分矣。此之谓物化。”(《齐物论》)

在庄子那儿，天与人是有别的，“牛马四足是谓天；落马首，穿牛鼻，是谓人”(《秋水》)。这里的天也就是自然之义，人就是人为之义。庄子主张任其自然而去掉人为，“是之谓不以心捐道，不以人助天，是之谓真人”(《大宗师》)。“道与之貌，天与之形，无以好恶内伤其身。”(《德充符》)只有这种真人才能得“无待之逍遥”。“若夫乘天地之正，而御六气之辩，以游无穷者，彼且恶乎待哉！故曰：至人无己，神人无功，圣人无名。”(《逍遥游》)

庄子以“鲲鹏展翅九万里”的气魄，为我们拓展了一个极尽想象的精神时空，然对具体的物质时空，他也有深刻的见解。《秋水》篇中说：

> 夫物，量无穷，时无止，分无常，终始无故。是故大知观于远近，故小而不寡，大而不多：知量无穷。证向今故，故遥而不闷，掇而不跂：知时无止。察乎盈虚，故得而不喜，失而不忧：知分之无常也。明乎坦涂，故生而不说，死而不祸：知终始之不可故也。计人之所知，不若其所不知；其生之时，不若未生之时；以其至小，求穷其至大之域，是故迷乱而不能自得也。由此观之，又何以知毫末之足以定至细之倪，又何以知天地之足以穷至大之域！

《知北游》中说：

> 天地有大美而不言，四时有明法而不议，万物有成理而不说。圣人者，原天地之美而达万物之理。是故至人无为，大圣不作，观于天地之谓也。今彼神明至精，与彼百化。物已死生方圆，莫知其根也。扁然而万

物，自古以固存。六合为巨，未离其内；秋毫为小，待之成体；天下莫不沉浮，终身不故；阴阳四时运行，各得其序；惛然若亡而存；油然不形而神；万物畜而不知：此之谓本根，可以观于天矣。……

夫昭昭生于冥冥，有伦生于无形，精神生于道，形本生于精，而万物以形相生。故九窍者胎生，八窍者卵生。其来无迹，其往无崖，无门无房，四达之皇皇也。邀于此者，四肢强，思虑恂达，耳目聪明。其用心不劳，其应物无方，天不得不高，地不得不广，日月不得不行，万物不得不昌，此其道与！

在庄子看来，"人生天地之间，若白驹之过郤，忽然而已"(《知北游》)。"天地之养也一，登高不可以为长，居下不可以为短。"(《徐无鬼》)"古之真人！以天待人，不以人入天，古之真人！"(《徐无鬼》)"古之得道者，穷亦乐，通亦乐，所乐非穷通也。道德于此，则穷通为寒暑风雨之序矣。"(《让王》)明了自然之道者就能得其真，"真者，精诚之至也。不精不诚，不能动人"(《渔父》)。"且道者，万物之所由也。庶物失之者死，得之者生。为事逆之则败，顺之则成。故道之所在，圣人尊之。"(同上)"不离于宗，谓之天人；不离于精，谓之神人；不离于真，谓之至人。"(《天下》)明通自然之道者，"独与天地精神往来，而不傲倪于万物"(《天下》)。

**2. 养生之道**

在庄子看来，人是自然的一部分，所以养生之道最好就是任其自然。人之心性只有顺其自然，才能得以养育。如果逆向而动则谓之"失性"。《庄子·天地》篇中说：

且夫失性有五：一曰五色乱目，使目不明；二曰五声乱耳，使耳不聪；三曰五臭熏鼻，困惾中颡；四曰五味浊口，使口厉爽；五曰趣舍滑心，使性飞扬。此五者，皆生之害也。

《庄子》一书中提出了"活身""全形""卫生""尊生""养生""达生"等命题，都是讲养生之道的。"夫全其形生之人，藏其身也，不厌深眇而已矣！"(《庚桑楚》)"全汝形，抱汝生，无使汝思虑营营。”(同上)庄子借老子之口说：

> 卫生之经，能抱一乎！能勿失乎！能无卜筮而知吉凶乎！能止乎！能已乎！能舍诸人而求诸己乎！能翛然乎！能侗然乎！能儿子乎！儿子终日嗥而嗌不嗄，和之至也；终日握而手不掜，共其德也；终日视而目不瞬，偏不在外也。行不知所之，居不知所为，与物委蛇而同其波。是卫生之经已。……动不知所为，行不知所之，身若槁木之枝而心若死灰。若是者，祸亦不至，福亦不来。祸福无有，恶有人灾也！(《庚桑楚》)

善养生者称之为“真人”。“何谓真人？古之真人，不逆寡，不雄成，不谟士。若然者，过而弗悔，当而不自得也。若然者，登高不栗，入水不濡，入火不热，是知之能登假于道者也若此。古之真人，其寝不梦，其觉无忧，其食不甘，其息深深。真人之息以踵，众人之息以喉。屈服者，其嗌言若哇。其耆欲深者，其天机浅。古之真人，不知说生，不知恶死。其出不䜣，其入不距。翛然而往，翛然而来而已矣。不忘其所始，不求其所终。受而喜之，忘而复之。是之谓不以心捐道，不以人助天，是之谓真人。”(《大宗师》)庄子在《大宗师》中还告诉了我们他修道养生的经验：

> 吾犹守而告之，三日而后能外天下；已外天下矣，吾又守之，七日而后能外物；已外物矣，吾又守之，九日而后能外生；已外生矣，而后能朝彻；朝彻而后能见独；见独而后能无古今；无古今而后能入于不死不生。杀生者不死，生生者不生。其为物无不将也，无不迎也，无不毁也，无不成也。其名为撄宁。撄宁也者，撄而后成者也。

庄子说：“吾生也有涯，而知也无涯。以有涯随无涯，殆已！已而为知者，殆而已矣！为善无近名，为恶无近刑，缘督以为经，可以保身，可以全生，可以养亲，可以尽年。”(《养生主》)一句“缘督以为经”，被修习气功、导引术的人奉为宗旨。

庄子的养生之道，具体说来就是“恬淡”“虚静”“心斋”“坐忘”。

故曰：夫恬淡寂寞，虚无无为，此天地之平而道德之质也。故曰：圣人休休焉则平易矣。平易则恬淡矣。平易恬淡，则忧患不能入，邪气不能袭，故其德全而神不亏。故曰：圣人之生也天行，其死也物化。静而与阴同德，动而与阳同波。不为福先，不为祸始。感而后应，迫而后动，不得已而后起。去知与故，遁天之理。故无天灾，无物累，无人非，无鬼责。其生若浮，其死若休。不思虑，不豫谋。光矣而不耀，信矣而不期。其寝不梦，其觉无忧。其神纯粹，其魂不罢。虚无恬淡，乃合天德。……故曰：形劳而不休则弊，精用而不已则劳，劳则竭。水之性，不杂则清，莫动则平；郁闭而不流，亦不能清；天德之象也。故曰：纯粹而不杂，静一而不变，惔而无为，动而以天行，此养神之道也。(《刻意》)

有机械者必有机事，有机事者必有机心。机心存于胸中则纯白不备。纯白不备则神生不定，神生不定者，道之所不载也。(《天地》)

关于“虚静”，庄子在《天道》篇中说：

圣人之静也，非曰静也善，故静也。万物无足以挠心者，故静也。水静则明烛须眉，平中准，大匠取法焉。水静犹明，而况精神！圣人之心静乎！天地之鉴也，万物之镜也。夫虚静、恬淡、寂漠、无为者，天地之平而道德之至也。故帝王圣人休焉。休则虚，虚则实，实则伦矣。虚则静，静则动，动则得矣。

如果说“恬淡寡欲”“虚静无为”还有老子的影子，那“心斋”“坐忘”则是庄子的独家发明了。

回曰：“敢问心斋。”仲尼曰：“若一志，无听之以耳而听之以心；无听之以心而听之以气。听止于耳，心止于符。气也者，虚而待物者也。唯道集虚。虚者，心斋也。”(《人间世》)

颜回曰：“回益矣。”仲尼曰：“何谓也？”曰：“回忘仁义矣。”曰：“可矣，犹未也。”他日复见，曰：“回益矣。”曰：“何谓也？”曰：“回忘礼乐矣！”曰：“可矣，犹未也。”他日复见，曰：“回益矣！”曰：“何谓也？”曰：“回坐忘矣。”仲尼蹴然曰：“何谓坐忘？”颜回曰：“堕肢体，黜聪明，离形去知，同于大通，此谓坐忘。”仲尼曰：“同则无好也，化则无常也。而果其贤乎！丘也请从而后也。”（《大宗师》）

庄子在《庚桑楚》篇中进一步阐明其养生之道：

彻志之勃，解心之谬，去德之累，达道之塞。贵富显严名利六者，勃志也；容动色理气意六者，谬心也；恶欲喜怒哀乐六者，累德也；去就取与知能六者，塞道也。此四六者不荡胸中则正，正则静，静则明，明则虚，虚则无为而无不为也。

养生的目的在于“全形”“长生”，在于“健康”“幸福”，在于达到“至道”的境界，在于人生的彻底自由。庄子在《在宥》篇中借广成子之口来说明他的这个思想。

至道之精，窈窈冥冥；至道之极，昏昏默默。无视无听，抱神以静，形将自正。必静必清，无劳女形，无摇女精，乃可以长生。目无所见，耳无所闻，心无所知，女神将守形，形乃长生。慎女内，闭女外，多知为败。我为女遂于大明之上矣，至彼至阳之原也；为女入于窈冥之门矣，至彼至阴之原也。天地有官，阴阳有藏。慎守女身，物将自壮。我守其一以处其和。故我修身千二百岁矣，吾形未常衰。……彼其物无穷，而人皆以为有终；彼其物无测，而人皆以为有极。得吾道者，上为皇而下为王；失吾道者，上见光而下为土。今夫百昌皆生于土而反于土。故余将去女，入无穷之门，以游无极之野。吾与日月参光，吾与天地为常。当我缗乎，远我昏乎！人其尽死，而我独存乎！

庄子认为：“执道者德全，德全者形全，形全者神全。神全者，圣人之道也。”（《天地》)“乐全之谓得志。”(《缮性》)“夫形全精复,与天为一。天地者,万物之父母也。合则成体,散则成始。形精不亏,是谓能移。精而又精,反以相天。”(《达生》)“喜怒哀乐不入于胸次。”(《田子方》)“目彻为明,耳彻为聪,鼻彻为膻,口彻为甘,心彻为知,知彻为德。”(《外物》)“道之真以治身,其绪余以为国家,其土苴以治天下。由此观之,帝王之功,圣人之余事也,非所以完身养生也。”(《让王》)“故养志者忘形,养形者忘利,致道者忘心矣。”(《让王》)

关于养生修道的次第,庄子是这么说的:“一年而野,二年而从,三年而通,四年而物,五年而来,六年而鬼入,七年而天成,八年而不知死、不知生,九年而大妙。”(《寓言》)

3. **乐死之道**

自由与平等是庄学的一大特色,他把这一思想贯彻到他的生死观中,认为生与死也是平等的,“以死生为一条,以可不可为一贯”(《德充符》)。在中国的思想家中,庄子对死的看法是最达观的。

> 生也死之徒,死也生之始,孰知其纪!人之生,气之聚也。聚则为生,散则为死。若死生为徒,吾又何患!故万物一也。是其所美者为神奇,其所恶者为臭腐。臭腐复化为神奇,神奇复化为臭腐。(《知北游》)
>
> 死,无君于上,无臣于下,亦无四时之事,从然以天地为春秋,虽南面王乐,不能过也。(《至乐》)
>
> 古之人,其知有所至矣。恶乎至?有以为未始有物者,至矣,尽矣,弗可以加矣!其次以为有物矣,将以生为丧也,以死为反也,是以分已。其次曰始无有,既而有生,生俄而死。以无有为首,以生为体,以死为尻。孰知有无死生之一守者,吾与之为友。(《庚桑楚》)
>
> 不以生生死,不以死死生。死生有待邪?皆有所一体。(《知北游》)

庄子在《逍遥游》中说:

> 小知不及大知,小年不及大年。奚以知其然也?朝菌不知晦朔,蟪蛄

不知春秋，此小年也。楚之南有冥灵者，以五百岁为春，五百岁为秋；上古有大椿者，以八千岁为春，八千岁为秋。而彭祖乃今以久特闻，众人匹之，不亦悲乎！

生死寿夭都是相对的，都不过是物化的过程。

老聃死，秦失吊之，三号而出。弟子曰："非夫子之友邪？"曰："然。""然则吊焉若此可乎？"曰："然。始也吾以为其人也，而今非也。向吾入而吊焉，有老者哭之，如哭其子；少者哭之，如哭其母。彼其所以会之，必有不蕲言而言，不蕲哭而哭者。是遁天倍情，忘其所受，古者谓之遁天之刑。适来，夫子时也；适去，夫子顺也。安时而处顺，哀乐不能入也，古者谓是帝之县解。"（《养生主》）

在庄子看来，死，不过是一种解脱，而不是一种灾难。"知不可奈何而安之若命，唯有德者能之。"（《德充符》）"死生，命也，其有夜旦之常，天也。人之有所不得与，皆物之情也。彼特以天为父，而身犹爱之，而况其卓乎！人特以有君为愈乎己，而身犹死之，而况其真乎！"（《大宗师》）"故善吾生者，乃所以善吾死也。"（同上）

子祀、子舆、子犁、子来四人相与语曰："孰能以无为首，以生为脊，以死为尻；孰知死生存亡之一体者，吾与之友矣！"四人相视而笑，莫逆于心，遂相与为友。（《大宗师》）

这样的朋友才真正是生死之交。庄子在《应帝王》中讲述了一个列子的老师壶子见神巫季咸的故事。第一次，壶子曰"乡吾示之以地文"，"是殆见吾杜德机也"。而季咸以为壶子要死了。第二次，壶子曰"乡吾示之以天壤"，"是殆见吾善者机也"。季咸以为壶子病好了。第三次，壶子曰"吾乡示之以太冲莫胜"，"是殆见吾衡气机也"。季咸就没法看相了，不知壶子深浅。第四次，壶子曰"乡吾示之以未始出吾宗"，"吾与之虚而委蛇"，神巫季咸未站稳就逃走了。这个故事告诉我们，对于修道深厚的人，可以死，可以生，可以不死不生，一切听凭自己。

> 庄子妻死，惠子吊之，庄子则方箕踞鼓盆而歌。惠子曰："与人居，长子，老、身死，不哭亦足矣，又鼓盆而歌，不亦甚乎！"庄子曰："不然。是其始死也，我独何能无概！然察其始而本无生；非徒无生也，而本无形；非徒无形也，而本无气。杂乎芒芴之间，变而有气，气变而有形，形变而有生。今又变而之死。是相与为春秋冬夏四时行也。人且偃然寝于巨室，而我噭噭然随而哭之，自以为不通乎命，故止也。"(《至乐》)

可见，庄子的乐死之道是有其科学根据的。庄子看透了生死变化的过程，故而"鼓盆而歌"。"有人，天也；有天，亦天也。人之不能有天，性也。圣人晏然体逝而终矣！"(《山木》)

《列御寇》中记载：

> 庄子将死，弟子欲厚葬之。庄子曰："吾以天地为棺椁，以日月为连璧，星辰为珠玑，万物为赍送。吾葬具岂不备邪？何以加此！"弟子曰："吾恐乌鸢之食夫子也。"庄子曰："在上为乌鸢食，在下为蝼蚁食，夺彼与此，何其偏也。"

儒家主张厚葬，墨家主张薄葬，而庄子则主张不葬，任乌鸦、老鹰、蚂蚁食自己的尸体。难道庄子是一个彻底的唯物主义者？后世佛学引入中国，其了生脱死的思想很多与庄学相贯通，乃至许多概念也是从庄学中引申开去的。

**4. 处世之道**

每个人生活在这个世界上都有其处世之道。不管你是积极地入世，还是消极地出世；不管你是逃世、避世，还是混世、游世，每个人的处世哲学决定了他的生活质量，乃至决定了他的个人命运。庄子的处世之道，就如同他说的庖丁解牛的故事一样，"游刃有余"，在夹缝中生存，而且还活得有滋有味，自由自在。庄子认为要自在地处世，首先就要去掉是非，"是以圣人和之以是非，而休乎天钧，是之为两行"

（《齐物论》）。庄子说：

> 物无非彼，物无非是。自彼则不见，自知则知之。故曰：彼出于是，是亦因彼。彼是方生之说也。虽然，方生方死，方死方生；方可方不可，方不可方可；因是因非，因非因是。是以圣人不由而照之于天，亦因是也。是亦彼也，彼亦是也。彼亦一是非，此亦一是非，果且有彼是乎哉？果且无彼是乎哉？彼是莫得其偶，谓之道枢。枢始得其环中，以应无穷。是亦一无穷，非亦一无穷也。故曰：莫若以明。（《齐物论》）

消除是非之人的处世态度是“举世而誉之而不加劝，举世而非之而不加沮，定乎内外之分，辩乎荣辱之境，斯已矣”（《逍遥游》）。这样的人“其卧徐徐，其觉于于。一以己为马，一以己为牛。其知情信，其德甚真，而未始入于非人”（《应帝王》）。“故曰：鱼相忘乎江湖，人相忘乎道术。”（《大宗师》）

庄子曰：

> 天下有大戒二：其一命也，其一义也。子之爱亲，命也，不可解于心；臣之事君，义也，无适而非君也，无所逃于天地之间。是之谓大戒。是以夫事其亲者，不择地而安之，孝之至也；夫事其君者，不择事而安之，忠之盛也；自事其心者，哀乐不易施乎前，知其不可奈何而安之若命，德之至也。（《人间世》）

既然人都“无所逃于天地之间”，那就索性游世于天地之间。

> 夫藏舟于壑，藏山于泽，谓之固矣。然而夜半有力者负之而走，昧者不知也。藏小大有宜，犹有所遁。若夫藏天下于天下而不得所遁，是恒物之大情也。……故圣人将游于物之所不得遁而皆存。善妖善老，善始善终，人犹效之，又况万物之所系而一化之所待乎！（《大宗师》）

善于游世之人称之为“至人”。“至人神矣！大泽焚而不能热，河汉沍而不能寒，疾雷破山、飘风振海而不能惊。若然者，乘云气，骑日月，而游乎四海之外，死生无变于已，而况利害之端乎！”(《齐物论》)

庄子多次提到“游”，故后人以为其人生哲学就是“游世哲学”。庄子云：“以出六极之外，而游无何有之乡，以处圹埌之野。”“汝游心于淡，合气于漠，顺物自然而无容私焉，而天下治焉。”“明王之治：功盖天下而似不自己，化贷万物而民弗恃。有莫举名，使物自喜。立乎不测，而游于无有者也。”“体尽无穷，而游于无朕”(《应帝王》)“吾师乎！吾师乎！齑万物而不为义，泽及万世而不为仁，长于上古而不为老，覆载天地、刻雕众形而不为巧。此所游已！”(《大宗师》)“彼方且与造物者为人，而游乎天地之一气。”“彼游方之外者也，而丘游方之内者也。”(《大宗师》)“故圣人有所游，而知为孽，约为胶，德为接，工为商。”(《德充符》)“圣人不从事于务，不就利，不违害，不喜求，不缘道，无谓有谓，有谓无谓，而游乎尘垢之外。”(《齐物论》)“六合之外，圣人存而不论；六合之内，圣人论而不议；春秋经世先王之志，圣人议而不辩。”(《齐物论》)最有名的“游”，莫过于“逍遥游”了。庄子说：

> 夫列子御风而行，泠然善也，旬有五日而后反。彼于致福者，未数数然也。此虽免乎行，犹有所待者也。若夫乘天地之正，而御六气之辩，以游无穷者，彼且恶乎待哉！故曰：至人无己，神人无功，圣人无名。(《逍遥游》)

在庄子那里，“游”有身游和心游之分，有“有待”之游与“无待”之游之别。“夫赫胥氏之时，民居不知所为，行不知所之，含哺而熙，鼓腹而游。”(《马蹄》)这是身游。“乘天地之正，而御六气之辩，以游无穷者”，那是心游。列子御风是“有待”之游；而真正的身心合一、人天合德之逍遥游才是“无待”之游。

> 庄子与惠子游于濠梁之上。庄子曰：“鯈鱼出游从容，是鱼之乐也。”惠子曰：“子非鱼，安知鱼之乐？”庄子曰：“子非我，安知我不知鱼之乐？”惠子曰：“我非子，固不知子矣；子固非鱼也，子之不知鱼之乐，全矣！”庄子

> 曰:“请循其本。子曰‘汝安知鱼乐’云者,既已知吾知之而问我。我知之濠上也。”(《秋水》)

从这一小故事中,我们可以体会庄子的“游世”之乐。处世最要紧的莫过于人与人的关系。“君子之交淡若水,小人之交甘若醴”(《山木》),故而谦恭有礼、卑弱自持不失为一种处世之方,而骄傲自满、自以为是则是不可取的。庄子云:

> 正考父一命而伛,再命而偻,三命而俯,循墙而走,孰敢不轨!一命而吕钜,再命而于车上舞,三命而名诸父。孰协唐许?贼莫大乎德有心而心有睫,及其有睫也而内视,内视而败矣!凶德有五,中德为首。何谓中德?中德也者,有以自好也而吡其所不为者也。穷有八极,达有三必,形有六府。美、髯、长、大、壮、丽、勇、敢,八者俱过人也,因以是穷;缘循、偃佒、困畏,不若人三者俱通达;知慧外通,勇动多怨,仁义多责,六者所以相刑也。达生之情者傀,达于知者肖,达大命者随,达小命者遭。(《列御寇》)

处理好各方面的关系,莫贵于“和”。庄子曰:“夫明白于天地之德者,此之谓大本大宗,与天和者也。所以均调天下,与人和者也。与人和者,谓之人乐;与天和者,谓之天乐。……故曰:其动也天,其静也地,一心定而王天下;其鬼不祟,其魂不疲,一心定而万物服。言以虚静而推于天地,通于万物,此之谓天乐。天乐者,圣人之心以畜天下也。”(《天道》)“故圣人观于天而不助,成于德而不累,出于道而不谋,会于仁而不恃,薄于义而不积,应于礼而不讳,接于事而不辞,齐于法而不乱,恃于民而不轻,因于物而不去。”(《在宥》)

庄子的处世之道还说到一个极端的问题,那就是“盗亦有道”。

> 故跖之徒问于跖曰:“盗亦有道乎?”跖曰:“何适而无有道邪?夫妄意室中之藏,圣也;入先,勇也;出后,义也;知可否,知也;分均,仁也。五者不备而能成大盗者,天下未之有也。”(《胠箧》)

由此庄子提出了“圣人生而大盗起”,“圣人不死,大盗不止”,“彼窃钩者诛,窃国者为诸侯”等命题,因此,结论是“掊击圣人,纵舍盗贼,而天下始治矣”(《胠箧》)。

最能体现庄子处世之道的,就是庄子的“材与不材”的观点。《庄子·山木》篇载:

庄子行于山中,见大木,枝叶盛茂。伐木者止其旁而不取也。问其故,曰:“无所可用。”庄子曰:“此木以不材得终其天年。”夫子出于山,舍于故人之家。故人喜,命竖子杀雁而烹之。竖子请曰:“其一能鸣,其一不能鸣,请奚杀?”主人曰:“杀不能鸣者。”明日,弟子问于庄子曰:“昨日山中之木,以不材得终其天年;今主人之雁,以不材死。先生将何处?”庄子笑曰:“周将处乎材与不材之间。材与不材之间,似之而非也,故未免乎累。若夫乘道德而浮游则不然,无誉无訾,一龙一蛇,与时俱化,而无肯专为。一上一下,以和为量,浮游乎万物之祖。物物而不物于物,则胡可得而累邪!此神农、黄帝之法则也。若夫万物之情,人伦之传则不然,合则离,成则毁,廉则挫,尊则议,有为则亏,贤则谋,不肖则欺。胡可得而必乎哉!悲夫,弟子志之,其唯道德之乡乎!”

### 5. 大化之道

庄子的大化之道是建立在他对自然、社会、人生之深刻洞察基础上的。《庄子·至乐》篇中对宇宙生命转化的现象做了较为详细的描写:

种有几,得水则为㡭,得水土之际则为蛙蠙之衣,生于陵屯则为陵舄,陵舄得郁栖则为乌足,乌足之根为蛴螬,其叶为胡蝶。胡蝶胥也化而为虫,生于灶下,其状若脱,其名为鸲掇。鸲掇千日为鸟,其名为乾余骨。乾余骨之沫为斯弥,斯弥为食醯。颐辂生乎食醯,黄軦生乎九猷,瞀芮生乎腐蠸,羊奚比乎不箰,久竹生青宁,青宁生程,程生马,马生人,人又反入于机。万物皆出于机,皆入于机。

物种从微小的生物开始，然后化为细草、青苔，由植物而动物，由动物而人类，人死了又化为微生物，如此周而复始。在庄子的时代还没有所谓的生态学，但他对宇宙生命转化的描写竟与现代生态学家对自然的系统与循环的理解十分暗合。[①]

由自然的生化之道，反观人类社会的演化。庄子曰：

> 古之人，在混芒之中，与一世而得淡漠焉。当是时也，阴阳和静，鬼神不扰，四时得节，万物不伤，群生不夭，人虽有知，无所用之，此之谓至一。当是时也，莫之为而常自然。
>
> 逮德下衰，及燧人、伏羲始为天下，是故顺而不一。德又下衰，及神农、黄帝始为天下，是故安而不顺。德又下衰，及唐、虞始为天下，兴治化之流，浇淳散朴，离道以善，险德以行，然后去性而从于心。心与心识知，而不足以定天下，然后附之以文，益之以博。文灭质、博溺心，然后民始惑乱，无以反其性情而复其初。(《缮性》)

在庄子看来，“三皇五帝之治天下，名曰治之，而乱莫甚焉。三皇之知，上悖日月之明，下睽山川之精，中堕四时之施”(《天运》)。“若夫不刻意而高，不仁义而修，无功名而治，无江海而闲，不道引而寿，无不忘也，无不有也。淡然无极而众美从之。此天地之道，圣人之德也。”(《刻意》)“至人之于德也，不修而物不能离焉。若天之自高，地之自厚，日月之自明，夫何修焉！”(《田子方》)“无思无虑始知道，无处无服始安道，无从无道始得道。”(《知北游》)“忘乎物，忘乎天，其名为忘己。忘己之人，是之谓入于天。”(《天地》)“故通于天地者，德也；行于万物者，道也；上治人者，事也；能有所艺者，技也。技兼于事，事兼于义，义兼于德，德兼于道，道兼于天。故曰：古之畜天下者，无欲而天下足，无为而万物化，渊静而百姓定。”(《天地》)“古之君人者，以得为在民，以失为在己；以正为在民，以枉为在己。故一形有失其形者，退而自责。”(《则阳》)

庄子说，“夫有土者，有大物也。有大物者不可以物。物而不物，故能物物。明

---

① 参见韦政通：《中国思想史(上)》，上海书店出版社2003年版，第140页。

乎物物者之非物也，岂独治天下百姓而已哉！出入六合，游乎九州，独往独来，是谓独有。独有之人，是谓至贵”。“故君子不得已而临莅天下，莫若无为。无为也，而后安其性命之情。故贵以身于为天下，则可以托天下；爱以身于为天下，则可以寄天下。”(《在宥》)庄子曰：

夫帝王之德，以天地为宗，以道德为主，以无为为常。无为也，则用天下而有余；有为也，则为天下用而不足。故古之人贵夫无为也。上无为也，下亦无为也，是下与上同德。下与上同德则不臣。下有为也，上亦有为也，是上与下同道。上与下同道则不主。上必无为而用天下，下必有为为天下用。此不易之道也。

故古之王天下者，知虽落天地，不自虑也；辩虽雕万物，不自说也；能虽穷海内，不自为也。天不产而万物化，地不长而万物育，帝王无为而天下功。故曰：莫神于天，莫富于地，莫大于帝王。故曰：帝王之德配天地。此乘天地，驰万物，而用人群之道也。(《天道》)

庄子的大化之道还体现在他对理想社会的向往上。庄子称自己的理想国为“至德之世”“建德之国”“至治之世”“无何有之乡”等等。庄子曰：“今子有大树，患其无用，何不树之于无何有之乡，广莫之野，彷徨乎无为之侧，逍遥乎寝卧其下。不夭斤斧，物无害者，无所可用，安所困苦哉！”(《逍遥游》)庄子曰：

至德之世，不尚贤，不使能，上如标枝，民如野鹿。端正而不知以为义，相爱而不知以为仁，实而不知以为忠，当而不知以为信，蠢动而相使不以为赐。是故行而无迹，事而无传。(《天地》)

庄子对理想社会的构想，一次见于《胠箧》篇，是袭取老子的小国寡民说；一次见于《马蹄》篇，是属幻想的至德之世。庄子曰：

彼民有常性，织而衣，耕而食，是谓同德。一而不党，命曰天放。故至德之世，其行填填，其视颠颠。当是时也，山无蹊隧，泽无舟梁；万物群生，连属其乡；禽兽成群，草木遂长。是故禽兽可系羁而游，乌鹊之巢可攀援而窥。夫至德之世，同与禽兽居，族与万物并。恶乎知君子小人哉！同乎无知，其德不离；同乎无欲，是谓素朴。素朴而民性得矣。(《马蹄》)

## 第五节　《春秋》经传大义

《孟子·滕文公(下)》中说："世衰道微，邪说暴行有作，臣弑其君者有之，子弑其父者有之。孔子惧，作《春秋》。《春秋》天子之事也；是故孔子曰：'知我者其惟《春秋》乎！罪我者其惟《春秋》乎！'"《史记·太史公自序》中说："夫《春秋》，上明三王之道，下辨人事之纪，别嫌疑，明是非，定犹豫，善善恶恶，贤贤贱不肖，存亡国，继绝世，补敝起废，王道之大者也""《春秋》辩是非，故长于治人。""拨乱世反之正，莫近于《春秋》。《春秋》文成数万，其指数千。万物之散聚皆在《春秋》。《春秋》之中，弑君三十六，亡国五十二，诸侯奔走不得保其社稷者不可胜数。察其所以，皆失其本已。故《易》曰'失之毫厘，差以千里'。故曰'臣弑君，子弑父，非一旦一夕之故也，其渐久矣'。故有国者不可以不知《春秋》，前有谗而弗见，后有贼而不知。为人臣者不可以不知《春秋》，守经事而不知其宜，遭变事而不知其权。为人君父而不通于《春秋》之义者，必蒙首恶之名。为人臣子而不通于《春秋》之义者，必陷篡弑之诛，死罪之名。其实皆以为善，为之不知其义，被之空言而不敢辞。夫不通礼义之旨，至于君不君，臣不臣，父不父，子不子。夫君不君则犯，臣不臣则诛，父不父则无道，子不子则不孝。此四行者，天下之大过也。以天下之大过予之，则受而弗敢辞。故《春秋》者，礼义之大宗也。夫礼禁未然之前，法施已然之后；法之所为用者易见，而礼之所为禁者难知。"

1.《春秋公羊传·隐公元年》[①]元年春王正月。元年者何？君之始年也。春者

① 本文所引《春秋》经传，以《十三经注疏》为底本，中华书局1980年版。另参考杨伯峻：《春秋左传注》，中华书局1990年版。沈玉成：《左传译文》，中华书局1981年版。

何？岁之始也。王者孰谓？谓文王也。曷为先言王而后言正月，王正月也。何言乎王正月，大一统也。立嫡以长不以贤，立子以贵不以长。子以母贵，母以子贵。

《左传·隐公元年》(下文只注年号)“郑伯克段于鄢。”段不弟，故不言弟；如二君，故曰克；称郑伯，讥失教也。谓之郑志。不言出奔，难之也。君子曰：“颍考叔，纯孝也，爱其母，施及庄公。《诗》曰：‘孝子不匮，永锡尔类’，其是之谓乎！”天子七月而葬，同轨毕至；诸侯五月，同盟至；大夫三月，同位至；士逾月，外姻至。

《春秋》说：“郑伯克段于鄢。”太叔不像兄弟，所以不说“弟”字；兄弟相争，如同两个国君，所以称之为“克”；把庄公称为“郑伯”，是讥刺他有失教诲(事情的发展是庄公蓄意安排的)。《春秋》这样记载就表达出了庄公的本心。不说“出奔”，是由于史官下笔有为难之处。君子说：“颍考叔真是纯孝了。爱他的母亲，扩大而及于庄公。《诗》说，‘孝子的孝心没有竭尽，永远可以赐给你的同类’。说的就是这样的情况吧！”天子死后历七个月下葬，诸侯全部参加葬礼；诸侯历五个月下葬，同盟诸侯都参加；士大夫三月下葬，官位相同的参加；士一个月后下葬，姻亲参加葬礼。[①]

2.《隐公三年》石碏谏曰：“臣闻爱子，教之以义方，弗纳于邪。骄、奢、淫、泆，所自邪也。四者之来，宠禄过也。……且夫贱妨贵，少陵长，远间亲，新间旧，小加大，淫破义，所谓六逆也。君义，臣行，父慈，子孝，兄爱，弟敬，所谓六顺也。”

石碏谏庄公说：“我听说喜欢儿子，应当以道义教导他，使他不要走上邪路。骄傲、无礼、违法、放荡，这是走上邪路的来由。这四种恶德之所以发生，是由于宠爱太过分。……而且低贱妨害尊贵，年少驾凌年长，疏远离间亲近，新人离间旧人，弱小欺侮强大，淫欲破坏道义，这就是六逆。国君行事得宜，臣下受命奉行，父亲慈爱，儿子孝顺，兄长宽和，弟弟恭敬，这就是六顺。”[②]

3.《隐公四年》臣闻以德和民，不闻以乱。众叛亲离，难以济矣。君子曰：“石碏，纯臣也。恶州吁而厚与焉。‘大义灭亲’，其是之谓乎！”

(众仲)我听说用德行安定百姓，没有听说用祸乱的。大众背叛，亲近离散，难以成功。君子说：“石碏真是完全忠于国家的臣子了。憎恶州吁，同时连上自己的

① 白话译文参见《左传译文》，第2—3页。下文引述若简易明了则不译出。

② 《左传译文》，第7页。

儿子石厚。'大义灭亲'，说的就是这样的情况吧！"①

4.《隐公五年》公问羽数于众仲。对曰："天子用八，诸侯用六，大夫四，士二。夫舞，所以节八音而行八风，故自八以下。"

隐公向众仲询问执羽舞人的人数。众仲回答说："天子用八行，诸侯用六行，大夫四行，士二行。舞，用来调节八种材料所制乐器的乐音而传播八方之风，所以人数在八行以下。"②

5.《隐公六年》君子曰："善不可失，恶不可长，其陈桓公之谓乎！长恶不悛，从自及也。虽欲救之，其将能乎！《商书》曰：'恶之易也，如火之燎于原，不可乡迩，其犹可扑灭？'"

君子说："善不可丢失，恶不可滋长，这说的就是陈桓公吧！滋长了恶而不悔改，跟着就自取祸害。虽然挽救，未必办得到罢？《商书》说：'恶的蔓延，如同大火燎原，不可以接近，难道还能扑灭？'"③

6.《隐公八年》公问族于众仲。众仲对曰："天子建德，因生以赐姓，胙之土而命之氏。诸侯以字为谥，因以为族。官有世功，则有官族。邑亦如之。"

鲁隐公向众仲询问关于氏族的事。众仲回答说："天子建立有德之人以为诸侯，依照他的生地而赐姓，分封土地而又赐给他氏。诸侯以字作为谥号，(他的后人)因此而以为氏族。累代做这种官职而有功绩，(他的后人)就以官名为氏族。也有以封邑为氏族的。"④

7.《隐公十一年》"礼，经国家，定社稷，序民人，利后嗣者也。""政以治民，刑以正邪。既无德政，又无威刑，是以及邪。""恕而行之，德之则也，礼之经也。""不度德，不量力，不亲亲，不征辞，不察有罪。犯五不韪，而以伐人，其丧师也，不亦宜乎？"凡诸侯有命，告则书，不然则否。师出臧否，亦如之。虽及灭国，灭不告败，胜不告克，不书于策。

凡是诸侯发生大事，前来报告就记载，不然就不记载。出兵顺利或不顺利，也

---

① 《左传译文》，第8—9页。

② 《左传译文》，第10页。

③ 《左传译文》，第11页。

④ 《左传译文》，第14页。

是一样。即使国家被灭亡，被灭的不报告战败，胜利的不报告战胜，也不记载在简册上。①

8.《桓公二年》君子以督为有无君之心，而后动于恶，故先书弑其君。师服曰："异哉，君之名子也！夫名以制义，义以出礼，礼以体政，政以正民，是以政成而民听。易则生乱。嘉耦曰妃，怨耦曰仇，古之命也。今君命大子曰仇，弟曰成师，始兆乱矣。兄其替乎！"师服曰："吾闻国家之立也，本大而末小，是以能固。故天子建国，诸侯立家，卿置侧室，大夫有贰宗，士有隶子弟，庶人、工、商，各有分亲，皆有等衰。是以民服事其上，而下无觊觎。"

君子认为华父督心里已经没有国君，然后才敢发动杀死托孤大臣的罪恶行动，所以《春秋》先记载"弑其君"。②

9.《桓公五年》秋，大雩。书，不时也。凡祀，启蛰而郊，龙见而雩，始杀而尝，闭蛰而烝。过则书。

秋，为求雨而举行大雩祭。《春秋》记载这件事，是由于它不是例行的祭祀。凡是祭祀，昆虫惊动举行郊祭，苍龙角亢二宿出现举行雩祭，秋天寒气降临举行尝祭，昆虫蛰伏举行烝祭。如果过了时节举行祭礼，就要加以记载。③

10.《桓公六年》"所谓道，忠于民而信于神也。上思利民，忠也；祝史正辞，信也。""夫民，神之主也，是以圣王先成民而后致力于神。"公问名于申繻。对曰："名有五，有信，有义，有象，有假，有类。以名生为信，以德命为义，以类命为象，取于物为假，取于父为类。不以国，不以官，不以山川，不以隐疾，不以畜牲，不以器币。周人以讳事神，名，终将讳之。故以国则废名，以官则废职，以山川则废主，以畜牲则废祀，以器币则废礼。"

桓公向申繻询问命名的事。申繻回答说："名有五种，有信，有义，有象，有假，有类。用出生的情况来命名是信，用祥瑞的字眼来命名是义，用相类似的字眼来命名是象，用万物的名称来命名是假，用和父亲有关的字眼来命名是类。命名不用国名，不用官名，不用山川名，不用疾病名，不用牲畜名，不用器物礼品名。周朝人用

---

① 《左传译文》，第18页。
② 《左传译文》，第22页。
③ 《左传译文》，第27页。

避讳来奉事神灵，名，在死了以后就要避讳。所以用国名命名就会废除国名，用官名命名就会改变官称，用山川命名就会改变山川的神名，用牲畜命名就会废除祭祀，用器物礼物就会废除礼仪。"[①]

11.《桓公十一年》"卜以决疑。不疑，何卜？"

占卜是为了决断疑惑。没有疑惑，占卜什么？[②]

12.《桓公十二年》君子曰："苟信不继，盟无益也。《诗》云'君子屡盟，乱是用长'，无信也。"

君子说："如果信用跟不上，结盟也是没有好处的。《诗》说'君子多次结盟，动乱因此滋长'。这是由于没有信用。"[③]

13.《桓公十五年》天王使家父来求车，非礼也。诸侯不贡车、服，天子不私求财。

周天子派家父前来求取车辆，这是不合于礼的。诸侯不进贡车辆礼服，天子不求取私人财货。[④]

14.《桓公十七年》天子有日官，诸侯有日御。日官居卿以底日，礼也。日御不失日，以授百官于朝。

天子有日官，诸侯有日御。日官居于卿的地位以推算历象，这是合于礼的。日御详细记载每月大小和干支，无所遗漏，在朝廷上授给百官。[⑤]

15.《桓公十八年》并后、匹嫡、两政、耦国，乱之本也。

妾媵并同于王后，庶子相等于嫡子，二卿有同等的权力，大城和国都一样，这都是祸乱的本源。[⑥]

16.《庄公六年》君子以二公子之立黔牟"为不度矣。夫能固位者，必度于本末，而后立衷焉。不知其本，不谋；知本之不枝，弗强。《诗》云：'本枝百世'"。

君子认为两个公子立黔牟"有失于衡量始终。对能够巩固自己地位的人，必须

---

① 《左传译文》，第29页。
② 《左传译文》，第33页。
③ 《左传译文》，第34页。
④ 《左传译文》，第36页。
⑤ 《左传译文》，第38页。
⑥ 《左传译文》，第39页。

衡量他的各方面,然后用适当的方式立他为国君。不了解他的根本,就是缺乏计谋;了解到有根本却没有枝叶,就不去勉强。《诗》说:‘有本有枝,百代支持’”。[①]

17.《庄公八年》初,襄公立,无常。鲍叔牙曰:“君使民慢,乱将作矣。”奉公子小白出奔莒。乱作,管夷吾、召忽奉公子纠来奔。

18.《庄公十年》齐师伐我。公将战。曹刿请见。其乡人曰:“肉食者谋之,又何间焉?”刿曰:“肉食者鄙,未能远谋。”……既克,公问其故。对曰:“夫战,勇气也。一鼓作气,再而衰,三而竭。彼竭我盈,故克之。夫大国,难测也,惧有伏焉。吾视其辙乱,望其旗靡,故逐之。”

19.《庄公十四年》妖由人兴也。人无衅焉,妖不自作。人弃常,则妖兴,故有妖。

妖孽是由于人才起来的。人没有疵瑕,妖孽不能自己起来。人丢弃了常道,妖孽就起来,所以才有妖孽。[②]

20.《庄公十九年》君子曰:“鬻拳可谓爱君矣:谏以自纳于刑,刑犹不忘纳君于善。”

君子说:“鬻拳可以说是爱护国君了:由于劝阻而自己使自己受刑,受了刑还不忘记使国君归于正道。”[③]

21.《庄公二十年》冬,王子颓享五大夫,乐及遍舞。郑伯闻之,见虢叔曰:“寡人闻之,哀乐失时,殃咎必至。今王子颓歌舞不倦,乐祸也。夫司寇行戮,君为之不举,而况敢乐祸乎?奸(干)王之位,祸孰大焉?临祸忘忧,忧必及之。盍纳王乎!”虢公曰:“寡人之愿也。”

22.《庄公二十二年》饮桓公酒,乐。公曰:“以火继之。”辞曰:“臣卜其昼,未卜其夜,不敢。”君子曰:“酒以成礼,不继以淫,义也;以君成礼,弗纳于淫,仁也。”

敬仲招待桓公饮酒,桓公很高兴。天晚了,桓公说:“点上烛接着喝。”敬仲辞谢说:“臣只知道白天招待君王,不知道晚上陪饮,不敢奉命。”君子说:“酒用来完成礼

---

① 《左传译文》,第42—43页。

② 《左传译文》,第49页。

③ 《左传译文》,第53页。

仪，不能继续无度，这是义；由于和国君饮酒完成了礼仪，不再使他过度，这是仁。”①

23.《庄公二十三年》公如齐观社，非礼也。曹刿谏曰：“不可。夫礼，所以整民也。故会以训上下之则，制财用之节，朝以正班爵之义，帅长幼之序；征伐以讨其不然。诸侯有王，王有巡守，以大习之。非是，君不举矣。君举必书。书而不法，后嗣何观？”

24.《庄公二十五年》夏六月辛未，朔，日有食之，鼓、用牲于社，非常也。唯正月之朔，慝未作，日有食之，于是乎用币于社，伐鼓于朝。秋，大水，鼓、用牲于社、于门，亦非常也。凡天灾，有币，无牲。非日、月之眚不鼓。

夏六月初一，日食，击鼓，用牺牲祭祀土地神庙，这是不合于常礼的。只有夏历四月的初一，阴气没有发作，日食，才用玉帛祭祀土地之神，在朝廷之上击鼓。秋，有大水，击鼓，用牺牲祭祀土地神庙和城门门神，也不合于常礼。凡是天灾，祭祀时只能用玉帛而不用牺牲。不是日食、月蚀，不击鼓。②

25.《庄公二十七年》天子非展义不巡守，诸侯非民事不举，卿非君命不越竟（境）。夫礼、乐、慈、爱，战所畜也。夫民，让事、乐和、爱亲、哀丧，而后可用也。

26.《庄公二十八年》凡邑，有宗庙先君之主曰都，无曰邑。邑曰筑，都曰城。

凡是城邑，有宗庙和先君神主的叫作“都”，没有的叫作“邑”。建造邑叫作“筑”，建造都叫作“城”。③

27.《庄公二十九年》凡师，有钟鼓曰伐，无曰侵，轻曰袭。

凡是出兵，有钟鼓之声叫作“伐”，没有叫作“侵”，轻装部队快速突击叫作“袭”。④

28.《庄公三十二年》“国之将兴，明神降之，监其德也；将亡，神又降之，观其恶也。故有得神以兴，亦有以亡，虞、夏、商、周皆有之。”“国将兴，听于民；将亡，听于神。神，聪明正直而壹者也，依人而行。”

---

① 《左传译文》，第54—55页。

② 《左传译文》，第57页。

③ 《左传译文》，第59—60页。

④ 《左传译文》，第60页。

29.《闵公元年》狄人伐邢。管敬仲言于齐侯曰:“戎狄豺狼,不可厌也;诸夏亲昵,不可弃也。宴安鸩毒,不可怀也。《诗》云:‘岂不怀归?畏此简书。’简书,同恶相恤之谓也。请救邢以从简书。”齐人救邢。

狄人攻打邢国。管仲对齐侯说:“戎狄犹如豺狼,是不能满足的;中原各国互相亲近,是不能丢弃的。安逸等于毒药,是不能怀恋的。《诗》说:‘难道不想着回去,怕的是这个竹简上的军令文字。’竹简上的军令文字,就是同仇敌忾而忧患与共的意思,所以请求您听从简书而救援邢国。”于是齐国出兵救援邢国。[①]

30.《僖公四年》“君处北海,寡人处南海,唯是风马牛不相及也,不虞君之涉吾地也,何故?”管仲对曰:“昔召康公命我先君大公曰:‘五侯九伯,女实征之,以夹辅周室!’赐我先君履,东至于海,西至于河,南至于穆陵,北至于无棣。尔贡苞茅不入,王祭不共,无以缩酒,寡人是徵。昭王南征而不复,寡人是问。”

凡诸侯薨于朝、会,加一等;死王事,加二等。或谓大子:“子辞,君必辩焉。”大子曰:“君非姬氏,居不安,食不饱。我辞,姬必有罪。君老矣,吾又不乐。”曰:“子其行乎?”大子曰:“君实不察其罪,被此名也以出,人谁纳我?”十二月戊申,缢于新城。姬遂谮二公子曰:“皆知之。”重耳奔蒲,夷吾奔屈。

31.《僖公五年》公既视朔,遂登观台以望,而书,礼也。凡分、至、启、闭,必书云物,为备故也。“皇天无亲,惟德是辅。”

凡是有春分秋分、夏至冬至、立春立夏、立秋立冬,必定要记载云气云色,这是要为灾害做准备的缘故。[②]

32.《僖公七年》“招携以礼,怀远以德。德礼不易,无人不怀。”“子父不奸之谓礼,守命共时之谓信。”“且夫合诸侯,以崇德也。会而列奸,何以示后嗣?夫诸侯之会,其德、刑、礼、义,无国不记。记奸之位,君盟替矣。作而不记,非盛德也。”

招抚有二心的国家,用礼;怀念疏远的国家,用德。遇事不违背德和礼,没人不归附。

儿子和父亲不相违背叫作礼,见机行事完成君命叫作信。

---

① 《左传译文》,第63页。

② 《左传译文》,第74页。

而且会合诸侯，这是为了尊崇德行，会合而让奸邪之人位列国君，怎么能垂示后代呢？诸侯的会见，他们的德行、刑罚、礼仪、道义，没有一个国家不加以记载。如果记载了让邪恶之人居于君位，君王的盟约就难履行了。事情做了而不能见于记载，这就不是崇高的道德。①

33.《僖公八年》宋公疾，大子兹父固请曰："目夷长且仁，君其立之！"公命子鱼(目夷)。子鱼辞曰："能以国让，仁孰大焉？臣不及也，且又不顺。"遂走而退。

34.《僖公九年》凡在丧，王曰"小童"，公侯曰"子"。秋，齐侯盟诸侯于葵丘，曰："凡我同盟之人，既盟之后，言归于好。"

35.《僖公十一年》"礼，国之干也；敬，礼之舆也。不敬，则礼不行，礼不行，则上下昏，何以长世？"

36.《僖公十二年》君子曰："管氏之世祀也宜哉！让不忘其上。《诗》曰：'恺悌君子，神所劳矣。'"

37.《僖公十三年》"天灾流行，国家代有。救灾、恤邻，道也。行道，有福。"

38.《僖公十九年》"古者六畜不相为用，小事不用大牲，而况敢用人乎？祭祀以为人也。民，神之主也。用人，其谁飨之？"

祭祀是为了人。百姓，是神的主人。杀人祭祀，有谁来享用？②

39.《僖公二十一年》"崇明祀，保小寡，周礼也；蛮夷猾夏，周祸也。"

40.《僖公二十二年》"国无小，不可易也。无备，虽众，不可恃也。《诗》曰：'战战兢兢，如临深渊，如履薄冰。'又曰：'敬之敬之！天惟显思，命不易哉！'"

41.《僖公二十三年》"子之能仕，父教之忠，古之制也。策名、委质，贰乃辟也。"

当儿子能够做官，父亲把忠诚的道理教导他，这是古代的制度。名字写在简册上，给主子送了进见的礼物，如果三心二意就是罪过。③

42.《僖公二十四年》"大上以德抚民，其次亲亲，以相及也。昔周公吊二叔之不咸，故封建亲戚以蕃屏周。""周之有懿德也，犹曰'莫如兄弟'，故封建之。其怀柔

---

① 《左传译文》，第78—79页。
② 《左传译文》，第95页。
③ 《左传译文》，第100页。

天下也，犹惧有外侮，扞御侮者，莫如亲亲，故以亲屏周。”天子无出，书曰“天王出居于郑”，辟母弟之难也。

天子无所谓出国，《春秋》记载说“王出居于郑”，意思说由于躲避兄弟所造成的祸难。①

43.《僖公二十五年》“求诸侯，莫如勤王。”“德以柔中国，刑以威四夷。”

44.《僖公二十八年》“晋侯在外，十九年矣，而果得晋国。险阻艰难，备尝之矣；民之情伪，尽知之矣。天假之年，而除其害。天之所置，其可废乎？《军志》曰：‘允当则归。’又曰：‘知难而退。’又曰：‘有德不可敌。’此三志者，晋之谓矣。”君子谓文公“其能刑矣，三罪而民服。《诗》云：‘惠此中国，以绥四方。’不失赏、刑之谓也。”晋侯召王，以诸侯见，且使王狩。仲尼曰：“以臣召君，不可以训。故书曰：‘天王狩于河阳’，言非其地也，且明德也。”

45.《僖公三十三年》“秦师轻而无礼，必败。轻则寡谋，无礼则脱。入险而脱，又不能谋，能无败乎？”“敬，德之聚也。能敬必有德。”葬僖公，缓作主，非礼也。凡君薨，卒哭而祔，祔而作主，特祀于主，烝、尝、禘于庙。

安葬僖公，没有及时制作神主，这是不合于礼的。凡国君去世，安葬后十多天停止了不定时的号哭，就把死者的神主附祭于祖庙，附祭就要制作神主，单独向死者的神主祭祀，烝祭、尝祭、禘祭就在祖庙中连同其他祖先一起祭祀。②

46.《文公元年》先王之正时也，履端于始，举正于中，归余于终。

先王端正时令，年历的推算以冬至作为开始，测定春分、秋分、夏至、冬至的月份作为四时的中月，把剩余的日子归总在一年的末尾。③

47.《文公二年》君子谓“狼瞫于是乎君子。《诗》曰：‘君子如怒，乱庶遄沮。’又曰：‘王赫斯怒，爰整其旅。’怒不作乱，而以从师，可谓君子矣。”秋八月丁卯，大事于大庙，跻僖公，逆祀也。君子以为失礼：“礼无不顺。祀，国之大事也，而逆之，可谓礼乎？子虽齐圣，不先父食久矣。”

仲尼曰：“臧文仲，其不仁者三，不知者三。下展禽，废六关，妾织蒲，三不仁也。

① 《左传译文》，第108页。
② 《左传译文》，第129页。
③ 《左传译文》，第131页。

作虚器，纵逆祀，祀爰居，三不知也。”襄仲如齐纳币，礼也。凡君即位，好舅甥，修昏姻，娶元妃以奉粢盛，孝也。孝，礼之始也。

48.《文公三年》凡民逃其上曰溃，在上曰逃。君子是以知“秦穆之为君也，举人之周也，与人之壹也；孟明之臣也，其不解也，能惧思也；子桑之忠也，其知人也，能举善也。《诗》曰：‘于以采蘩，于沼于沚，于以用之？公侯之事’，秦穆有焉。‘夙夜匪解，以事一人’，孟明有焉。‘诒阙孙谋，以燕翼子’，子桑有焉”。

49.《文公五年》晋阳处父聘于卫，反过宁，宁嬴从之。及温而还。其妻问之。嬴曰：“以刚。《商书》曰：‘沈渐刚克，高明柔克。’夫子壹之，其不没乎！天为刚德，犹不干时，况在人乎？且华而不实，怨之所聚也。犯而聚怨，不可以定身。余惧不获其利而离其难，是以去之。”

50.《文公六年》宣子于是乎始为国政，制事典，正法罪，辟狱刑，董逋逃，由质要，治旧洿，本秩礼，续常职，出滞淹。既成，以授大傅阳子与大师贾佗，使行诸晋国，以为常法。君子曰：“秦穆之不为盟主也宜哉！死而弃民。先王违世，犹诒之法，而况夺之善人乎！《诗》曰：‘人之云亡，邦国殄瘁。’无善人之谓。若之何夺之？古之王者知命之不长，是以并建圣哲，树之风声，分之采物，著之话言，为之律度，陈之艺极，引之表仪，予之法制，告之训典，教之防利，委之常秩，道之礼则，使毋失其土宜，众隶赖之，而后即命。圣王同之。今纵无法以遗后嗣，而又收其良以死，难以在上矣。”君子是以知秦之不复东征也。“敌惠敌怨，不在后嗣，忠之道也。”

有惠于人和有怨于人，和他的后代无关，这合于忠诚之道。[①]

51.《文公七年》晋郤缺言于赵宣子曰：“日卫不睦，故取其地。今已睦矣，可以归之。叛而不讨，何以示威？服而不柔，何以示怀？非威非怀，何以示德？无德，何以主盟？子为正卿，以主诸侯，而不务德，将若之何？《夏书》曰：‘戒之用休，董之用威，劝之以《九歌》，勿使坏。’九功之德皆可歌也，谓之《九歌》。六府、三事，谓之九功。水、火、金、木、土、谷，谓之六府；正德、利用、厚生，谓之三事。义而行之，谓之德、礼。无礼不乐，所由叛也。若吾子之德，莫可歌也，其谁来之？盍使睦者歌吾子乎？”宣子说之。

① 《左传译文》，第141页。

52.《文公九年》诸侯相吊贺也，虽不当事，苟有礼焉，书也，以无忘旧好。

53.《文公十三年》邾文公卜迁于绎。史曰："利于民而不利于君。"邾子曰："苟利于民，孤之利也。天生民而树之君，以利之也。民既利矣，孤必与焉。"左右曰："命可长也，君何弗为?"邾子曰："命在养民。死之短长，时也。民苟利矣，迁也，吉莫如之!"遂迁于绎。五月，邾文公卒。君子曰："知命。"

54.《文公十四年》有星孛入于北斗。周内史叔服曰："不出七年，宋、齐、晋之君皆将死乱。"

55.《文公十五年》诸侯五年再相朝，以修王命，古之制也。惠伯曰："丧，亲之终也。虽不能始，善终可也。史佚有言曰：'兄弟致美。救乏、贺善、吊灾、祭敬、丧哀，情虽不同，毋绝其爱，亲之道也。'子无失道，何怨于人?"凡胜国，曰灭之；获大城焉，曰入之。

56.《文公十八年》先君周公制《周礼》曰："则以观德，德以处事，事以度功，功以食民。"作《誓命》曰："毁则为贼，掩贼为藏。窃贿为盗，盗器为奸。主藏之名，赖奸之用，为大凶德，有常，无赦。在九刑不忘。"

57.《宣公二年》君子曰："失礼违命，宜其为禽也。戎，昭果毅以听之之谓礼。杀敌为果，致果为毅。易之，戮也。""人谁无过? 过而能改，善莫大焉。《诗》曰：'靡不有初，鲜克有终。'夫如是，则能补过者鲜矣。"赵穿杀灵公于桃园。宣子未出山而复。夷史书曰："赵盾弑其君"，以示于朝。宣子曰："不然。"对曰："子为正卿，亡不越竟，反不讨贼，非子而谁?"宣子曰："呜呼!《诗》曰'我之怀矣，自诒伊戚。'其我之谓矣。"孔子曰："董狐，古之良史也，书法不隐。赵宣子，古之良大夫也，为法受恶。惜也，越竟乃免。"

君子说："丢掉礼而违背命令，他的被俘就是活该了。战争，发扬果断刚毅的精神以服从命令叫作礼。杀死敌人就是果断，达到果断就是刚毅。如果反过来，就要被诛戮。"①

58.《宣公四年》平国以礼，不以乱。伐而不治，乱也。以乱平乱，何治之有? 无治，何以行礼? 书曰"郑公子归生弑其君夷"，权不足也。君子曰："仁而不武，无

① 《左传译文》，第168页。

能达也。”凡弑君，称君，君无道也；称臣，臣之罪也。

59.《宣公十二年》夫文，止戈为武。武王克商，作《颂》曰：“载戢干戈，载橐弓矢。我求懿德，肆于时《夏》，允王保之。”又作《武》，其卒章曰：“耆定尔功。”其三曰：“铺时绎思，我徂维求定。”其六曰：“绥万邦，屡丰年。”夫武，禁暴、戢兵、保大、定功、安民、和众、丰财者也。故使子孙无忘其章。

60.《宣公十五年》“天反时为灾，地反物为妖，民反德为乱。乱则妖灾生。故文，反正为乏。”初税亩，非礼也。谷出不过藉，以丰财也。

开始按亩征税，这是不合于礼的。（过去的征税方法是）所征的稻谷不超过“藉”的规定，这是用以丰富财货的方法。①

61.《宣公十八年》凡自内虐其君曰弑，自外曰戕。

62.《成公二年》仲尼闻之曰：“惜也，不如多与之邑。唯器与名，不可以假人，君之所司也。名以出信，信以守器，器以藏礼，礼以行义，义以生利，利以平民，政之大节也。若以假人，与人政也。政亡，则国家从之，弗可止也已。”

63.《成公三年》“次国之上卿，当大国之中，中当其下，下当其上大夫。小国之上卿，当大国之下卿，中当其上大夫，下当其下大夫。上下如是，古之制也。”

64.《成公四年》秋，公至自晋，欲求成于楚而叛晋。季文子曰：“不可。晋虽无道，未可叛也。国大、臣睦，而迩于我，诸侯听焉，未可以贰。《史佚之志》有之曰：‘非我族类，其心必异。’楚虽大，非吾族也，其肯字我乎?”公乃止。

65.《成公五年》“山有朽壤而崩，可若何？国主山川，故山崩川竭，君为之不举、降服、乘缦、彻乐、出次，祝币，史辞以礼焉。”

山有了腐朽的土壤而崩塌，又能怎么办？国家以山川为主，所以遇到山崩川竭，国君就要为它减膳撤乐、穿素服、乘坐没有彩画的车子、不奏音乐、离开寝宫，太祝陈列献神的礼物，太史宣读祭文，以礼祭山川之神。②

66.《成公九年》君子曰：“恃陋而不备，罪之大者也；备豫不虞，善之大者也。莒恃其陋，而不修城郭，浃辰之间，而楚克其三都，无备也夫！《诗》曰：‘虽有丝、麻，

① 《左传译文》，第 197 页。
② 《左传译文》，第 215 页。

无弃菅、蒯；虽有姬、姜，无弃蕉萃；凡百君子，莫不代匮。'言备之不可以已也。"

67.《成公十二年》"世之治也，诸侯间于天子之事，则相朝也，于是乎有享、宴之礼。享以训共俭，宴以示慈惠。共俭以行礼，而慈惠以布政。政以礼成，民是以息。百官承事，朝而不夕，此公侯之所以扞城其民也。故《诗》曰：'赳赳武夫，公侯干城。'及其乱也，诸侯贪冒，侵欲不忌，争寻常以尽其民，略其武夫，以为己腹心、股肱、爪牙。故《诗》曰：'赳赳武夫，公侯腹心。'天下有道，则公侯能为民干城，而制其腹心。乱则反之。"

68.《成公十三年》"民受天地之中以生，所谓命也。是以有动作礼义威仪之则，以定命也。能者养之以福，不能者败以取祸。是故君子勤礼，小人尽力。勤礼莫如致敬，尽力莫如敦笃。敬在养神，笃在守业。国之大事，在祀与戎。祀有执膰，戎有受脤，神之大节也。"

国家的大事情，在于祭祀和战争。①

69.《成公十四年》故君子曰："《春秋》之称，微而显，志而晦，婉而成章，尽而不汙，惩恶而劝善。非圣人，谁能修之?"

所以君子说："《春秋》的记述，用词细密而意义显明，记载史实而含蓄深远，婉转而顺理成章，穷尽而无所歪曲，警戒邪恶而奖励善良。如果不是圣人，谁能够编写?"②

70.《成公十五年》"善人，天地之纪也。"

71.《成公十六年》"德、刑、详、义、礼、信，战之器也。德以施惠，刑以正邪，详以事神，义以建利，礼以顺时，信以守物。民生厚而德正，用利而事节，时顺而物成，上下和睦，周旋不逆，求无不具，各知其极。故《诗》曰：'立我烝民，莫匪尔极。'是以神降之福，时无灾害，民生敦庞，和同以听，莫不尽力以从上命，致死以补其阙。此战之所由克也。"

72.《成公十八年》二月乙酉朔，晋悼公即位于朝。始命百官，施舍、已责，逮鳏寡，振废滞，匡乏困，救灾患，禁淫慝，薄赋敛，宥罪戾，节器用，时用民，欲无犯时。

① 《左传译文》，第 230 页。
② 《左传译文》，第 233 页。

凡六官之长，皆民誉也。举不失职，官不易方，爵不踰德，师不陵正，旅不偪师，民无谤言，所以复霸也。

73.《襄公元年》凡诸侯即位，小国朝之，大国聘焉，以继好、结信、谋事、补阙，礼之大者也。

凡是诸侯即位，小国前来朝见，大国就来聘问，以继续友好、取得信任、商量国事、补正缺失，这是礼仪中的大事。[①]

74.《襄公三年》君子谓祁奚"于是能举善矣。称其仇，不为谄；立其子，不为比；举其偏，不为党。《商书》曰：'无偏无党，王道荡荡。'其祁奚之谓矣。"

75.《襄公四年》访问于善为咨，咨亲为询，咨礼为度，咨事为诹，咨难为谋。

向善人访求询问就是咨，咨询亲戚就是询，咨询礼仪就是度，咨询事情就是诹，咨询困难就是谋。[②]

76.《襄公五年》季文子卒。大夫入敛，公在位。宰庀家器为葬备，无衣帛之妾，无食粟之马，无藏金玉，无重器备。君子是以知季文子之忠于公室也："相三君矣，而无私积，可不谓忠乎？"

77.《襄公七年》"《诗》曰：'靖共尔位，好是正直。神之听之，介尔景福。'恤民为德，正直为正，正曲为直，参和为仁。如是，则神听之，介福降之。"

78.《襄公九年》"《周易》曰：'〈随〉，元、亨、利、贞，无咎。'元，体之长也；亨，嘉之会也；利，义之和也；贞，事之干也。体仁足以长人，嘉德足以合礼，利物足以和义，贞固足以干事。"

79.《襄公十一年》"夫乐以安德，义以处之，礼以行之，信以守之，仁以厉之，而后可以殿邦国、同福禄、来远人，所谓乐也。《书》曰：'居安思危。'思则有备，有备无患。"

80.《襄公十四年》"是故天子有公，诸侯有卿，卿置侧室，大夫有贰宗，士有朋友，庶人、工、商、皂、隶、牧、圉皆有亲昵，以相辅佐也。善则赏之，过则匡之，患则救之，失则革之。自王以下各有父兄子弟以补察其政。史为书，瞽为诗，工诵箴谏，大

---

① 《左传译文》，第 253 页。

② 《左传译文》，第 259 页。

夫规诲，士传言，庶人谤，商旅于市，百工献艺。”

81.《襄公十五年》子罕曰：“我以不贪为宝，尔以玉为宝。若以与我，皆丧宝也。不若人有其宝。”

子罕说：“我把不贪婪作为宝物，你把美玉作为宝物。如果把玉给了我，我们两人都丧失了宝物，不如各人保有自己的宝物。”①

82.《襄公二十一年》“在上位者，洒濯其心，壹以待人；轨度其信，可明征也，而后可以治人。夫上之所为，民之归也。上所不为，而民或为之，是以加刑罚焉，而莫敢不惩。若上之所为，而民亦为之，乃其所也，又可禁乎？《夏书》曰：‘念兹在兹，释兹在兹，名言兹在兹，允出兹在兹，惟帝念功’，将谓由己壹也。信由己壹，而后功可念也。”“礼，政之舆也；政，身之守也。”

83.《襄公二十三年》祸福无门，唯人所召。为人子者，患不孝，不患无所。

仲尼曰：“知之难也。有臧武仲之知，而不容于鲁国，抑有由也，作不顺而施不恕也。《夏书》曰：‘念兹在兹’，顺事、恕施也。”

84.《襄公二十四年》“大上有立德，其次有立功，其次有立言。”虽久不废，此之谓不朽。

最高的是树立德行，其次是树立功业，再次是树立言论。（能做到这样，）虽然死了也久久不会废弃，这叫作三不朽。②

85.《襄公二十五年》大史书曰：“崔杼弑其君。”崔子杀之。其弟嗣书，而死者二人。其弟又书，乃舍之。南史氏闻大史尽死，执简以往。闻既书矣，乃还。仲尼曰：“《志》有之：‘言以足志，文以足言。’不言，谁知其志？言之无文，行而不远。晋为伯，郑入陈，非文辞不为功。慎辞也。”

86.《襄公二十八年》梓慎曰：“今兹宋、郑其饥乎！岁在星纪，而淫于玄枵。以有时灾，阴不堪阳。蛇乘龙，龙，宋、郑之星也。宋、郑必饥。玄枵，虚中也。枵，耗名也。土虚而民耗，不饥何为？”“善人富谓之赏，淫人富谓之殃。”

87.《襄公三十年》书曰：“天王杀其弟佞夫”，罪在王也。

---

① 《左传译文》，第294页。

② 《左传译文》，第320页。

88.《襄公三十一年》公曰："善哉！何谓威仪？"对曰："有威而可畏谓之威，有仪而可象谓之仪。君有君之威仪，其臣畏而爱之，则而象之，故能有其国家，令闻长世。臣有臣之威仪，其下畏而爱之，故能守其官职，保族宜家。顺是以下皆如是，是以上下能相固也。《卫诗》曰：'威仪棣棣，不可选也。'言君臣、上下、父子、兄弟、内外、大小皆有威仪也。《周诗》曰：'朋友攸摄，摄以威仪。'言朋友之道必相教训以威仪也。《周书》数文王之德，曰：'大国畏其力，小国怀其德'，言畏而爱之也。《诗》云：'不识不知，顺帝之则'，言则而象之也。纣囚文王七年，诸侯皆从之囚，纣于是乎惧而归之，可谓爱之。文王伐崇，再驾而降为臣，蛮夷帅服，可谓畏之。文王之功，天下诵而歌舞之，可谓则之。文王之行，至今为法，可谓象之。有威仪也。故君子在位可畏，施舍可爱，进退可度，周旋可则，容止可观，作事可法，德行可象，声气可乐；动作有文，言语有章，以临其下，谓之有威仪也。"

89.《昭公元年》"天有六气，降生五味，发为五色，征为五声。淫生六疾。六气曰阴、阳、风、雨、晦、明也，分为四时，序为五节，过则为灾：阴淫寒疾，阳淫热疾，风淫末疾，雨淫腹疾，晦淫惑疾，明淫心疾。女，阳物而晦时，淫则生内热惑蛊之疾。"

90.《昭公二年》晋侯使韩宣子来聘，且告为政，而来见，礼也。观书于大史氏，见《易》《象》与《鲁春秋》，曰："周礼尽在鲁矣，吾乃今知周公之德与周之所以王也。""忠信，礼之器也；卑让，礼之宗也。"辞不忘国，忠信也；先国后已，卑让也。《诗》曰："敬慎威仪，以近有德。"

91.《昭公三年》叔向曰："然。虽吾公室，今亦季世也。戎马不驾，卿无军行，公乘无人，卒列无长。庶民罢敝，而宫室滋侈。道殣相望，而女富溢尤。民闻公命，如逃寇仇。栾、郤、胥、原、狐、续、庆、伯降在皂隶，政在家门，民无所依。君日不悛，以乐慆忧。公室之卑，其何日之有？《谗鼎之铭》曰：'昧旦丕显，后世犹怠'，况日不悛，其能久乎？"晏子曰："子将若何？"叔向曰："晋之公族尽矣。肸闻之，公室将卑，其宗族枝叶先落，则公室从之。肸之宗十一族，唯羊舌氏在而已。肸又无子，公室无度，幸而得死，岂其获祀？"

92.《昭公六年》三月，郑人铸刑书。叔向使诒子产书，曰：

始吾有虞于子，今则已矣。昔先王议事以制，不为刑辟，惧民之有争心也。犹不可禁御，是故闲之以义，纠之以政，行之以礼，守之以信，奉之以仁；制为禄位，以劝其从；严断刑罚，以威其淫。惧其未也，故诲之以忠，耸之以行，教之以务，使之以和，临之以敬，涖之以强，断之以刚；犹求圣哲之上、明察之官、忠信之长、慈惠之师，民于是乎可任使也，而不生祸乱。民知有辟，则不忌于上。并有争心，以征于书，而徼幸以成之，弗可为矣。

夏有乱政，而作《禹刑》；商有乱政，而作《汤刑》；周有乱政，而作《九刑》；三辟之兴，皆叔世也。今吾子相郑国，作封洫，立谤政，制参辟，铸刑书，将以靖民，不亦难乎？《诗》曰："仪式刑文王之德，日靖四方。"又曰："仪刑文王，万邦作孚。"如是，何辟之有？民知争端矣，将弃礼而征于书，锥刀之末，将尽争之。乱狱滋丰，贿赂并行。终子之世，郑其败乎？肸闻之，"国将亡，必多制"，其此之谓乎！

复书曰：若吾子之言，——侨不才，不能及子孙，吾以救世也。既不承命，敢忘大惠！

93.《昭公七年》"天子经略，诸侯正封，古之制也。封略之内，何非君土？食土之毛，谁非君臣？故《诗》曰：'普天之下，莫非王土；率土之滨，莫非王臣。'天有十日，人有十等。下所以事上，上所以共神也。故王臣公，公臣大夫，大夫臣士，士臣皂，皂臣舆，舆臣隶，隶臣僚，僚臣仆，仆臣台。马有圉，牛有牧，以待百事。""圣人有明德者，若不当世，其后必有达人。"今其将在孔丘乎！

94.《昭公十年》"让，德之主也，让之谓懿德。凡有血气，皆有争心，故利不可强，思义为愈。义，利之本也。蕴利生孽。姑使无蕴乎！可以滋长。"

95.《昭公十二年》王曰："是良史也，子善视之！是能读《三坟》《五典》《八索》《九丘》。"仲尼曰："古也有志：'克己复礼，仁也。'信善哉！"

96.《昭公十三年》"取国有五难：有宠而无人，一也；有人而无主，二也；有主而无谋，三也；有谋而无民，四也；有民而无德，五也。""芈姓有乱，必季实立，楚之常也。获神，一也；有民，二也；令德，三也；宠贵，四也；居常，五也。有五利以去五难，谁能害之？"

97.《昭公十四年》仲尼曰："叔向，古之遗直也。治国制刑，不隐于亲。三数叔鱼之恶，不为末减。曰义也夫，可谓直矣！平丘之会，数其贿也，以宽卫国，晋不为暴。归鲁季孙，称其诈也，以宽鲁国，晋不为虐。邢侯之狱，言其贪也，以正刑书，晋不为颇。三言而除三恶，加三利，杀亲益荣，犹义也夫！"

98.《昭公十七年》秋，郯子来朝，公与之宴。昭子问焉，曰："少皞氏鸟名官，何故也？"郯子曰："吾祖也，我知之。昔者黄帝氏以云纪，故为云师而云名；炎帝氏以火纪，故为火师而火名；共工氏以水纪，故为水师而水名；大皞氏以龙纪，故为龙师而龙名。我高祖少皞挚之立也，凤鸟适至，故纪于鸟，为鸟师而鸟名：凤鸟氏，历正也；玄鸟氏，司分者也；伯赵氏，司至者也；青鸟氏，司启者也；丹鸟氏，司闭者也。祝鸠氏，司徒也；雎鸠氏，司马也；鸤鸠氏，司空也；爽鸠氏，司寇也；鹘鸠氏，司事也。五鸠，鸠民者也。五雉为五工正，利器用、正度量，夷民者也。九扈为九农正，扈民无淫者也。自颛顼以来，不能纪远，乃纪于近。为民师而命以民事，则不能故也。"仲尼闻之，见于郯子而学之。既而告人曰："吾闻之：'天子失官，官学在四夷'，犹信。"

99.《昭公十八年》子产曰："天道远，人道迩。"

100.《昭公二十年》"先王之济五味、和五声也，以平其心，成其政也。声亦如味，一气，二体，三类，四物，五声，六律，七音，八风，九歌，以相成也；清浊、小大，短长、疾徐，哀乐、刚柔，迟速、高下，出入、周疏，以相济也。君子听之，以平其心。心平，德和。故《诗》曰：'德音不瑕。'"

101.《昭公二十三年》古者，天子守在四夷；天子卑，守在诸侯。诸侯守在四邻；诸侯卑，守在四竟。慎其四竟，结其四援，民狎其野，三务成功。民无内忧，而又无外惧，国焉用城？

102.《昭公二十五年》子大叔见赵简子，简子问揖让、周旋之礼焉。对曰："是仪也，非礼也。"简子曰："敢问，何谓礼？"对曰："吉也闻诸先大夫子产曰：'夫礼，天之经也，地之义也，民之行也。'天地之经，而民实则之。则天之明，因地之性，生其六气，用其五行。气为五味，发为五色，章为五声。淫则昏乱，民失其性。是故为礼以奉之：为六畜、五牲、三牺，以奉五味；为九文、六采、五章，以奉五色；为九歌、八风、七音、六律，以奉五声。为君臣上下，以则地义；为夫妇外内，以经二物；为父子、兄弟、姑姊、甥舅、昏媾、姻亚，以象天明；为政事、庸力、行务，以从四时；为刑罚威狱，使民畏忌，以类其震曜杀戮；为温慈惠和，以效天之生殖长育。民有好恶、喜怒、哀乐，生于六气，是故审则宜类，以制六志。哀有哭泣，乐有歌舞，喜有施舍，怒有战斗；喜生于好，怒生于恶。是故审行信令，祸福赏罚，以制死生。生，好物也；死，恶物也。好物，乐也；恶物，哀也。哀乐不失，乃能协于天地之性，是以长久。”简子曰：“甚哉，礼之大也！”对曰：“礼，上下之纪、天地之经纬也，民之所以生也，是以先王尚之。故人之能自曲直以赴礼者，谓之成人。大，不亦宜乎！”简子曰：“鞅也，请终身守此言也。”

103.《昭公二十六年》昔先王之命曰：“王后无嫡，则择立长。年钧以德，德钧以卜。”王不立爱，公卿无私，古之制也。

从前先王的命令说：“王后没有嫡子，就选立年长的。年纪相当根据德行，德行相当根据占卜。”天子不立偏爱，公卿没有私心，这是古代的制度。①

104.《昭公二十八年》“昔武王克商，光有天下。其兄弟之国者十有五人，姬姓之国者四十人，皆举亲也。夫举无他，唯善所在，亲疏一也。《诗》曰：‘惟此文王，帝度其心。莫其德音，其德克明。克明克类，克长克君。王此大国，克顺克比。比于文王，其德靡悔。既受帝祉，施于孙子。’心能制义曰度，德正应和曰莫，照临四方曰明，勤施无私曰类，教诲不倦曰长，赏庆刑威曰君，慈和遍服曰顺，择善而从之曰比，经纬天地曰文。九德不愆，作事无悔，故袭天禄，子孙赖之。主之举也，近文德矣，所及其远哉！”

105.《昭公二十九年》“故有五行之官，是谓五官。实列受氏姓，封为上公，祀为贵神。社稷五祀，是尊是奉。木正曰句芒，火正曰祝融，金正曰蓐收，水正曰玄冥，土正曰后土。”

106.《昭公三十一年》君子曰：“名之不可不慎也如是：夫有所有名而不如其已。以地叛，虽贱，必书地，以名其人，终为不义，弗可灭已。是故君子动则思礼，行则思义；不为利回，不为义疚。或求名而不得，或欲盖而名章，惩不义也。”

君子说：“名义的不能不慎重，就像这样：有时有了名义反而不如没有名义。带上了土地背叛，即使这个人低贱，也一定要记载地名，以此来记载这个人，终于成为不义之人，不能磨灭。因此君子行动就想着礼，办事就想着义；不做图利而背礼的事，不做不合于义而内疚的事。有人求名而不加记载，有人想要掩盖反而明白地记

① 《左传译文》，第496—497页。

下了名字，这是对不义的惩罚。”[①]

107.《昭公三十二年》“社稷无常奉，君臣无常位，自古以然。故《诗》曰：‘高岸为谷，深谷为陵。’”“是以为君慎器与名，不可以假人。”

社稷没有固定不变的祭祀者，君臣没有固定不变的地位，自古以来就是这样。所以《诗》说，“高高的堤岸变成河谷，深深的河谷变成山陵”。

因此做国君的要谨慎地对待器物与名位，不能拿来随便借给别人。[②]

108.《定公四年》“夫子语我九言，曰：‘无始乱，无怙富，无恃宠，无违同，无傲礼，无骄能，无复怒，无谋非德，无犯非义。’”“君讨臣，谁敢仇之？君命，天也。若死天命，将谁仇？《诗》曰：‘柔而不茹，刚亦不吐。不侮矜寡，不畏强御’，唯仁者能之。违强陵弱，非勇也；乘人之约，非仁也；灭宗废祀，非孝也；动无令名，非知也。”初，伍员与申包胥友。其亡也，谓申包胥曰：“我必复楚国。”申包胥曰：“勉之！子能复之，我必能兴之。”及昭王在随，申包胥如秦乞师，曰：“吴为封豕、长蛇，以荐食上国，虐始于楚。寡君失守社稷，越在草莽。使下臣告急，曰：‘夷德无厌，若邻于君，疆埸之患也。逮吴之未定，君其取分焉。若楚之遂亡，君之土也。若以君灵抚之，世以事君。’”秦伯使辞焉，曰：“寡人闻命矣。子姑就馆，将图而告。”对曰：“寡君越在草莽，未获所伏，下臣何敢即安？”立，依于庭墙而哭，日夜不绝声，勺饮不入口七日。秦哀公为之赋《无衣》。九顿首而坐。秦师乃出。

109.《定公九年》郑驷歂杀邓析，而用其《竹刑》。君子谓子然：“于是不忠。苟有可以加于国家者，弃其邪可也。《静女》之三章，取彤管焉。《竿旄》‘何以告之’，取其忠而。故用其道，不弃其人。《诗》云：‘蔽芾甘棠，勿翦勿伐，召伯所茇。’思其人，犹爱其树，况用其道而不恤其人乎！子然无以劝能矣。”

110.《定公十年》夏，公会齐侯于祝其，实夹谷。孔丘相。犁弥言于齐侯曰：“孔丘知礼而无勇，若使莱人以兵劫鲁侯，必得志焉。”齐侯从之。孔丘以公退，曰：“士兵之！两君合好，而裔夷之俘以兵乱之，非齐君所以命诸侯也。裔不谋夏，夷不乱华，俘不干盟，兵不偪好——于神为不祥，于德为愆义，于人为失礼，君必不然。”

---

① 《左传译文》，第512—513页。

② 《左传译文》，第515—516页。

齐侯闻之，遽辟之。

111.《定公十五年》十五年春，邾隐公来朝。子贡观焉。邾子执玉高，其容仰；公受玉卑，其容俯。子贡曰："以礼观之，二君者，皆有死亡焉。夫礼，死生存亡之体也，将左右、周旋，进退、俯仰，于是乎取之；朝、祀、丧、戎，于是乎观之。今正月相朝，而皆不度，心已亡矣。嘉事不体，何以能久？高、仰，骄也；卑、俯，替也。骄近乱，替近病，君为主，其先亡乎！"夏五月壬申，公薨。仲尼曰："赐不幸言而中，是使赐多言者也。"

112.《哀公六年》初，昭王有疾。卜曰："河为祟。"王弗祭。大夫请祭诸郊。王曰："三代命祀，祭不越望。江、汉、睢、漳，楚之望也。祸福之至，不是过也。不谷虽不德，河非所获罪也。"遂弗祭。孔子曰："楚昭王知大道矣。其不失国也，宜哉！"

113.《哀公七年》"禹合诸侯于涂山，执玉帛者万国。今其存者，无数十焉，唯大不字小、小不事大也。"

114.《哀公十四年》十四年春，西狩于大野，叔孙氏之车子鉏商获麟，以为不祥，以赐虞人。仲尼观之，曰："麟也"，然后取之。甲午，齐陈恒弑其君壬于舒州。孔丘三日斋，而请伐齐三。公曰："鲁为齐弱久矣，子之伐之，将若之何？"对曰："陈恒弑其君，民之不与者半。以鲁之众加齐之半，可克也。"公曰："子告季孙。"孔子辞，退而告人曰："吾以从大夫之后也，故不敢不言。"

115.《哀公十六年》夏四月己丑，孔丘卒。公诔之曰："旻天不吊，不慭遗一老。俾屏余一人以在位，茕茕余在疚。呜呼哀哉尼父！无自律。"子赣（子贡）曰："君其不没于鲁乎！夫子之言曰：'礼失则昏，名失则愆。'失志为昏，失所为愆。生不能用，死而诔之，非礼也；称一人，非名也。君两失之。"

夏四月己丑日，孔丘死。哀公致悼词说："上天不肯暂时留下这一位国老，让他保障我一人居于君位，使我孤零零地忧愁成病。呜呼哀哉尼父，失去了我的榜样了。"子赣（子贡）说："国君恐怕不能在鲁国善终吧！夫子他老人家的话说：'礼仪丧失就要昏暗，名分丧失就有过错。'失去意志是昏暗，失去身份是过错。活着不能任用，死了又致悼词，这不合于礼；自称'一人'，这不合于名分。国君两样都丧失了。"

西周瓦解，东周肇始。天子依旧，却为虚君。春秋战国使一个偌大的王朝分解成若干个诸侯国。齐、晋、秦、楚、吴、越先后称霸，王道始衰，霸道方兴。桓公九合诸侯、一匡天下，不以兵车，倚重的是管仲之仁德；文公流亡各国，后登晋国大宝，依靠的是干城之力、诸侯之助；穆公使秦强大，凭借的是百里奚、蹇叔等文臣武将的支持；越王勾践十年生聚、十年教训，雪洗前耻，倚仗的是范蠡、计然的智谋。子产使小小郑国屹立于诸侯，季札使礼让立国的精神在故国发扬，孙武将一部兵书传到世界各地。尊王攘夷依旧是这一时期遵循的主旨。尽管分裂、征战，然统一、和平的心声回荡不绝。

这一时期最大的文化成就就是诞生了儒、道等诸子百家。思想的深刻直入人心，理论的宏富影响万代。孔子、孟子、荀子，老子、庄子、列子，管子、墨子、韩非子等灿若星辰的先秦诸子，为政治黑暗、民不聊生的春秋战国带来了一线希望的曙光。在困境绝地的文化反思，给后人留下了取之不尽、用之不竭的文化资源。中国文化得以保存，中华精神得以延续；尽管战乱与苦难不绝如缕，然“五百年必有王者兴”，发扬光大依然可期。中国人之“大道之行，天下为公”的大同理想，“无待之逍遥”的至德之世，永植于世人心中。

# 结语 秦汉一统与文化复兴

先秦终止于秦始皇扫灭六国的战争。当嬴政成为秦帝国的始皇帝时，先秦也就结束了。秦国从其先祖襄公、穆公、孝公一直到秦始皇，经历了五六百年的积累和自强，终于成为春秋战国时代最强大的诸侯。通过商鞅的变法、张仪的连横、吕不韦的经营，一代又一代的不懈努力，秦国从一西陲小国成长为国土达到西周王朝规模、甚至超过三代的庞大的封建帝国。其在政治上、军事上、经济上，实力远远超过东方六国。秦国的崛起，直接威胁到其他诸侯国，所以，东方诸侯国也曾一度在苏秦的撮合下形成合纵的联盟。然而，最终还是被秦国的远交近攻战略一一瓦解。秦先是灭了韩、赵、魏，接着灭了楚、燕，最后灭了东方大国齐国。

秦始皇凭借强大的军事实力君临天下，实行三公九卿的中央职官制度和郡县制的地方政治制度，车同轨、书同文，统一度量衡；统一文字，统一法律；以法为治，以吏为师。始皇在位三十七年，五十岁的时候暴卒于巡游途中。小儿子胡亥与陪臣赵高、李斯等矫诏，逼死了太子扶苏，胡亥继位，是为秦二世。二世暴虐无能，赵高执国命，引起了陈胜、吴广的农民起义。这一起义导致六国复叛，其中以项羽和刘邦为首的起义军势力最大。起义军推翻秦朝暴政之后，刘项之间又有四年的战争，史称“楚汉之争”，结果刘邦打败西楚霸王，建立汉朝，是为汉高祖。

汉承秦制，延续了四百多年，当中有王莽新乱，故分为西汉和东汉。刘邦建立西汉，刘秀建立东汉。西汉以长安为首都，东汉以洛阳为中心。

无论是秦始皇建立的秦帝国，还是刘邦建立的汉帝国，都是高度中央集权的封建帝国，皇帝制度由此产生，在中国一直沿袭了两千多年，直到孙中山领导的辛亥革命才完全推翻了封建帝制，建立了现代意义上的民主共和制。

秦始皇能够统一六国，结束战国时代，是由于他顺应了当时历史发展的大势。经过几百年的分裂与战乱，老百姓已经彻底厌倦了战争，故而秦朝的以战止战、以刑止刑、以杀止杀，在一定程度上是为当时天下百姓认可的；不认可的主要是当时六国的君侯和贵族，故而有鲁仲连义不帝秦、张良雇人博浪沙锥击秦王的故事。

人心思统，是秦国能取得统一战争胜利的最根本原因。所以随着统一战争的结束，秦帝国在军事上、政治上、法律上都实现了统一。天下定于一尊，故嬴政自以为功德盛于三皇五帝，乃自称为"始皇帝"。秦始皇建立的大一统帝国，在当时看来像一个"世界政府"，它的理论依据就是先秦思想家的"修身、齐家、治国、平天下"。"平天下"的思想是中国人独有的，这种思想在政治的操作层面就是要建立一个无远弗届、至高无上的世界政府，由此达到普天下的和谐。这是秦帝国有别于三代的地方，这种政治走向不能不说是有其合理性的，无怪乎毛泽东说"百代都行秦政法"①。自秦以后大一统的思想进一步深入人心，成为后世政治家们的不二选择。尽管后世天下分分合合，然而自从有了这第一次的"大一统"，期盼和实现统一成了大势所趋，有为的政治家无不在此大做文章。二战后联合国的建立也跟"世界政府"的理想密切相关。如果说秦汉帝国是先秦政治遗产的继承者，那么，"世界政府"的构想与实践则是秦汉一统留给后世的政治遗产。

然而，真正实现"世界政府"的理想谈何容易。秦帝国建立伊始就面临着思想、文化上如何统一的问题。吕不韦召集人著《吕氏春秋》，李斯等人作篆书，实质上就是想在文化上实现统一。而秦始皇的焚书坑儒，实行高压政策，主观上也是想在思想文化上实现统一。但是这些做法都没有达到预想中的效果，反而出现了相反的结果。

秦国本来在经济上、军事上都不缺乏强大的资源，所缺的恰恰是它的文化资源，而秦国又没有很好地利用先秦的文化遗产。当时荀况游秦时就曾一针见血地指出，秦国什么都好，就是没有大儒。用现在的话说就是秦国缺少知识分子，特别是高级知识分子。秦始皇本人不能说没有文化，根据史料记载他起码是读过《吕氏春秋》《韩非子》这些书的，而且从秦始皇读到《韩非子》时的激动情形可以看出，秦

---

① 详见《毛泽东诗词鉴赏》，新疆人民出版社2004年版，第300页。

始皇对治国理念与方法，特别是法家的思想是极感兴趣的，而且秦朝的很多做法也的确是沿用韩非、李斯这些法家人物的理路的。可是，秦皇却没有很好地培养秦帝国的文化人才，反而以焚书坑儒的极端做法戕害了思想文化，戕害了本来就稀少的治国人才。再加上项羽进咸阳后的一把大火，把先秦以来的文化遗产，包括六国的文化典籍烧个精光。秦皇、霸王的这些做法，都是自毁长城。

秦朝二世而亡的主要原因当然是其暴政与专制，贾谊的一篇《过秦论》把这一点说得淋漓尽致。然而，究其根本还是它文化资源的不足。在思想、文化、教育方面的“统一”没能完成。这里就牵涉到一个根本性的问题：疆域需要统一，而不是分裂成多个国家；政治需要统一，而不是有多个政权、多个政治中心；军事需要统一，而不是军阀割据、互相敌对；经济需要统一，而不是树立贸易壁垒、实施各自的经济政策；语言文字需要统一；法律也需要统一；度、量、衡、律，乃至车轨、衣饰、礼仪等等似乎也都要统一。只有统一了，政出一门，中央政府的政令才能贯彻；只有统一了，政通人和，老百姓的生活才能方便。然而，思想要不要统一，文化要不要统一？追问一句，思想能不能统一，怎样统一？文化能不能统一，统一于怎样的文化？这是一个天大的问题。而思想文化如果不统一，那“世界政府”就是一个空架子，“普天下的和谐”就是一句空话，中央集权的影响力也就是有限的。

纵观人类历史，思想、文化似乎从来就没有统一过，要不然怎么会有现代世界文化多元化的现象存在？再看先秦时期，尽管到了春秋战国礼崩乐坏，可毕竟出现了诸子百家争鸣的局面，在战争连年的危局中，聊以欣慰的是我们的文化却多元发展，欣欣向荣。儒、道、墨、法等都以其各自的优越性对整个中国文化起到推进作用，也因为各自的局限性形成冲突、互补的局面。

有人说宗教最能体现文化的同一性，而中国却没有宗教，这是一个误解。以先秦文化中的“六教”为例，《诗》《书》《礼》《乐》《易》《春秋》，每一种都可以当作经典来读，只是中国人不把它们当作“宗教”而称其为“文教”，这恰恰体现了中国文化的巨大包容性和平衡性。因为国家的治理、文化的发展是一个极其复杂的工程，任何偏颇都可能带来难以预料的结果，所以最好的办法就是顺其自然。

汉朝文帝、景帝时期重视“黄老之学”，休养生息，“无为而治”的思想得以实行，故有“文景之治”。汉代到了汉武帝时达到鼎盛，设立了五经博士，先秦诸子百家的思想重又得以整理和阐述;后用董仲舒的主张"罢黜百家,独尊儒术",故而有两汉经学的昌盛和儒学的独尊。从短期看来是效果明显的,然而,从一个较长的历史尺度来看,这种做法的局限性也是显而易见的。到了唐朝,因为上层统治者倡导儒、道、佛共融,所以出现了文化空前繁荣的局面。而这之后,随着历朝历代统治者的喜好,诸子百家此起彼伏,或荣或衰,各朝各代的文化规模亦各不相同。

自孔子那时候起,王统与道统的二元化一直存续至今。到底是王统统一道统,还是道统涵盖王统;是教统归并于治统,还是治统服从于教统,这历来是个问题。或许只有等到如孟子所期待的"五百年必有王者兴"的"王者"出现,才能真正解决这一问题。

先秦留给后世的最大遗产就是其文化遗产。大的方面有制度的创设、礼乐的制作、职官的设置、文化的架构、传统的继承;小的方面有仪式的形成、生活的样式、衣裳的穿着、成语的使用,乃至于约定俗成的风俗习惯等。这让后人有了可供适应现实的多项选择。为了应对纷繁复杂的现实问题,后来者可以从先人那儿吸取经验、领受教训,从而不走或少走弯路。

当今中国所谓的民族复兴,不光是经济上的复兴,重享我们民族曾经有过的富裕和繁荣,更重要的是文化上的复兴,再现我们民族文化之昌明与辉煌。既然如此,我们就要清楚地认识到中华民族各个历史时期的思想文化,哪些是需要复兴的,哪些是需要发扬光大的,哪些是需要引起警觉的,哪些是需要避免重蹈覆辙的。特别是先秦遗产中,哪些是活的东西,哪些是必须借鉴的地方,历史的经验值得注意。这是我们研究历史、文化,特别是古代历史与文化的一个基本要求。

现代中国再一次处在社会剧变的转型期。这次转型不同于先秦时期,所要面对的主要是外来文化的冲击、中西文化的碰撞。因此,我们首先要立足于本民族的文化,站稳脚跟,以一种开放和宽容的胸怀去吸纳外来文化,消化外来文明,进而创生出我们新的文明。

中国历史告诉我们,原本中国是一个文明态;后来变为"九天阊阖开宫殿,万国衣冠拜冕旒"的王朝,这些王朝的政权是无所不在的,而地方治权则是有限的;再后来演变为幅员辽阔的庞大帝国,政治上高度集权,经济上非常繁荣,文化上相当发达,远远领先于域外国家和地区。然而,帝国衰落后,中国沦落为弱大国,特别是自鸦片战争以后的近、现代。因此，中华复兴之路一个可供选择的路径就是：首先提升中国的国家实力，在政治上、经济上、军事上、文化上与其他大国平等；其次使中国成为一个强大国，一个积极参与世界事务、对国际形势起决定作用的举足轻重的国家；再次，成为一个不受疆界和地理约束的、具有强大凝聚力的政治实体、经济实体、文化实体；最后，形成一个在各方面都领先的、对世界的各个方面都有深刻影响力的新的文明态。这种文明是吸纳了先秦文明和包容了域外文明的一种现代文明，站在当下来看，这或许还是一种未来文明。只有到如此地步，我们才能说文化复兴的大业实现了。

这样一个路径选择是基于上述中国历史演变而得出的。这当中会有反复，会有剧痛，也会有振荡，然而无论是长波还是短波，它都是按照一定的节律在运转的。政治有政治的节律，文化有文化的节律，我们若能把握这种节律，就能高瞻远瞩、稳操胜券。这就是我们研究先秦政治文化，探寻中国原初政治形态的出发点和落脚点。

现代世界就是中国春秋战国的放大。二战以后以几个战胜国为主导的国际体系一直沿用至今。然而世界在发生深刻而微妙的变化，这一变化的趋向，我们可以从先秦的转型中找到答案。未来世界是走向统一，还是趋于分裂；世界文化是走向一统，还是趋向多元，这都是必须深入研究的课题。

人心思和，那未来世界就是和平、和谐的世界；人心思统，那未来世界就是走向一统、趋于一元的世界；人心思安，那未来世界就是安宁、安康的世界；人心思治，那未来世界就是礼治、善治的世界；人心思德，那未来世界就是尚德、尚仁的世界；人心思道，那未来世界就是贵道、有道的世界；人心思诚、思敬，那上述的未来世界就都会变为现实。

# 主要参考书目


1.《易经》,《十三经注疏》,中华书局影印嘉庆刊本。

2.《尚书》,《十三经注疏》,中华书局影印嘉庆刊本。

3.《诗经》,《十三经注疏》,中华书局影印嘉庆刊本。

4.《周礼》,《十三经注疏》,中华书局影印嘉庆刊本。

5.《仪礼》,《十三经注疏》,中华书局影印嘉庆刊本。

6.《礼记》,《十三经注疏》,中华书局影印嘉庆刊本。

7.《春秋左传》,《十三经注疏》,中华书局影印嘉庆刊本。

8.《春秋公羊传》,《十三经注疏》,中华书局影印嘉庆刊本。

9.《春秋穀梁传》,《十三经注疏》,中华书局影印嘉庆刊本。

10.《论语》,《十三经注疏》,中华书局影印嘉庆刊本。

11.《孝经》,《十三经注疏》,中华书局影印嘉庆刊本。

12.《尔雅》,《十三经注疏》,中华书局影印嘉庆刊本。

13.《孟子》,《十三经注疏》,中华书局影印嘉庆刊本。

14.《中国典籍精华丛书(1—22 卷)》,张永桃主编,中国青年出版社 2000 年版。

15.《中国文化史丛书》(全五十册),上海书店 1984 年版。

16.《孔子评传》,匡亚明著,南京大学出版社 1990 年版。

17.《孙子评传》,杨善群著,南京大学出版社 1995 年版。

18.《老子评传》,陈鼓应、白奚著,南京大学出版社 2001 年版。

19.《墨子评传》,邢兆良著,南京大学出版社 1998 年版。

20.《孟子评传》,杨泽波著,南京大学出版社 1998 年版。
21.《庄子评传》,颜世安著,南京大学出版社 1999 年版。
22.《王弼评传》,王晓毅著,南京大学出版社 1996 年版。
23.《惠能评传》,洪修平、孙亦平著,南京大学出版社 1998 年版。
24.《邵雍评传》,唐明邦著,南京大学出版社 1998 年版。
25.《王守仁评传》,张祥浩著,南京大学出版社 1992 年版。
26.《王夫子评传》,萧萐夫、许苏民著,南京大学出版社 2002 年版。
27.《孙中山评传》,茅家琦等著,南京大学出版社 2001 年版。
28.《诗经直解》,陈子展撰,复旦大学出版社 1983 年版。
29.《管子直解》,周瀚光、朱幼文、戴洪才撰,复旦大学出版社 2000 年版。
30.《国语直解》,来可泓撰,复旦大学出版社 2000 年版。
31.《淮南子直解》,刘康德撰,复旦大学出版社 2001 年版。
32.《吕氏春秋译注》(上、下),张双棣等译注,吉林文史出版社 1986 年版。
33.《中国政治制度通史》(1—10 卷),白钢主编,人民出版社 1996 年版。
34.《中国政治制度史》,韦庆远、王德宝主编,高等教育出版社 1992 年版。
35.《中国制度史》,吕思勉著,上海教育出版社 1985 年版。
36.《中国民族史》,吕思勉著,中国大百科全书出版社 1987 年版。
37.《先秦学术概论》,吕思勉著,中国大百科全书出版社 1985 年版。
38.《中国哲学史》(上、下),冯友兰著,中华书局 1961 年版。
39.《中国文化史》(上、下),柳诒徵编著,东方出版中心 1988 年版。
40.《中国通史简编》(上、下),范文澜著,河北教育出版社 2000 年版。
41.《简明中国通史》(上、下),吕振羽著,人民出版社 1955 年版。
42.《中国古代史》,夏曾佑著,河北教育出版社 2000 年版。
43.《中国古代社会研究》(上、下),郭沫若著,河北教育出版社 2000 年版。
44.《中国文学史》(1—4 册),游国恩等主编,人民文学出版社 1963 年版。
45.《国史大纲》(上、下),钱穆著,商务印书馆 1996 年版。
46.《中国文化史导论》,钱穆著,商务印书馆 1994 年版。
47.《先秦诸子系年》,钱穆著,河北教育出版社 2002 年版。

48.《中国文化要义》,梁漱溟著,上海人民出版社 2003 年版。

49.《中国封建社会》,瞿同祖著,上海人民出版社 2003 年版。

50.《中国古代服饰研究》,沈从文著,上海人民出版社 2002 年版。

51.《中国经济思想史简编》,胡寄窗著,中国社会科学出版社 1981 年版。

52.《春秋史》,童书业著,上海古籍出版社 2003 年版。

53.《秦史》,王蘧常撰,上海古籍出版社 2000 年版。

54.《中国历代思想家传记汇诠》(上、下),王蘧常主编,复旦大学出版社 1993 年版。

55.《中国上古史研究讲义》,顾颉刚著,中华书局 2002 年版。

56.《秦汉的方士与儒生》,顾颉刚撰,上海古籍出版社 1998 年版。

57.《汉代学术史略》,顾颉刚著,东方出版社 1996 年版。

58.《甲骨学商史论丛初集》(上、下),胡厚宣著,河北教育出版社 2002 年版。

59.《中国历史研究法》,梁启超撰,上海古籍出版社 1998 年版。

60.《先秦政治思想史》,梁启超著,东方出版社 1996 年版。

61.《新编诸子集成·帛书老子校注》,高明撰,中华书局 1982 年版。

62.《新编诸子集成·韩非子集解》,[清]王先慎撰,中华书局 1982 年版。

63.《新编诸子集成·四书章句集注》,[宋]朱熹撰,中华书局 1982 年版。

64.《新编诸子集成·荀子集解》,[清]王先慎撰,中华书局 1982 年版。

65.《新编诸子集成·墨子闲诂》,[清]孙诒让撰,中华书局 1982 年版。

66.《新编诸子集成·老子校释》,朱谦之撰,中华书局 1982 年版。

67.《新编诸子集成·庄子集释》,[清]郭庆藩撰,中华书局 1982 年版。

68.《新编诸子集成·庄子集解》,[清]王先慎撰,中华书局 1982 年版。

69.《新编诸子集成·列子集释》,杨伯峻撰,中华书局 1982 年版。

70.《新编诸子集成·商君书锥指》,蒋鸿礼撰,中华书局 1982 年版。

71.《新编诸子集成·公孙龙子悬解》,王琯撰,中华书局 1982 年版。

72.《新编诸子集成·十一家注孙子校理》,[春秋]孙武撰、[三国]曹操等注,中华书局 1982 年版。

73.《新编诸子集成·晏子春秋集释》,吴则虞撰,中华书局 1982 年版。

74.《新编诸子集成·新语校注》,王利器撰,中华书局1982年版。

75.《新编诸子集成·新书校注》,严振益、钟夏撰,中华书局1982年版。

76.《新编诸子集成·法言义疏》,汪荣宝撰,中华书局1982年版。

77.《新编诸子集成·太玄经集注》,[宋]司马光撰,中华书局1982年版。

78.《新编诸子集成·潜夫论笺校正》,[清]汪继培撰,中华书局1982年版。

79.《新编诸子集成·抱朴子内篇校释》,王明撰,中华书局1982年版。

80.《新编诸子集成·文子疏义》,王利器撰,中华书局1982年版。

81.《新编诸子集成·刘子校释》,傅亚庶撰,中华书局1982年版。

82.《史记》,[汉]司马迁撰,中华书局1982年版。

83.《汉书》,[汉]班固撰,中华书局1962年版。

84.《后汉书》,[宋]范晔撰,中华书局2000年版。

85.《三国志》,[晋]陈寿撰,中华书局2011年版。

86.《论语别裁》(上、下),南怀瑾著,复旦大学出版社2016年版。

87.《孟子旁通》,南怀瑾著,复旦大学出版社1996年版。

88.《老子他说》,南怀瑾著,复旦大学出版社2002年版。

89.《原本大学微言》,南怀瑾著,世界知识出版社1998年版。

90.《中国道教发展史略》,南怀瑾著,复旦大学出版社2007年版。

91.《中国佛教发展史略》,南怀瑾著,复旦大学出版社2016年版。

92.《易经杂说》,南怀瑾著,复旦大学出版社2002年版。

93.《易经系传别讲》,南怀瑾著,复旦大学出版社2002年版。

94.《中国思想史》(上、下),韦政通著,上海书店出版社2003年版。

95.《世界通史》(上、下),周谷城著,河北教育出版社2000年版。

96.《中国文化史论纲》,许结著,广西师范大学出版社2002年版。

97.《辞源》(1—4卷),商务印书馆1983年版。

98.《简明不列颠百科全书》(1—10卷),中国大百科全书出版社1985年版。

99.《中国历史纪年表》,方诗铭编,上海辞书出版社1980年版。

100.《中国历史地图集》(1—8册),谭其骧主编,中国地图出版社1982年版。

# 后　记

这篇博士论文前后写了八年。八年，小鬼子都打跑了，GDP都翻一番了，孩子都长大了。时间的确是长了些，可现在回想起来，的确需要这么长的时间才能完成这项任务。这主要是因为相关资料的收集、整理、阅读、研究花费了不少工夫。首先要把先秦的有关文献读通、读懂，领会其大义，才能谈得上引用、表述，成为文章的有机整体。其次是文章的框架、结构，经过反复斟酌、几易其稿，最后才确定为现在这个样子。再就是主体确立后文章的修改、校对，又花去了不少时间。还有就是本人笨拙，写文章还是“刀耕火种”的方式，先一字一句地写在稿纸上，再把它搬上电脑，打印出来，所以很费功夫。现在总算完成了，可以长吁一口气了。

这篇论文的完成，首先要感谢我的导师张永桃先生，正是在先生的深切关怀和精心指导下，我才得以完成写作。先生不光关心我的论文写作，还关心我的健康、生活、工作的方方面面，他的关怀，给了我信心和动力。在论文选题上，先生给了我自由选择的空间，任由我去做自己想做的题目。从初拟大纲到初稿、修改稿、定稿，先生都提出了许多宝贵的意见和建议。现在献上的这份答卷，也不知道先生是否满意，我依然战战兢兢。

其次我要感谢张凤阳教授、闾小波教授、王云骏教授、孔令文老师，他们不仅是我的领导，也是我的师长；他们不仅对我的论文悉心指导、认真审阅，提出了许多好建议，而且关心我的日常生活与工作，特别是在我生病期间带来了问候与关切，给了我莫大的安慰。此外我要感谢博士在读期间给我们授过课的严强教授、黄健荣教授、侯惠勤教授、从丛教授，他们的新理论、新思想，拓展了我的学术视野。我还要感谢孙江博士、孔繁斌教授、颜世安教授、庞绍堂教授，他们曾就论文的有关问题与我做了有益的探讨，丰富和完善了论文内容。

我还要感谢我的师兄弟们，他们的不断鼓励与信任，也是我完成对我而言较为艰巨的工作的动力。特别要感谢的是我的师弟范春辉博士，他帮我找人打字，帮我翻译、编辑、打印，做了大量的工作，这篇论文因此而增色不少。可以说，这篇论文的完成，是师友支持的结果。

最后，我还要感谢我敬爱的父母和家人，他们并不要求我升职称、拿学位，只是希望我能平平安安、健健康康的生活，可正是他们的宽容与关爱，给了我无形的力量，使我有勇气去完成这项工作。

我知道这篇论文还有许多不足之处，主要是战国时期的研究略嫌薄弱，诸子百家的研究还不够全面。需要声明的是，本论文的思想、理论、观点、方法是由我个人提出，若有不妥或错误之处，由我个人承担，与任何人无关，文责自负。

二〇〇九年四月四日

己丑年三月初九清明

作者于千卷斋